ルペンと極右ポピュリズムの時代

〈ヤヌス〉の二つの顔

渡邊啓貴

白水社

ルペンと極右ポピュリズムの時代——〈ヤヌス〉の二つの顔

装幀＝北田雄一郎
組版＝鈴木さゆみ

ルペンと極右ポピュリズムの時代＊目次

まえがき

二〇二四年六月の総選挙でフランスの極右政党「国民連合（ＲＮ、旧国民戦線〈ＦＮ〉、二〇一八年党名変更、ただし邦訳としては「民族結集」、旧「民族戦線」の方が適切に意を伝えている）」が八九議席から一四三議席へと躍進し、議会で三大勢力の一角を占めるにまで発展した。その躍進を見届けたかのように翌年一月創設者ジャン・マリ・ルペンは他界した。本書はこの政党を率いてきたルペン親子とその勢力ＦＮ／ＲＮについての研究である。

筆者は一九八〇年代初頭ミッテラン政権誕生の時からフランス政治について時事分析記事を書き始め、その後も折あるごとにフランスと欧州の現状分析の論考を書き続けて今日に至っている。テーマの重複も含めて三百本以上の論考を学会誌・情報誌・総合誌に書いてきた。その間フランスの全国レベルの主だった選挙・投票を現地で視察し、大統領選挙期間中は主だった候補者の投票直前の主要政党の集会にはすべて出かけ、候補者の傍らで演説に耳を傾けた。二〇一二年の大統領選挙戦最後の集会会場で社会党のオランド候補が勝利を確信したかのように熱狂する支持者に向かって両腕を広げた後ろ姿を舞台の方から撮ったスナップ写真は現場のダイナミズムを伝えた、自分でもよく撮れた写真だとひそかにほくそえんだものだが、翌週の『レクスプレス』誌のトップ記事の二頁にまたがる見開き写真が筆者の写真と全く同じアングルのスナップだった時には嬉しかった。偶然のことに過ぎないが、フランス人有権者の気持ちを摑んだとひとり得意になったものだった。筆者自身の眼で見たフランス政治の姿は間違ってはいない。そう確信した。そのときフランス政治の現状を現地で見始めてから、三十年近くが経っていた。

その間のフランス国内政治の変遷については、主だった選挙をめぐる政治勢力関係や政治・社会の変容、候補者や政党の公約とその実現の成否などの諸政策の変遷をとくにマクロ経済、年金・雇用分野での社会保障政策や外国人移民政策などを中心テーマに整理した書籍を発表した（拙著『現代フランス』岩波書店、二〇一五年）。その拙著は現代フランス政治の政策の流れを包括的にまとめた本がないので、政策変遷史のような形をとったが、よく読んでいただければ分かるように、七〇年代「先進国病」といわれた欧州「福祉国家」の衰退とその復活の顚末と課題をフランスをモデルとして描き出すことがその中心目的だった。それは筆者の現代フランス政治に関する書籍に一貫したテーマだ。日本が米欧先進諸国の後退を尻目に、バブル崩壊まで一見破竹の勢いで突き進んでいった時代は筆者にとって片腹痛い時代だった。それは八〇年代後半に留学していたころ、高度成長の行き詰まりに直面し、退嬰化したフランス国民の心理と社会の停滞を目の当たりにしていたからだ。当時のフランス社会は浮上のきっかけを失ったままのように見えた。人々は苛立ち、希望と活力を失ってしまったかのようだった。結局、それは域内市場統合という国際化・グローバル化の刺激の中で克服していかざるをえなかった。それが欧州先進国の必然の途であるとしたら、その仮説は日本の参考に大いになる。その気持ちは今でも筆者の正直なところだ。

しかしその一方で、その間ずっと終始気になっていたテーマがあった。この五十年間のフランス政治の中で、次第に勢力を拡大してきたルペン率いるＦＮの存在感だった。ミッテラン社会党政権からシラク保守政権に代わり、その後サルコジ、オランド、マクロン大統領まで、左翼・保守・左翼・中道と転換してきたフランス政権の変遷の一方で、泡沫政党から大統領選挙の決戦投票に名乗りを上げるのが常態となるまでの政党に成長したのがルペン率いるFN／RNだった。この政治勢力の存在は選挙分析や折々のフランス政治社会を論じる上で不可欠の存在となってきていた。この勢力が人種排外主義を標榜する極右であることに間違いはない。しかしこれは単なる右翼・極右ではない。フランス政治史において時折みられる時流の中で短期的に浮き沈みを繰り返す、社会のあふれ者、アウトサイダーの集団ではない。いや、この政党は設立当初よりそうした歴史的右翼の失敗の歴史を十分に意識して、議会政党の途を当初より模索し続けてきた。偶然に大統領選挙決選投票に残るようになったわけではない。「異端者」として軽々に扱うことは正しくない。この政党はそれなりにフランス人の心を捉え、彼らのヴィジョンは「悪魔のささやき」にも似て、手を変え品を変え、時には国民の反発と怒りさえ織り込み済みの上で語り続け、勢力を拡大してきたのだ。それを無視することはできない。またそれを「悪徳の栄え」というしばしの悪夢として見過ごすには、この勢力はあまりに大きくなりすぎた。それは正面から本気で考察に値する存在だ。なぜなら極右の進出、それはあえて誤解を恐れずに言うならば、ひとつの「成功物語《サクセスストーリー》」であることに間違いはないからだ。

しかしこの「成功物語」を私たちは素直に受け入れることはできない。そこには人間理性を捻じ曲げた議論が巧みに盛り込まれているからである。社会の不満分子はどこにでも一定の数、存在する。それは否定できない。すべての人々が政治・社会の大勢に従順になるとしたらそれはそれで危険なことでもある。表向き安定した社会に見えてそれが「全体主義社会」に変貌していく一歩手前であることはよくあることだ。ヒトラーの誕生は当時世界で最も先進的な憲法を有し、大衆文化の世界的中心地ベルリンを世界に喧伝した民主的ワイマール共和国が認めた歴史的事実だった。

そのことは他人事ではない。衰退傾向にあるとはいえ、日本はGDP世界第四位で、国内秩序は安定している。しかし国民の不満は年々歳々増幅している。財政赤字と少子高齢化を特徴とする先進福祉国家の行き詰まりの一つの例だ。しかしデモクラシーを称揚する米欧先進型国家としては政権交代がほとんどない稀な国だ。勿論自由・平等を担保とするリベラル・デモクラシーを看板とする国であるといえども、すべてが欧米型である必要はない。デモクラシーは各国流の形態がある。それは文化だからである。日本文化を基礎とする「デモクラシー」には日本流があってもよいと筆者は思う。

しかしその日本流には、米欧型と比べると一見外観だけではわかりにくい大きな特殊性がある。それは、米欧デモクラシーの原点である「チャレンジ」と「創造性」を、目先の安定を優先して封じ込めてしまうことを良とする文化だ。批判勢力を封じてはならない。少数者を囲い込んでしまってはならない。「同調圧力」という言葉でそうした風潮を揶揄しつつ結局は受け入れる傾向が近年わが国で喧しい。そこに日本流のデモクラシーの危うさを予見する人も多い。

一部の不満分子の体制批判だけが問題ではない。多くの国民が共有する深刻な現実があり、その本質的解決に従来の政治が回答できない。そこから、フィクションだが、多くの人々に心地よい巧みな言説、偽情報やフェークニュースが生まれてくる。それは多々「革命的」であり、体制転換のメッセージの衣をまとっている。そしてそこには特有のロジックがある。それこそ「悪魔のささやき」なのだ。BREXIT後の英国経済社会の破綻は事前に明示的だったが、保守派ポピュリストの言辞に英国民は踊らされた。結果は、今英国民が直面する先の見えない英国社会の現実だった。

ルペン親子の「サクセスストーリー」は筆者にとってはよもやの出来事だったが、半ば予測し、恐れていたことでもあった。私は一九七八年に初めて渡仏した。その時に見たパリのチュイルリー公園でわずか数十人程度の聴衆に向かって大声をあげて外国人排斥を唱えていたルペンの姿は筆者には強烈な印象を与えた。しかも周辺を囲んで聴衆に暗く挑戦的なまなざしを向け、威圧的な臭いを放つ一群の青年たちはパラシュート部隊の戦闘服だ。カメラを構えたが、ものの五分もしないうちに無意識に会場の出口まで後ずさりし、汗でぐっしょりしている自分に気が付いた時には啞然とした。日本人の自分は彼らの言うヨーロッパ人でもフランス人でもなく、文字通り「外国人」であり、そこに筆者が長期で住めば「移民」であるからだ。移民問題はそこでは他人事ではない。それは初めての欧州滞在でアラブ出身者やイスラム教徒に行き会うことが日常であることへの驚きと同時に、筆者なりの「世界の中の日本」の発見の第一歩であった。と同時に多文化共生黎明期のそんなフランスで、国民戦線のような時代錯誤の右翼集団がよもやフランス政治の中心勢力になることはないという確信だった。しかしその一方で、「万が一にも」という気持ちも払拭できなかった。それは今や現実だ。

それ以後、選挙ごとに、また移民関連の事件が起こるたびに、フランスの極右について私は書いてきた。一九八四年の欧州議会選挙で約一一%の支持票を集め、一〇議席を獲得し、八六年の国民議会選挙では三五人の議員を輩出した。しかし両者はいずれも比例代表制だった（後者はミッテラン社会党大統領が自勢力の後退を減らすために比例代表制を導入したからで、その時限りで元の小選挙区制に戻った）。そして二〇〇二年、社会党候補者の不人気からコンマ差でジャン・マリ・ルペンはついに第二回決選投票に残った。その後、父ルペンはその勢いを後退させていくが、三女が党首を引き継いで勢力を盛り返していった。過去二回の大統領選挙では当然のごとく決選投票にコマを進めている。今日RNは単独政党としては第一党である。

極右の本質をきちんと捉えておくことが必要だ。人種差別と闘い、そして幾多の失敗を通して差別の克服に挑戦してきた欧州で今また排外主義の機運が高揚している。それは近代市民社会がいまなお克服しがたい人間の本質に正面から向き合わなければならない現実を意味している。それは人間理性の対極にある「不確かな情念」との飽くことのない戦いであると筆者は日ごろから思っている。ルペンとフランス極右研究の第一人者で筆者の三十年以上にわたる旧知であるパリ政治学院のパスカル・ペリノー名誉教授は、フロイトのいう「攻撃的欲動」の概念にその本質はあると説明している。問いは、人間の本質との戦いなのである。

本書は第Ⅰ章と第Ⅱ章で、党創設者ジャン・マリ・ルペンの生い立ちから始めて、国民戦線の立ち上げとその時代的背景について、そして最初の挫折を扱った。米欧先進社会を席捲した「一九六八年革命」は新左翼、「人間の顔をした社会主義（ユーロコミュニズム・ソシアリズム）」の台頭と今に至る新しい政治的リベラリズムの潮流を準備した。ファシスト、伝統的保守主義者、急進的ナショナリストなどの野合集団のFNは、そうした左翼全盛の時代の「カウンターカルチャー」＝「新しい右翼」のひとつとして産声を上げた。そこには出発の時点から、時代的風潮の中で「反体制」の思想として、冷戦対立の中での「第三の道」が目標に掲げられていた。その実態はどんなものであったのか。

第Ⅲ章と第Ⅳ章ではこの第三の道に進むFNの姿を描いている。直接行動をともなう、単なる名前だけの「革命的ナショナリスト」集団ではない。理論化と組織近代化の試みだ。そこにはインテリ・高学歴者も参加してくる。次第に「ごろつき」集団ではなくなっていく。そこでは米国トランプ支持者同様の「プア・ホワイト（貧しい白人）」に向けた「票起こし」が試みられた。失業・経済問題へのアプローチが始まり、その行きつく先が「外国人・移民」による職の喪失という議論となっていった。その一方で「真のフランス人」、つまり庶民の味方であるFNは社会福祉を重視する政党（ナショナリスト左翼）であることを主張するようになる。しかし極右勢力には内紛劇はつきものだ。二〇世紀末には支持基盤のすそ野を広げながら、党の分断によって自滅寸前までに至った。第Ⅴ章はジャン・マリの三女マリーヌ・ルペンが党代表を継承するまでの苦節の時代について叙述した。

そして第Ⅵ章から第Ⅷ章までは、マリーヌ・ルペンが党首になって以降の党の発展、彼女自身の生い立ち、その価値観、党の再編、またテロと暴動による社会不安の高まりによる世論の右傾化について論じた。そして第Ⅸ章ではマリーヌ時代の「脱悪魔化」の肝となる「ライシテ（政教分離）」と極右の政策について詳述した。女性指導者になったから、党のイメージが穏健化した。また社会不安が党の拡大を促進した。確かにそれらはいずれも間違いない。しかしそれだけで三〇％を獲得し、単独政党として第一党にまで躍り出たFN／RN進出の理由を語りつくしたと言えるであろうか。フランス国民がそんなに単純な判断をするだろうか。一九七二年から「カウンターカルチャー」として登場しているのであるから、体制批判は当然であり、それは党の存在理由ともいえる。それを強化してきたのも事実である。本書で述べたように、理論武装とイメージチェンジの切磋琢磨のプロセスは認められる。

しかしそれだけではない。マリーヌ時代の大きな変化と勢力拡大は、「ライシテ」という体制内論理、フランスの「共和主義」の受容があったからだ。彼らはもう反体制、共和制度の枠外の「アウトサイダー」とは言わない。自分たちは「共和主義」の勢力である。共和政治体制内の野党であるという論法だ。そして「政教分離」というデモクラシーの鉄則をフランス社会で守らない人々がいる。それは誰なのか。それは男尊女卑に象徴的な前近代的な宗教原理で政治・社会・日常生活を律しようとする、フランス社会への「侵略者」であるイスラム教徒なのである、と。それは「すり替え」の論理であり、「逆転の発想と論法」だ。それこそマリーヌ・ルペンの「脱悪魔化」の本質にある議論だ。第Ⅸ章を読んでいただきたい。

終章は、マクロン大統領とルペンの対決構造によるフランス政治の現状と今後である。筆者の願いは、読者にはルペン勢力の台頭を単なるフランスにだけ特有の現象と考えてほしくないところにある。これはどこにでも起こることである。議論による対立を忌避する傾向を持つわが国のような政治風土の国では、いつのまにか大勢が決していることがある。それは論争対決を回避した間接的な言論の封じ込めである。議論の内容の是非を問う前の話であり、デモクラシーの前提条件の話である。対立があり、政治は常に揺れている。それはデモクラシーの本質だ。しかしそれを力や見えない圧力で制してはいけない。また間違ったら交代する。政治が動揺することによるコストは大きいが、それを厭うようであってはならない。しかし他方で反対論を認めることは反対分子が巧みに勢力を伸ばしてくることと裏腹の関係ともなることがある。デモクラシー政治では「動揺」は常態でもある。ヨーロッパのデモクラシーが経験している現実だ。デモクラシーが常に緊張と高い意識を持った社会的営みであらねばならないという教訓がそこにある。そしてデモクラシーでは議論の結果として制度設計が行われるが、固定した制度を守ることが究極の目的ではない。デモクラシーとは時代の流れとともに発展していく理想の果てしない追求だ。したがってコストと不安定をともなう我慢強い営みなのだ。そして、そこにルペンの率いる勢力が伸張する隙間があった。「デモクラシーの陥穽」だ。

第Ⅰ章　ジャン・マリ・ルペンの青春――代議士になった戦中世代の寒村の少年

寒村の血気盛んな少年

一九二八年、ジャン・マリ・ルペンはブルターニュ地方のラ・トリニテ・スュル・メール（モルビアン県のコミューン〈町村〉）に漁師の息子として生まれた。ブルターニュ地方は欧州の観光のメッカのひとつ、海に浮かぶカテドラルの島「モン・サン・ミッシェル」で有名だ。またガレットやクレープの名産地としてもよく知られる。同時にドーバー海峡を挟んだ対岸は英国であり、寒流に面したこの地には漁港が多い。しかし土壌は豊かではなく、国土全体が肥沃なフランスにおいては貧しい地域のひとつである。国民戦線（Front National, FN、現国民連合 Rassemblement National, RN）の創設者ジャン・マリ・ルペンはこの寒村の地で生を受けた。

イギリスに近いこの地方ではフランス語とは異なるブルトン語（ブルターニュ語）が使われていた。フランス語の標準語とは大きく異なり、遠くで聞いていると、英語のように聞こえる言葉だ。「ルペン」はブルトン語で「頭」「リーダー」を意味する。その名の通り祖父ピエールは地元では漁民たちに崇敬された人物だったといわれるが、その前の代までは農民だった。父ジャン・ルペンと母マリの間に生まれた一人っ子の男の子は両親のそれぞれの名をそのまま与えられた。父ジャンはトロール船の船主。母親のマリは旧姓をエルペと言い、ロックマリアケーという近在の小村の農家の娘である。祖父ピエールは第一次世界大戦に従軍したが、兵役の期間にフランス語を学んだ。曾祖父の時代には、ほかのフランス地方と同様にブルターニュでも多くの農民は文盲で、ブルトン語だけを話すことができた。重要なことは祖父ピエールも父ジャンも第一次世界大戦に従軍し、祖国のために戦ったことだった。それはこの一家の誇りであり、ジャン・マリ・ルペン少年にも幼い時から強く刷り込まれた家族史の中の名誉ある日々の記憶だった。それは当時の多くのフランス国民が抱いていた誇り高きナショナリズムと戦勝国フランスの偉大さに結び付いていた。第二次大戦の解放の英雄、ドゴールも第一次世界大戦に従軍しているが、その政治的信条となった「偉大なフランス」とはまさにこうした植民地大国として世界に覇権を誇った時代のフランスの輝ける歴史の記憶の遺産であった。

言うまでもなくルペンの一家もほかの村民と同じく貧しかった。母マリは一一歳までしか学校に行っていない。しかし教育はないが利発で信仰心の強い女性だったとルペン周辺の人々は彼女のことを語り継いでいる。家政婦をして家計を支えた。他方で、ジャン・マリが回顧する父ジャン・ルペンは謹厳実直な働き者であったようである。後にホテル業で成功した兄ピエールに誘われてパリの高級ホテル・クリヨンのレストランで働いたこともあったが、ジャンは野心家のピエールとは違って都会の生活を嫌って地元に戻ってきた。物静かな読書家だったといわれているが、写真を見てもその風貌からは地元の地味な漁師然とした人柄がうかがえるようにも思われる。後にこの読書家の一面は息子のジャン・マリに受け継がれていった。ジャン・マリ自身は父親のパリからの帰郷の決断を批判的には見ていなかった。父親が郷里での質素な生活をあえて選んだことをむしろ誇りにしていた。しかしその息子であるジャン・マリ自身はその父の衣鉢を継いだわけではなかった。大学進学を志し、パリに上京する道を後に選ぶことになる。

第二次大戦がはじまり、愛すべき、そして誇りある祖国フランスは降伏した。その偉大な祖国がドイツと休戦協定を結んだことは、代々「不滅のフランス」を教え込まれた一二歳の愛国少年ジャン・マリにとって大きな衝撃だった。父ジャンは地元の第一次世界大戦在郷軍人会の会長であり、全国戦士連合青年団地方支部長を務めた。そして多くのフランス人と同じく、共和主義者であることを誇りとしていた。祖父も従軍し国家に奉仕したことを終生誇りにしていた。そうしたルペン家の男たちにとって、ドイツ軍をヴェルダンで押しとどめた第一次世界大戦の英雄、ペタン元帥がドイツと休戦を結んだことは容易に受け入れられることではなかった。休戦の発表をジャン・マリはラジオで聞いた。対独協力政権の発足だった。輝かしい歴史を持つ祖国はナチスの力の前に屈服した。第一次大戦の英雄は戦うことよりも、フランス国民を降伏にいざなった。それは誇り高き愛国少年ジャン・マリにとって衝撃と屈辱の事件であったことは想像に難くない。

そして幼いジャン・マリ少年にとって、もうひとつの大きな事件は一九四三年八月、一四歳の時の事件だった。父ジャンの死だった。その死は悲惨だった。深夜父ジャンは漁師仲間三人で悪天候の闇の中、禁漁海域での密漁に出たのである。そこはもともとフランスの領海であったが、ドイツ軍占領当時、英独軍が交わる危険区域だった。突如荒れた海の沖合で、ルペンの所有する漁船「忍耐」号は背後にドイツ軍の監視船のサーチライトの照射を浴びた。ドイツの監視船に発見されたのだ。そして高波にのまれる中で慌ただしく難を逃れようともがく「忍耐」号は、運悪くドイツ軍が仕掛けた機雷にふれたのだった。爆音とともにブルターニュの貧しい三人の漁師は海中に放り出された。そして爆発後波浪の海を一〇時間さまよった挙句、救出されたのは三人のうち一人だけだった。父ジャンは五時間漂流したのち行方知れずとなった。翌日ドイツ兵がジャンの死を知らせにきた。その兵士はたどたどしいフランス語でジャン・マリの父の死と弔意を告げたが、その死体が海岸に打ち上げられたのはそれからさらに一〇日も経ってからであった。父ジャンの死体は、岩礁に打ち付けられて顔も見分けられないほど無残な状態だった（Mauge）。

貧しいルペン家では、母マリが当時最先端の機械であったシンガーミシンを持っていたので服の仕立てを請け負って家計を支えたが、ジャン・マリもムール貝をとって売り歩いた。一九三九年、小学校を終えたジャン・マリはモルビアン県の都市ヴァンヌのジェズイット系の中学校（コレージュ）に入学した。ヴァンヌは、ローマ帝国支配下の時代、ガリアの一部族のウェネティ人が首都とした都市である。この歴史的に由緒ある街でルペンは少年期を過ごした。この学校ではブルターニュ地方の名士やブルジョワの子弟が多く、ルペンは数少ない庶民出身の子供だった。ルペンは幸い成績が良かったので、高校（リセ）進学後、バカロレア（大学入学資格）を取得し、さらにその後大学に入り、国費給費生となった。しかし貧しい家庭の子供が社会的に跳躍する時に直面する既成社会の圧力は強く、苦い経験も数知れず、この鄙びた小漁村出身の野心的な少年の成長に歪な影を落とすことになった。

敬虔な母親の影響もありルペンはカトリック教徒の環境で育った。ジェズイットの中学校では、軍隊式に近い厳しい教育が行われ、正義感や独立不羈の精神が養われた。そうした中でルペンは出自の貧しさにもめげず、リーダーシップを発揮し、その大きな声で同僚の注目をひきつけ、グループの先頭に立った。仲間には一目置かれ、慕われた。彼のリーダーとしての才覚はその後ヴァンヌのリセに入ってからも認められた。教えられたことはすぐに自分のものにしてしまう、利発な生徒だった。成績は一二科目中六科目でトップ、得意科目は宗教、教育、フランス語、英語、正書法、ラテン語翻訳、歴史、地理などであった。伝統的な人文主義の国、フランスの典型的な秀才の風貌でもある。

　そして祖父と父に教え込まれた郷土愛は人一倍強かった。ウェネティ人の一部はブルターニュに居を構えたが、残りのウェネティ人は紀元前一〇〇〇年ごろヴェルチアにわたり大ローマ帝国の主要な一部を担った、という祖先の歴史に対する畏敬と誇りをジャン・マリもその地方の人々と共有していた。そうした祖国と郷土への誇りをルペンは心の底で育み、リセ時代にはラテン語の『ガリア戦記』を翻訳した。ブロンドの青い目を持つケルト人を祖先と仰ぐ、ブルターニュ人の誇りがルペンの精神的なルーツの大きなひとつだった。しかし当時のルペンは、政治的関心はゼロだった。もちろん極左でも極右でもなく、当時ドイツが奨励していたフランス分断政策としてのブルターニュ独立運動にもルペンは参加しなかった。

　血気盛んなジャン・マリ少年はやがて連合軍の攻勢が始まると、対独レジスタンス運動「マキ」に加わろうとして母親を心配させた。ドイツ人への復讐だった。そんな折ジャン・マリは父の形見の小銃を持ってマキに合流するために友人と近郊のサン・マルセル市まで出かけ、そこからサン・ビリーに向かった。しかし到着前にサン・ビリーが攻撃を受けたことを知り、サン・マルセルに戻ることを決意。滞在中のサン・マルセルで、レジスタンス集会のさなか三〇人ほどがドイツ軍に殺害された事件が起こったため、ルペンは自宅に引き返した。その後パリが解放された後もモルビアンのような田舎にはドイツ兵がまだ残っていたが、ルペン少年はついにその志を遂げることはできなかった。

　ルペンが政治的な関心を持ち始めたのは解放直後からであった。フランスの解放は一方ではドゴールに代表される国外レジスタンスとソ連の支援を受けた共産主義者を中心とする国内レジスタンスの成果であった。ドゴールはまず自分がパリに入城し、自らがフランスを解放したイメージを内外に与えることに執着した。フランスの解放後の政治が米国やソ連を中心に行われることを憂慮したからである。解放はフランス国民自身の手によるものでなければならなかった。さもなければ戦後のフランスの真の自立はない。ドゴールの信念であり、第五共和制以後フランスの自立外交の原点となった。しかし国内の多くの地域と同様に、ブルターニュ地方では共産党が解放の英雄とされた。「極左の勝利」でよいのか。終戦直後の「エピュラシオン（粛清・浄化、対独協力者たちの放逐）」の中で、ドイツ兵の情婦となった若い女性たちが丸坊主にされたり、真っ裸にされて街頭にさらし者にされた映像が数多く残されているが、それは多感なルペン少年には衝撃的だった。ジャン・マリは、「彼女たちは貧しい家の娘たちだ。生きていくためには仕方なかった。その一方でドイツ軍と結託して懐を豊かにした人々には対独協力の嫌疑は及んでいないではないか」と義憤の念を強くしていた。ある意味では多感な中学生の素朴な正義感だったが、貧しい家庭に育った早熟の少年の素直な思いでもあった。後に彼が政治にかかわるにつれてこの戦時中に育まれた世界観はその行動の基礎となった。共産主義には断固として反対するが、貧しい者の味方、そして愛国主義というルペンが終生維持していく念であった。

このころルペンは海軍に志願しようとしたが、年齢的に入隊するには親の了解が必要だった。母マリは自分が無学であることもあって、息子には学業を続けさせたいと強く望んでいた。ルペンの希望は受け入れられるはずはなかった。

ドイツの敗戦によってルペンが寄宿していたジェズイット系のコレージュは閉鎖されたが、解放後は寄宿制度が廃止され、通学制だけになったので、ルペンはやはり地元の都市ロリアンのサン・ルイ・コレージュの生徒となった。そのころからルペンの反抗期が始まった。教師と学校に対する反抗的な態度や発言、いかにも目立ちたがり屋の行為に学校は手を焼いた。当時この地方では国内レジスタンスのＦＴＰ（義勇遊撃隊、パルチザン）の勢力が強く、ルペンが共産主義者の圧力に憤懣やるかたない気持ちを持っていたことは確かだった。ある日コレージュの管理職の神父の一人は、ルペンを執務室に呼び、言った。

「あなたには大変な不幸です。お母さまが亡くなりました。すぐに出発しなさい」と。

驚愕したルペンは泣く泣く、ラ・トリニテの自宅に向かった。自転車を漕ぐその視界は涙で潤み、霞んでいた。そして家についてドアを開けると、ルペン少年の目に入ってきたのは、普段通りにミシンの前で縫物をしている母マリの姿だった。母の死を口実とする「帰宅命令」は、暴力沙汰を恐れた神父たちの苦肉の「狂言」だった。数日後地元のルペンの家族をよく知る神父が事態のとりなしを買って出るが、母マリはそれを受け入れなかった。こうしてルペンはそのコレージュを退学、ヴァンヌのリセ（高校）に入ることになり、その後ロリアンのリセの生徒になった。

リセ時代のルペンは文学に傾倒した。父ジャンが生きていたらジャン・マリを商船学校に行かせてやはり船乗りにしようとしたであろう。海軍学校は高嶺の花であったので、それは望まないまでもできのいい一人息子に商船の乗組員になってほしいという期待を抱いていたといわれる。それには理数系の勉強をしなければならなかった。しかしルペンはそれを望まず、教師もその才能を認めて「哲学（人文）コース」に行くことを推薦した。

旧套墨守の伝統的な風土のブルターニュ地方で育ったエキセントリックで多感な少年が首都パリに出ていくきっかけは、恋愛だった。ルペンは、夏のバカンスで避暑地ラ・トリニテに家族と一緒に来ていた娘と恋仲となり、婚約をする。ルペンはこの婚約について詳しくは語っていないが、回想録では「一時的に婚約していた」とその娘の名前も公表している（Le Pen 2018）。その家族はパリ市西郊にある高級住宅地区サンジェルマン・アンレイ市に住んでいた。ここはブルボン朝のアンリ四世生誕の城のある歴史的由緒あるブルジョワの街だ。最初のバカロレア受験準備のために上京したルペンは、彼女がその街で見つけた下宿に投宿する。好きな科目の授業しか受けないルペンは学監（生徒の教育指導のための監督官）ともぶつかり、ひと悶着あったようだが、結局人文コースのバカロレア（大学進学資格）受験を許可され、二回目の受験で成功し、大学進学への道が開けた。パリ大学法学部入学を果たしたのである。

実はフランスでは戦後一九五〇年代までバカロレア取得者の同年齢人口比率は五％に満たなかった。バカロレア取得者が全員大学に進学するとは限らなかったが、かつてはバカロレア取得者というだけでも高学歴扱いされて就職口もよかった。フランスでは大学進学率は六〇年代に入ってようやく一〇％台、七〇年代に入っても二〇％台だった。したがってルペンが大学に進学した四〇年代後半当時、ルペンは相当な学歴エリート、同年代の高学歴者トップの数パーセントに属していたことになる（適齢人口比であるので比率は実態よりも高くなるが、大学進学率は二〇一九年六七・六％）。ましてブルターニュ地方の片田舎の出身者である。彼が「郷土の誉れ」であったことは疑いようがない。

学生運動、そしてヴェトナム従軍——政治家への道

こうしてルペンは一九四七年パリ大学法学部に入学した。パリのヴォージラール街の九階の小さな部屋で国費給費生として慎ましやかな生活を始めた。婚約者の家庭は決して豊かではなかったし、ホテル業で成功した伯父からの支援はなかった。しかし貧しいながらも政治を志す青年にとってこの学生生活は間違いなく

キャリアステップとなった実り多き時代であった。この時代に知り合った友人は後々彼の政治運動を支える終生の友となった。豊かでなかったルペンは、夏休みに帰郷すると学費稼ぎのために祖父と漁に出た。二週間不眠不休で働く重労働だ。またベルギーで炭鉱夫もやった。これも重労働だったが、むしろ漁師に比べれば労働時間は決まっていて規則正しい生活ができるとルペンは得意げに語ったこともある。

ルペンは法学部学生組合＝コルポラシオン（コルポ）に参加、その後議長をつとめたが、一九五二年にオランダを襲った嵐で堤防が決壊して町が水没しかけた時に、支援を求めてヴァンサン・オリオール大統領に直に電話し、救援物資の供給を提案した。ボランティア活動だった。後にオランダ政府は感謝のしるしとしてコルポのメンバーを四日間オランダ旅行に招待した。目立ちたがり屋で激情する質ではあったが、リーダーシップのあるところを示した若き日のルペンの一面だった。このころパリ大学の学生組合活動でも主流は共産主義者であり、法学部はその牙城と目されていた。スポーツとしてはラグビーのプレイヤーであったが、左翼との論争には必ず出て行って熱弁をふるった。「学生街（カルティエ・ラタン）」での数々の武勇伝を残した後に政治家を志す青年の修業時代だった。雄弁であったことは多くの人の認めるところでもあり、後に政治家となってからもその発言には極端で時に顰蹙を買う下卑た言葉が口を突いて出たが、巧みな言葉遊びや皮肉ってはいるが人文的教養が背景にあることをうかがわせる発言もみられた。それは後に党首を引き継いだ三女のマリーヌの演説との大きな違いであった。

学部を修了した後、ルペンは「弁護士職業適性証書」を取得し、政治経済学専攻の博士課程に進学する。マルクス主義者と対等の議論をするために経済学に関心を持ったからだ。しかしパリ弁護士会に登録するためにはさらに試験を受けねばならなかった。そして弁護士を始めるには顧客を迎える待合室のある大きなアパートが必要だった。その財力はルペンにはなかった。そうした折、年間紳士録『*Who's Who*』の社主で、ルペンの友人ラフィットがバティニョール社の係争担当副主任のポストをルペンに推奨した。三年後には主任になれる好待遇の申し出であり、一〇年も我慢すれば安定した人生が保証されるポストであった。

しかし共産主義者と論争した熱い青春の日々は忘れがたく、野心と冒険心に富むルペンがそうした静かな安定した日々に魅力を感じることはなかった。学生街で知り合った医学生のジャン・モーリス・ドマルケに触発されて、ジャック・ペイラ（後に国民戦線の代議士）とピエール・プティ（後にアルジェリアで殺される）と三人でヴェトナム戦争への従軍を志願する。ルペンは外人部隊の士官クラスのパラシュート隊員を志願したので、まずはサン・メクサンの学校に入学しなければならなかった。肉体的に厳しいこの学校の教練をルペンは苦にしなかった。しかし訓練が終わり、ルペンたちが戦場に向かった時にはディエンビエンフーの戦いでフランス軍はすでに敗北を喫していた。ハノイとその周辺の秩序維持の任務にルペンが付いた時には、ハノイにはホーチミン率いる解放勢力の赤旗がたなびいていた。一九四〇年と同じくルペンは戦いに出ることなく、敗北を目前にしたのである。

戦いに出遅れたルペンはこうして帰国したが、すでにそのころには政治家への道を模索し始めていた。本国で台風の目となっているピエール・プジャードの運動にルペンは大きな関心を抱いていたからだ。俗に「プジャード主義」として知られる反政府活動は、もともと小商店の課税反対運動だった。一九五三年七月小文具店主が徴税吏を攻撃、プジャードの支持勢力は一年後にはパリで行われた集会で二万人を集めるまでになり、その翌年五五年一月にはやはりパリで二〇万人の集会を成功させた。週刊機関誌『フランスの博愛主義』は発刊前にすでに二四万人の購読予約者がいたし、別の新聞『商店の団結と防衛』は四五万部も売れていた。フランスのポピュリズムの歴史的代表例のひとつだ。当時のエドガー・フォール首相は「プジャード脅威」と恐れ、若いミッテラン内相もその運動の過激化への懸念を示していた。こうした既成政治に対抗した民衆レベルの抗議・反政府抵抗運動をルペンが見過ごすわけはなかった。一九世紀サンディカリズム（労働組合主義）以来の直接行動による抗議活動のフランスの伝統的スタイルをこのプジャード運動は体現していたからだ。

フランスでは一口に社会主義と言っても、フランス独自のスタイルがあった。マルクス主義的社会主義、ソ連型社会主義は後に入ってくるもので、ストやデモなどの街頭行動による示威運動はフランス革命以来の伝統だったし、労働者階級によるイデオロギー的な階級闘争という枠組みではなく、職人組合などによる働く者の主張の表れとして日常的な直接抵抗運動は伝統的な特徴であった。フランスではマルクス主義が導入されるのはジュール・ゲードが亡命先のスイスから帰国して『エガリテ』誌の翻訳を待たねばならなかった。それまで職人や労働組合の罷業や街頭の直接行動が伝統だった。そしてもともとこうした直接行動派の活動は反議会主義を特徴としていた。しかしプジャードは五六年の総選挙で議席の獲得を考えた。議会主義への接近である。この戦略はその一六年後国民戦線が踏襲することになったが、直接行動を特徴とするポピュリストが議会政治の中で権力を奪取するという自己撞着とジレンマは常にこの種の運動には付きまとう。そのジレンマはカリスマの存在によってのみ克服可能だ。つまり矛盾を超越した求心力の存在が不可欠だ。ポピュリズム成長の本質はそこにある。

いずれにせよ、ルペンはプジャードに近づいた。しかしロジェ・デルペ在郷軍人会代表がお膳立てした昼食会は失敗だった。ルペンとドマルケは少しおとなしすぎた。臆病そうにプジャードには見えたのである。

プジャードはルペンたちの出馬への支持を留保した。しかしその三日後、故郷のブルターニュでのルペンの演説を聞いたプジャードは翻意した。ルペンの演説の能力を高く買うようになったからである。ルペンは保守的で愛国的風土の強い出身地で英国に抵抗して戦った地元の歴史的英雄や百年戦争で英国を駆逐したジャンヌ・ダルクの名前を出して聴衆を魅了した。こうした表現はその後もルペンの演説で繰り返された。これを契機に、プジャードはルペンを「君付け」で親しげに呼ぶようになった。

こうしてルペンとドマルケは一九五六年の国民議会選挙にプジャード派から立候補し、当選した。ルペンは戦後最年少の二七歳の議員となった。この時プジャード派は初めての選挙で五二名の当選者を出し、大躍進したのである。しかし右翼ドゴール派はプジャード派の伸長を恐れ、不正によるプジャード派議員の当選無効の訴えを起こし、その結果一一名もプジャード派は議席を失い、キャスティングボードも握れない勢力にとどまることになった。そしてこうした逆風の中で、すぐさまポピュリスト特有の分裂と離反が始まった。情緒的で熱狂的な支持者は急速な勢力拡大の原動力だが、失望や挫折感が露見するや、急速にその熱情は冷めていくことも多い。大衆迎合政党、ポピュリストの特徴でもある。その年のパリでの集会の規模はうんと小さくなった。あれほど人を集めたプジャードの演説会に人は来なくなったのだ。かくしてルペンはプジャード派と一線を画し始め、ついには決別し、その後右派政府を率いたアントワーヌ・ピネー派に合流した。

議員兵士——フランスのアルジェリア

プジャード派と別れたルペンは　今度はアルジェリアへの従軍を考える。血の気の多い、無鉄砲一途の愛国青年は議員を休職してアルジェリア戦争に従軍する。アルジェリアの独立に対してルペンはドゴールを責め立てた。当時の多くのフランス人にとって一八三〇年に保護国となり、海外県となったアルジェリアはまごうことなくフランス領土であった。歴史はアルジェリアがフランスであることを証明していた。フランス国民にとってアルジェリアは「フランスのアルジェリア」であって、決して「アルジェリア人のフランス」であってはならなかった。一九八一年に社会党大統領となったミッテランは当時内相を務めていたが、「フランスのアルジェリア」を強く主張して独立に反対した急先鋒だった。しかし時代はすでに植民地大国を誇るような時代ではなかった。しかも冷戦のこの時期、独立派の解放戦線はソ連からの支援を受け、アメリカはソ連との対立にもかかわらず、原則的には戦後の植民地解放を支持、欧州旧植民地宗主国には冷たかった。一九五四年の第一次インドシナ紛争で北ヴェトナム解放軍を前に敗退し、五六年「スエズ危機」において英仏のエジプト侵攻を米ソが支援せず、英仏は撤退を余儀なくされた経験をすでに持っていた。フランスの植民地大国としての地位は大きく傷つけられ、誇りを損なわれていた。

それでもフランス国民の多くは左翼も含めてフランス帝国をあきらめきれなかった。ルペンのアルジェリア行の直接のきっかけは、ギ・モレ社会党政府がアルジェリアへの派兵を決めたからだ。しかしルペンは現職の国会議員である。議員が一兵士として戦地に赴くとなれば、議員を辞職せねばならない。モレ首相はルペンとドマルケ両議員の申し出を拒否した。ルペンはルネ・コティ大統領に請願した。コティ大統領は政府の拒絶にむしろ驚き、政府を説得、ルペンたちは休職してアルジェリアに従軍することになった。ルペンは戦後最年少の国会議員だったが、当時の中心的政治家と積極的に行き交っていたことになる。

このアルジェリア従軍歴はルペンにとって大きな禍根を残すことになった。拷問スキャンダルだ。一九八四年七月と八五年二月にゴシップ週刊新聞『カナール・アンシェネ』と左翼系『リベラシオン』がルペンの捕虜殺害をすっぱ抜いた。これはアルジェリア解放闘争の真っただ中の一九六〇年、ジュネーブで発行されたアルジェリア国民解放戦線のパンフレットの告発記事が情報源だった。何人かの捕虜が虐待を受けたと告発したが、他方で犠牲者がルペンと親密であったことや身体に虐待の痕跡がなかったという証言、さらにルペンの殺害容疑に対して時間的にそれが不可能であるというアリバイ証言などが錯綜した（Mauge）。ルペンは裁判に訴え、証人喚問が行われる中で、「ルペン中尉」のスキャンダルは曖昧なままに終わった。

この事件についてルペン本人は、自伝の中で弁明している。自著なのでもちろんその信憑性は問われなければならないが、論点については明確にしている。当時捕虜の拷問は一日しか行われなかったこと、つまり一日遅れの情報は戦場では信用できなかったし、その短期間の拷問で死に至らしめることはなかったと述べている。しかも捕虜になった解放勢力のゲリラにとって何よりも解放された後の恐怖は大きかった。なぜなら解放は、拷問の上自白したと仲間からはみられることになり、それは死を意味したからだ。ひとりの捕虜は自ら命を絶とうとして、瓶のかけらで首を掻き切った。その捕虜をいち早く病院に担ぎ込んで手術を受けさせたのは自分だとルペンは弁明している。実際にそれに立ち会った看護士の証言もあった。眼前で父を殺害されたという告発もあったが、パラシュート部隊の格好で個人の自宅に拷問の道具を持って訪問することはあり得ないことだし、自分は情報将校ではあったが、捕虜を直接尋問する部署にはいなかったとルペン自身は付け加えている。ルペンはこのスキャンダルがまさに一九八四年五月の欧州議会選挙でＦＮが議席を得て泡沫政党を脱して一躍注目を浴びた直後であることを指摘して、ＦＮつぶしのためのメディアの政治的意図からの情報操作だと反発した（Le Pen 2018）。

一九五七年夏、志願兵として六カ月間従軍した後、ルペンは帰国した。そしてプジャード派からは正式に離脱し、今度はアルジェリア独立反対運動を標榜する運動「国民戦士戦線（FNC）」を結成した。アルジェリアとチュニジアの国境線「モリス線」で著名になったアンドレ・モリス国防相からトラックを借り受け、「フランスのアルジェリア」（アルジェリア独立反対）キャラバンを実現し、各地でディナー討論会を企画した。テロ殺戮がアルジェリアとフランスの都市で吹き荒れていた時期だった。その折、パリの国会議員に欠員ができた。ルペンは、アルジェリアでの仏軍の攻撃で名を知られたカビリ地方出身の独立反対派のアルジェリア人青年、アメド・ジブールを候補として擁立した。当然その選挙キャンペーンは荒れた。暴力沙汰は不可避だった。反対派に占拠された壇上にルペンが駆け上がろうとした時に、ルペンは地面に放り出され、靴で顔を強く蹴られた。ルペンの左眼球は眼窩を飛び出してしまった。この時からルペンは左目が不自由になり、黒い眼帯をつけるようになった。暴力沙汰をいとわない「不気味な」極右ナショナリストの頭目にふさわしいシンボルとなった（Le Pen 2018）。

このころルペン（最初の婚約は実らなかった）は最初の妻となるピエレット・ラランヌに出会っている。ルペンの一目惚れだった。この美しい一九歳の娘は当時興行主として有名だったジローの婚約者だった。しかしその後ピエレットとジローは離婚。その直後に再会したルペンは時を置かず求婚し、二人は結婚する。一九六〇年から八七年まで結婚生活を送った。ただピエレットとの離婚は大きなスキャンダルとなり、三人の娘を巻き込んでメディアのゴシップ記事の格好の話題となった。しかし三女マリーヌをはじめとして子供たちは父を擁護した（後述第Ⅷ章）。

ルペンは女性関係についてはあまり語らないし、その後ドラマティックな恋愛劇についての醜聞は意外にない。その後付き合い始めたジャニとは一九九一年以降同棲生活を送ったが、二〇二一年一月に宗教的儀式に則って結婚した。九二歳の老人と八八歳の老女の結婚だった。三人の娘はだれひとりとして式には呼ばれず、家族だけの晩さん会が形ばかり質素に行われただけだった。

反ドゴール主義

意外に思われるかもしれないが、ルペンはドゴールとは政治的立場を異にした。「フランスのアルジェリア」を守るために従軍したルペンからすると、結局はアルジェリアを独立させたドゴールは「裏切り者」でしかなかった。

アルジェリア植民地解放をめぐって当時フランスが内乱の危機にまで陥っていたことはよく知られている。ドゴールは祖国をナチスの占領から解放した英雄であるが、同時にフランスの崩壊を守り抜き秩序を再建した軍人でもあった。したがって、アルジェリアの解放を支持する人たちには解放者として、他方で多くの軍人たちには治安と秩序を維持する「フランスのアルジェリア」を貫く人材として期待と求心力を集めたのであった。しかもドゴールは自分の立場をなかなか明確にしようとはしなかったから両者の期待は膨らんだ。

しかし結局ドゴールも時代の趨勢を受け入れていくことになる。もちろんドゴールがアルジェリアの完全な独立を認めたわけではなかったが、政治的独立はやむなく受け入れざるをえなかったことは明らかであった。ドゴールのアルジェリア政策と外交政策については拙著で詳しく論じたが（拙著 二〇一三）、ドゴールは一九五九年九月一六日アルジェリア人の住民投票にその決定を委ねる決定を発表した。その真意はフランスと連携したアルジェリアの独立にあったといわれる。政治的に独立したとしても、経済・外交で自立することは不可能だというのは多くの人々の見方でもあった。

しかしそれは「フランスのアルジェリア」を主張した伝統的ナショナリスト・軍人たちにとっては、ドゴールの「裏切り」以外の何物でもなかった。一八三〇年以来保護国としてアルジェリアは一三〇年にわたりフランス領であった。当然、独立にともなう混乱と代償は計り知れなかった。失望、反乱、ピエノワール（植民地の欧州人）とアルキ（フランス側についた原住民）の大殺戮の恐怖と国外逃亡の混乱、軍隊やOAS（アルジェリア独立反対の秘密軍事組織）の反乱。ルペンはこの時期のフランスという国が崩壊の危機を迎えたかのような状態の責任をドゴールに帰する。彼は、「フランスのアルジェリア」と言ったではないか。みんなそれを信じたのだ、と。「ここで私はドゴールがフランスに与えたオムレツ（成果）について論じる気はない。彼が割った卵（原因）について論じている」と、ルペンはその自伝の中で述懐する（Le Pen 2018）。

自ら従軍したルペンにとってドゴールの「アルジェリア人のアルジェリア」は受け入れるわけにはいかなかった。一九六〇年一月には「フランスのアルジェリアのための国民戦線（FNAF）」を結成するが、民族自決の波を止めることはできなかった。当時よくいわれたことだが、「パパの（植民地の）アルジェリアは死んだ」のだった。危険人物としてルペンは当局の監視下に置かれた。「バリケードの一週間」と呼ばれたが、アルジェでは独立派と現地の仏治安部隊が一触即発の緊張した状態を続けていた時期だった。

しかしそうした中でも新進気鋭のエネルギッシュな政治家ルペンは一九五八年国民議会選挙ではナショナリスト「新秩序（ON）」の支援を得て、第一回投票でトップに立ち、楽々と再選を果たす。ルペンはもともと選挙による合法的権力を肯定していた。フランス極右の伝統である直接行動の一方で選挙による勢力拡大には肯定的だった。軍隊の力でアルジェリアでの政権奪取が可能だとは考えていなかった。先に述べたように父ジャンは在郷軍人会の地元の代表であったが、共和主義的精神の持ち主でもあった。極右勢力の中では、ルペンは統合派であった。

「砂漠の行進」、雌伏の時代

このドゴールの時代、右翼はドゴールに独占された。ルペンは後に「砂漠の行進」と称される不遇の時代を過ごすことになる。フランスではよく後に功成り名を挙げた人々の苦労時代を「砂漠の行進」という言葉で表現する。ドゴールは戦後一九四六年に政権を自ら辞して、五八年にアルジェリア危機の中で第五共和制の創設者となるまでの時期を、そう呼んだ。ルペンについて書かれた多くの書物でも一九七二年に国民戦線を立ち上げるまでの時期は国会議員の任を解かれたルペンにとって陽の当たらぬ時代であった。さらに国民戦線という党にとって、その後一九八四年に欧州議会選挙で一〇%以上の得票率を得て大政党の仲間入りをするまでの泡沫政党時代もまた「砂漠の行進」時代、雌伏の時代であった。

一九六五年の大統領選挙で、ルペンは右翼のティクシエ・ヴィニャンクールを支援した。ルペン自身は自分が大統領候補になるにはまだ若すぎると考えていたためだが、基本的にはドゴールに敵対する人物である必要があった。しかしその結果はわずかに五・一九%の票を獲得しただけであった。ルペンはこの選挙で敗者の側に回った。この選挙の運動中コートダジュールでルペンは左目の視力を完全に失ってしまう。そしてドゴールとの関係が完全に断絶したのもこの時期であった。ルペンの雄弁さに目を付けたドゴール派からの誘いをルペンは鮸もなく断ってしまう。もしこの時ドゴール派に加わっていたら、ルペンの政治家としての人生はより陽の当たるものとなっていたかもしれない（Mauge）。そして六二年一一月の総選挙ではパリの選挙区で左翼ドゴール主義者ルネ・カピタンに敗北、議席を得ることはできなかった。ドゴール時代、左翼も右翼もドゴールのカリスマ性の前に勢力を広げる余地はなかったのである。

こうして下野したルペンは翌年「研究広報会社（ＳＥＲＰ）」を設立、広報ビジネス界で糊口を凌ぐことになった。友人からエクアドルでの豊かな収入を得られるポストを紹介され、さらに先にも述べたラフィットからの大企業のポスト（バティニョール社の係争担当の副主任）の斡旋もあったが、ルペンはそれをいずれも断っている。ルペンは海外には行きたくなかった。またこの三四歳の野心的な青年は安定していても退屈な企業弁護士の仕事には就きたくなかった。それにパリを離れたくなかった。しかし糊口を凌ぐ手段が必要であった。友人の資金的援助を受けた彼の選択がこのＳＥＲＰ社創業であった。ルペンの有限会社は学生街に近いわずか四平方メートルの部屋が二つだけしかないオフィスだった。後述するが（第Ⅳ章）、ルペンは大手セメント業者のランベール家の遺産を継いだ一九七六年までＳＥＲＰ社の企業を経営し続けた。ルペンはその回想録の中で、それはあくまでも将来の政治活動に向けた資金獲得のためのものだったと述べている。

同時にこの会社は、ルペン自身の政治的信条のルーツであるアルジェリアの体験を反映したものだった。この会社は「フランスのアルジェリア（アルジェリア独立反対）」を主張した現地指導者サランの裁判やアルジェリアにまつわる音声記録の発行を主な業務とした。いくつもあるドゴール暗殺未遂事件の最大の事件、フレデリック・フォーサイトの小説『ジャッカルの日』で有名になった「プティ・クラマールのドゴール暗殺未遂事件」の首謀者バスティアン・ティリーの処刑の録音はルペン自らが処刑場の外から壁一つ隔てたところでドイツ製の当時最新鋭の録音機により録音した。ティリーの銃殺刑の一斉射撃の音と叫び声の録音は画期的だったし、ＤＶＤなどのないこの時代、そのテープはよく売れた。これはルペンによると、最初の成功であり、この会社の二番目のヒット商品だった。最も売れたのはその裁判の弁論だった。勿論法廷での録音は違法だったが、協力者の女性弁護士は「フランスのアルジェリア」を支持する知り合いであった。その弁護士はこの違法な録音によって弁護士登録を剝奪された。

ＳＥＲＰはヒトラー、ペタンら右翼の政治家のスピーチや社会主義者で一九三六年人民戦線内閣の首班となったレオン・ブルム、八一年第五共和制で初めて社会党の大統領となったフランソワ・ミッテラン、そして第二次大戦解放の英雄シャルル・ドゴールらの講演の録音カセットも出版した。まだＤＶＤやＵＳＢのない時代である。今思えば単純なカセットテープの録音販売が立派にビジネスとして成立していた時代だった(Le Pen 2018)。

第Ⅱ章　「新しい右翼」、ＦＮ誕生とその時代

一　「豊かな社会」のひずみ

「反革命《カウンターレボリューション》」としての右翼勢力の結集

一九七二年に国民戦線（ＦＮ）は正式に発足したが、それは時代の産物でもあった。右翼の結集は、新しい価値観を求めて既成の体制に抗議した、いわゆる「六八年世代」や新左翼運動への「反革命《カウンターレボリューション》」でもあったからである。つまり社会の現状に対する不満を起点とした発想という意味では軌を一にしていた。しばしば使われるフランス語の表現で言えば「異議申し立て」の運動であることに変わりはなかった。そして彼らが一様に反発した相手は一九五八年に発足し、一〇年に及ぶドゴール体制、第五共和制だった（Corradi）。

しかしその反発の方向は様々であった。中道派や左翼は管理社会を脱した「自由な新しい社会」やソ連共産主義とは異なった、人間的な欧州型の新しい社会主義を目指した。それに対してナショナリスト・極右運動は、「伝統的なヨーロッパ文明への回帰」「ナショナリズムの復活」を求めて右翼勢力を糾合する方向に向かった。

写真１　ジャン・マリ・ルペン

この六〇年代から七〇年代にかけての時期は、高度経済成長の華やかな時代であった。フランスの成長率は八%を超えており、ハドソン研究所スティルマン・グループによると（ハドソン・グループ）、当時極東で目覚しい復興を遂げていた日本の成長に次ぐものだった。先進各国では家電製品がいきわたり、ジャン・マリ・ドムナックは「消費社会」という言葉を初めて使い、アメリカ流の物質文明が伝搬していった時期である。いわゆる日本の映画で言えば「ALWAYS 三丁目の夕日」の時代だが、それは敗戦国日本だけではなかった。フランスでも「豊かな社会」を享受し、シルヴィー・ヴァルタン、ジョニー・ホリデーなどの大衆文化の国民的英雄がフランスばかりでなく、世界を席捲した（Chabal）。

「シトロエンＤＳ」が疾駆した時代――「栄光の三十年」が導いた消費社会の到来

フランスは戦後復興から高度成長に向かって行った。しかし、今度は日本を含むほかの先進国とともに、一九七〇年代の経済危機の波に呑まれて低迷に喘ぐようになる。フランス国民はそうした中で、ジスカール・デスタン時代の試みから新たな「社会主義の実験」を選択した。

「栄光の三十年」――フランスが戦後三十年間高度経済成長を実現した時代を象徴する呼称である。六三年に製作された往年の米国人大女優オードリ・ヘップバーン主演の「シャレード」という映画がある。ヘンリー・マンシーニのテーマミュージックは今でもイージー・リスニングのスタンダード・ナンバーである。コケティッシュな容貌のヘップバーンが聡明でしっかり者の未亡人役を演じながら事件を解決していく、ラブサスペンスである。

実はこの映画にはシトロエンＤＳという、五五年に生産が開始されて二十年後に生産を停止したフランス車が二度ほど登場する。パリのリュクサンブール公園の入り口でオードリの前に止まったＤＳのタクシーは真横から撮影された真っ青で流形のスマートな車だった。後のシーンに登場するＤＳはコンコルド広場の石畳の上を猛然と走っていて、斜め前からはスピード感がありながら、全体的にはなだらかな丸みを帯びた、いかにも優雅な美しい姿であった。

この美しい曲線を描いたフランス車の姿はまさにフランスが高度成長の階段を上っていく時代の象徴だった。実はドゴールもＤＳを愛用した。シトロエンＤＳは、彼が堂々と立ち上がって国民を睥睨した時の車であり、テロ事件でドゴール夫妻が遭難した時に乗っていた車でもある。パワフルな大型車を量産したアメリカに対抗してそれよりははるかに小振りではあるが、いかにもエレガントな女性的なデザイン（最初は奇妙なデザインとみられたが）のこの車をフランスは歴史ある栄光と文化の国の夢とともに世界に販売したのである。生産が停止されてすでに三十年が過ぎた二〇〇五年一〇月、世界中から集まってきた、色とりどりのシトロエンＤＳが凱旋門からエッフェル塔まで数珠繋ぎの大行進をして、世界中の所有者が生産五十周年記念をパリで祝った。筆者はこの年リヨンの高等師範大学の東洋学研究所で客員教授をしていたが、アパートの近くのカーショーウインドーにＤＳのクラシックカーが古色蒼然ながら颯爽と並んでいた。その意味が実はすぐには分からなかったので逆に今でもよく覚えている。

DSの姿を映すためだけに用意された、「シャレード」の二つのカットシーンはそうした時代のイメージそのものだったのである。世界を席捲した戦後のハリウッド映画の寵児、オードリ・ヘップバーンが捕り物未亡人よろしくパリの町々を駆け巡る。フランス映画ではなく、アメリカ映画の中に、パリの大市場、セーヌ川に浮かぶバトー・ムーシュ（観光船）、ノートルダム寺院が画面狭しとばかり次から次へと映し出された。それは歴史と文化を誇るヨーロッパに対するアメリカ人の素直な憧憬を表現していた。そしてその背後には、歴史は浅いがアメリカの自らの可視的な突出した力に対する自信と余裕が透けて見えた。時代は文字通り、繁栄の時代「六〇年代（シクスティーズ）」――「アメリカの時代」だった。

しかし実はこの繁栄の時代に、フランス社会は大きく変貌した。人口増、教育の普及、住宅・都市計画の促進、高度経済成長がみられた。戦後の経済復興にともなう死亡率の低下によって人口増加の傾向はどこの先進国でも同様であった。一九四六年に四千万人を僅かに下回っていたフランスの人口は、五四年第一次ベビーブーム以後急速に増加し、六八年に四九六六万人に達した。同時に、経済復興の中で労働人口の不足を補うため、単純労働・肉体労働は外国人労働力に頼る傾向を示し、五〇年代から六〇年代にかけて急速に移民が増加した。五四年に一七七万人だった移民は六二年には二一七万人になっていた。

人口増大と復興の中で、教育の普及と平等化も進んだ。小学校の就学人口は、四五年に四五〇万人だったが、六〇年には六〇〇万人に増えた。バカロレア（大学入学資格）合格者は五〇年に三万二〇〇〇人だったのが、六〇年には四万二〇〇〇人、七〇年には一四万人にまでなった。

ドゴールの時代はまさに消費社会の誕生期で、人々は急速に豊かになった物質文明を享受した。フランス人家庭のエンゲル係数は五九年の三四%から七五年の二三・九%にまで低下した。電気冷蔵庫の普及率は五〇年代末の一〇%から七五年には九〇%へと急増した。同じく、テレビは一五%から八〇%、電気洗濯機は一〇%から七〇%へと増大した。マイカー普及率も五三年の二〇%から七三年には七〇%を示した。

一人当たりの実所得は、一九四九年–五四年には二四%、五四年–五九年には一八%の上昇を示し、その後六〇年–七八年には倍増（七三年まで年率四・五%、その後三・六%の上昇率を記録）、一所帯当たりの平均購買力も一九六〇年の四万三〇〇〇フランから七八年には八万三〇〇〇フランに上昇した。

そして消費社会はやがて若者をターゲットにし始めた。ラジオ・レコードプレイヤー・若者向けの雑誌は「ティーンエイジャー」を大きな市場とした。流行音楽では占領時代のジャズ（フランス語では「ザズー(zazous)」）、戦後のビー・ポップに続いてロックの時代、「イェ・イェ」の時代がやってきた。六三年六月にはパリのナシオン広場で十五万人もの青年が、ジョニー・ホリデー、シルヴィー・ヴァルタン、リチャード・アンソニーらの歌に興奮し、喝采を送った。

新しい価値観「リベラリズム」とユーロペシミズム——高度経済成長終焉後の苦悩

しかし歴史は常に逆説的である。こうした自由、そして豊かな物質文明の拡大は他方で、社会構造の歪みへの不安と六八年五月以後の騒乱を準備していった。

都市化にともなって、住宅不足が深刻化、低家賃住宅（ＨＬＭ）の建設が急速に進められ、第四次計画ではその三分の一がＨＬＭの建設に当てられた。また、都市人口占有率は五四年から七五年の間に倍になったが、この急速な都市化は道路・学校・交通など社会インフラの未整備という欠点をともなっていた。パリへの集中は下水道設備・ごみ処理・大気汚染などの環境問題を惹き起こした。

工業化は、農業から工業への比重の移動、肉体労働からデスクワーク（ブルーカラーからホワイトカラーへ）へ、また企業の生産効率優先主義の結果、集中と合理化による大企業化への変化をもたらした。フランスでは、農業・牧畜業者は六二年で一五・八％を占めたが、七五年には七・七％へと半減してしまった。中級管理職は七・八％から一三・八％へ、事務職の比率も一二・五％から一六・六％へと増大した。セルジュ・マレの書物で有名になった「新しい労働者階級」、いわゆるホワイトカラーの増大もこの時代の特徴だった。彼らは技術者、研究事務職員、工業デザイナーであり、従来の肉体労働者でも、幹部社員でもなかった。

しかし、このような中間階層が現れたにもかかわらず、貧富の格差は縮まらなかった。個人経営企業の数は減ったが、大企業の幹部や大株主、高級官僚、政治家、自由業など上級階層の基盤は強化された。彼らの間には出自・学歴や生活習慣などでの同質性が認められる。こうした連中が職業横断的なグループを形成する。高名な社会学者ビルンボームによると、第五共和制は、かつて大企業の利益代表として政治家が議会で力を持っていた時代から、行政機構の複雑化によって専門家の役割が増大すると同時に次第に官僚・テクノクラートの影響力が強い時代へと変化していった（ビルンボーム、拙著 一九九一）。実は「六八年五月事件」の背景はすでにこうした形で整っていた。

資本主義の発達、復興の証である高度経済成長と物質文明の隆盛はドゴール的な伝統的なカトリックに代表される価値観である「古いフランスの死」（アルジェリア植民地解放闘争時「パパのアルジェリアは死んだ」といわれた）を意味し、新しい社会的価値観を準備していった。しかし戦後復興の中で培われつつあった「豊かな社会」とそれにともなう「物質文明的な合理主義」偏重の風潮の中で、若者たちは人間性を喪失した無機質な社会全体に及ぶ「官僚化」に対する不安を強め始めたのであった。産業合理主義と物質文明偏重に抵抗する彼らの多くは、人間性の解放と自然環境擁護を主張し、後に「エコロジスト」と呼ばれる一群の勢力を形成していった。「静かなる革命」（R・イングルハート）に対する抵抗でもあった（Corradi）。

ドゴール後のポンピドー大統領政権はこうした社会の歪みの調整を使命とした。ポンピドー大統領下の最初の首相シャバン・デルマスは、「契約政策」を実行した。これは「社会パートナー」として、国家・労組・企業の間で新たな恒常的な協調のための手続きを構築することを狙いとしていた。そして賃金政策面では二つの措置がとられた。ひとつは賃金の月給制だった。大統領はこれを労働条件の変化の基本と考えた。もうひとつは、ＳＭＩＧ（全産業一律最低保証賃金）に代わった物価スライド式のＳＭＩＣ（全産業一律スライド制最低賃金 salaire minimum interprofessionnel de croissance）の創設であった（一九七〇年一月七日）。ＳＭＩＣは物価スライドを取り入れただけでなく、経済状況全般も考慮されていた。

しかし七〇年代の二回にわたる石油ショックと高度経済成長の終焉はポンピドー政権と七四年に成立したジスカール・デスタン大統領政権にとって予想以上の痛手となった。七三年一〇月に勃発した第四次中東紛争の際に産油国が原油価格を四倍に高騰させた結果、廉価な原油に依存していた工業国の経済は大きな打撃を受けた。日本でも当時トイレットペーパーの買いだめ競争が起こり、スーパーマーケットなどからトイレットペーパーが消えてしまった事件は今日でもなお人々の記憶に焼き付いている。七三年一〇月から七四年二月にかけてインフレ率は年率で一五・六％（七三年二月―七四年二月期には一一・一％）を記録した。これに対して成長率は七三年四月―一〇月期の六％に対して七三年一〇月―七四年二月期には三％に後退、七五年には、二十年ぶりに一・五％にまで後退した。これは失業の急速な増加を意味し、七五年末には失業者数は九〇万人にまで達し、八〇年一一月には求職者数は一六一万人を越えた。貿易収支は八〇年に入って新たに悪化、インフレも七八年の一一・一％から七九年の一三％へと上昇していた（拙著 一九九一、シュレヴェール）。

他方で、新しい時代の価値観の変化を意識させるものとしては、七四年一二月四日の法律で避妊薬品の薬局での販売が許可され、社会保障費の中からその払い戻しが可能となった。七五年七月一一日の法律では離婚の理由の範囲が拡大され、その手続きも簡素化された。中絶は七五年一月一七日の法律で可能となったが、この法案の議会での討議が初めてテレビで放映されたこともあって、当時話題をさらった。伝統的なカトリックの国でその社会生活の価値観を大きく揺るがすテーマであった。厚相のシモーヌ・ヴェイユはすっかりフェミニズムの旗頭として名声を博するようになった。かつてナチスのユダヤ人強制収容所から生還した女性大臣が涙ながらに女性の権利を訴えたテレビの映像は人々に大きな感動を与えた。一連の政策には、ジスカール・デスタンの標榜するリベラリズムの主張と、その一方でフランスの古い社会文化的体質を払拭しようという進取の気性が反映されていた。

他方で六八年五月事件の争乱の後、同年九月の国民議会選挙でドゴール派は多数派を死守した。ドゴールに対する信認は揺らいだが、国民はドゴールをまだ見捨てたわけではなかった。しかし、ドゴールは翌年支持を得にくいテーマ（地方改革・上院改革）を掲げて勝算のない無謀ともいえる国民投票の賭けに出てあえなく惨敗を喫した。正統性こそ自分の権力基盤と自負した国民的英雄、そして軍人政治家ドゴールは、六八年五月騒動にみられた国民の自分への「抵抗」は屈辱以外の何物でもなかった。その回復にはそれだけの国民の信頼の明示的証が必要だとドゴールは考えた。そしてドゴール提案の不信任という結果は第五共和制におけるドゴール的な保守主義と右翼の勢いを大きく後退させた。

ポストドゴール時代に入って、勢いを得た左翼運動が新たな展開を見せ始め、ミッテラン指導の下に中道・社会主義勢力再編の機運が高まり、新たに結成された社会党は共産党とともに共同綱領（政権構想）をかかげ、新しく開かれた左翼、「ユーロソシアリズム」「ユーロコミュニズム」の波に乗って支持を拡大した。それは八一年のミッテラン政権誕生として結実した（マンデル、ベルリングェル、クラウディン、クリエジェル、安原、芝生、Chabal）。

「反革命」の蠕動

実は欧州先進各国で広がったそうした欧州の自由主義・左傾化の潮流への反動として一部の右翼の勃興がみられた。「反革命《カウンターレボリューション》」運動の萌芽だった。先にも書いたように国民戦線の運動にはもともとの思想的極右性に加えてポピュリズム一流の社会不満の代弁者としての社会運動的側面がある。時流に合わせて巧みにこの微妙なバランスの中でFNは紆余曲折を得て生きながらえてきた。こうした運動は熱しやすく冷めやすい。遡ると、大革命時代のジャコバン派、ドレフュス時代のブーランジスム、ファシズム時代の転向者ジャック・ドリオが組織したファシスト政党「フランス人民党」などいずれもその運動の隆盛は短命に終わった。しかしそれらの運動は完全に消え去ったわけではなかった。社会的不満分子はいつの時代にも存在する。それをどのように掬い上げ、形のある継続的なものとして育てていくことができるのか（Chebel D'Apllonia)。

実は六〇年代こうしたヨーロッパ・フランス社会の左傾化の興隆に対して、右翼・極右勢力は危機感を強めていた。ひとつはアルジェリアの独立であり、もうひとつは六八年五月騒動に象徴される左翼的で先進的な政治社会的潮流の高揚だった。

「アルジェリア」は大部分のフランス人にとって「フランス」そのものであった。八一年に社会党の大統領に就任したミッテランは後に「第三世界主義者」として植民地解放に理解を示す開明政治家の風貌を喧伝したが、アルジェリア独立紛争の真っ最中に当時内相だったミッテランは議会で「フランスのアルジェリア(植民地解放反対)」を断固として主張した。それほどアルジェリアの独立は多くの人々にショックを与えた。ドゴール大統領夫妻がパリでアルジェリア独立に反対した武装テロ組織ＯＡＳ(秘密軍事組織)のグループに銃撃された事件はフレデリック・フォーサイトの作品と映画「ジャッカルの日」で有名になるが、独立容認を選択したドゴールを独立反対派の武装軍人たちは裏切り者と断じたのであった。空港に向かう大統領夫妻の車に道の両脇の機関銃の列が火を吹いた。娘婿の運転手は必死の思いで道の真ん中を猛烈なスピードで駆け抜けた。ドゴール夫妻は奇跡的に九死に一生を得たが、百三十年間、何代にもわたって居住し、利権を享受していたアルジェリアのフランス人たちの怨嗟は簡単には収まらなかった(拙書二〇一三)。

そして六八年五月騒動はこうした古き栄光ある歴史を持つフランスに対する最後通牒ともなった。それはすでに述べたように先進社会の時代転換の必然でもあった。それを傍らで苦々しい気持ちで傍観していたのが極右勢力の重鎮たちだった。

第二次世界大戦後の極右の潮流としては、三つの流れを指摘できる。第一に、議会内抵抗主義、第二に議会外での暴力的なテロ活動、そして第三に、いわゆる「新しい右翼(Nouvelle Droite/New Right)」と呼ばれる、「超政治的(メタポリティック)」な理論・思想活動だ。二番目の代表が国民戦線(ＦＮ)の源流だが、三番目の「新しい右翼」の活動は先の二つのいずれの政治活動とも距離を置く、国民の意識革命を促すための思想運動の試みだった。そして多くの点でFNの活動はこの「新しい右翼」の影響を強く受けていた（Bar-On, Cerny)。

この研究分野の第一人者カミュらが早い時期にこの時代の右翼的な運動について国民戦線（FN）以外にも十以上の勢力があったことを指摘している。キリスト教系伝統完全保存主義者、ユダヤ人迫害歴史否認主義者、ネオ・ドルイド（ケルト）教徒、ネオナチ、新しい右翼（ON）、ペタン主義者、地方主義者、王党派、スキンヘッド、ソリダリスト（連帯主義＝後述、個人主義・社会主義超越主義）などがあった（Camus et Monzat 1992)。またフランス右翼研究の第一人者ルネ・レモンは名著『フランスの右翼』の中で、右翼を反革命右翼、リベラル右翼、そして人民投票型右翼の三つの類型で論じている（Rémond)。極右研究の第一人者カミュはこれに極右を加えて四つの右翼ということもできるが、レモンの定義による分け方は今日のフランス政治では現実的ではない、と指摘する。現実的には、民族主義的共和派、主権主義諸派、人民投票による道徳的な伝統保守主義者を一括した右翼と、急進戦線（Front Radical）派（FN／RN）の二つの潮流の争いが現実だと主張する。つまりFN／RNの存在は二つの右翼の一角を占めるほど大きく、既成のすべての右翼・保守にも対抗しうる勢力になっているということだ（Camus 2016)。

二　「新しい右翼」

文化的ヘゲモニーの形成を目指して

ユーロソシアリズムとユーロコミュニズム隆盛のこの時代、心中穏やかならぬ多くの右翼の人々の中にアラン・ド・ブノワがいた。彼はトゥール近在のサン・シンフオリアンで一九四三年に生を受け、後に極右の有識者、哲学者、ジャーナリスト、政治コメンテーターとして知られるようになる人物だ。ド・ブノワは「フランスのアルジェリア」、ヴィシー対独協力政権を支持、「白人」と南ア・ローデシアのアパルトヘイト（人種隔離主義）を公然と支持するウルトラ・ナショナリストだった。二一世紀に入ってもなお意気軒高な右翼イデオローグの長老だった（近年は左翼支持の論者に変貌）。六一年にド・ブノワが、フランスのネオファシスト組織「若い民族」（一九四九年設立）の中心人物のジャーナリスト、フランソワ・ドルシヴァルに会ったことが、フランス極右運動の大きな発展の契機となった。その後ド・ブノワは、反マルクス主義者、ウルトラ・ナショナリストでフランスのアルジェリア擁護派の「（親仏アルジェリア）ナショナリスト学生連盟（Algerie français, Féderation des étudiants nationalists, AF-FEN）」に合流する。AF－FENは一九六〇年にドルシヴァルと他の革命的ナショナリストたちによって創立された団体だったが、ド・ブノワは六二年にはAF－FEN発行の雑誌『大学手帳』の編集者になった。ド・ブノワはAF－FENの革命スタイルを後々まで懐かしがった。

この六〇年代前半にド・ブノワはドミニック・ヴネと行き会っている。ヴネは革命的右翼団体「ヨーロッパ・アクション」を創設し、同名の機関誌の発行者だった。ヴネの父親は第二次大戦前のナチスとの協力者として知られるジャック・ドリオ率いる「フランス人民党」の構成員だった。この団体は革命的右翼の活動家たちに新しい民族的汎欧州主義を吹き込み、フランスのネオファシスト作家モリス・バルデシュの唱える狭義のナショナリズムから離れることを説いていた。ヴネの影響でド・ブノワは極右思想をフランスにとどまらず、ヨーロッパばかりか、ユーラシア・ロシアにまで拡大した思想へと後々発展させていく礎を吹き込まれた。これは今日のFN／RNの対外認識の中に生きている。

一九六八年五月四日から五日にかけてリヨンで、ブノワと他のウルトラ・ナショナリストたちは「欧州文明研究集団（GRECE：Groupe de recherche et d'études pour la civilization européenne）」創設集会を開催した。後々マリーヌ・ルペンの時代になっても主要メンバーたちにはこの集団の薫陶を受けた者も結構いる。その意味でこの集団が今日までのFN／RNの活動に果たした役割は大きかった。創設メンバー三六人中二七人はウルトラ・ナショナリストとAF‐FENの活動家、そして関連雑誌『大学手帳』の関係者たちだった。ド・ブノワ自身はGRECEを思想的には幅広い活動と考えていた。彼はGRECEを、左翼フランクフルト学派から、王党派「アクションフランセーズ」の極右派、国民科学研究センター（CNRS）の学術的中立派まで、思想的には右から左、そしてアカデミズムも包括する広い射程を持った統合体と考えていたようだ。革命的右翼の欧州化と超政治化（メタ・ポリティゼーション）をうたい文句としたが、それには現場の急進派活動家たちは反発していた。ド・ブノワの活動は実践的な政治活動ではなく、つまるところ「思想闘争」「文化闘争」であったからだ。この点は今日の欧州統合をめぐる彼らの議論にも反映された。つまり彼らが反発する欧州統合とは指導層・エリートが主張し、担う経済合理主義的な統合、とりわけEU統合だ。しかしその統合は一般庶民の日常生活の中で各自の利するところとはならない。少なくともその恩恵は可視的には明確ではない。勿論、間接的な利益享受の感覚はなくもない。大企業の合理化が進み、生産・利益効率が上昇する中で、自分たちの賃金は上がる。しかし他方で合理化の波の中で職を失い、職場の立場を不利にする者も出てこよう。そしていずれにせよ、大きな利益を上げるのは大企業やエリートである。それに対して昔ながらの欧州が各地域の土着の文化を維持した土着の生活文化様式の重要性を喪失したくない。そう考える人たちが一方でいることを否定することはできない（Albertini et Diuce, Eltchaninof)。近代的合理主義に対する文化的ナショナリズム・アイデンティティの対抗図式がEU統合支持派と反対派の対立の本質だ。異なった見方ではあるが、「欧州の結束」という意味での統合には極右は同意している。

政治・社会運動を支える新たな意識・思想革命にド・ブノワの狙いはあった。当時左翼リベラリズムの隆盛を前にして右翼勢力は押されていた。そうした中でド・ブノワは「別の顔」「別の思想」が必要だと説いた。暴力革命を挙行するにしても、それは「客観的な革命の条件」が整っていなければ実現しない。理論と思想的背景のない示威行動や暴力革命は人々の離心を招くばかりだし、結局左翼リベラリズムを利するところとなるだけだ。アルジェリア植民地解放によって突き付けられたのは、従来の古色蒼然たるナチズムやユダヤ人排斥にみられる狭い意味での差別主義と伝統的なカトリック的世界観の否定ではなかったか。右翼思想に人々は不信感と疑惑を強めている。今こそ、旧態依然たる右翼思想から脱して、新しい理論武装をすることが必要だ。実践的な運動の前にいわば文化闘争が必要不可欠だ。時々の支配体制は独自の価値観や社会生活面でのパラダイムを持っている。これはイタリアのマルクス主義者グラムシが主張した「文化ヘゲモニー（覇権）」の議論だ。「六八年革命」の左翼的リベラリズムと人間の解放の思想が時代の大きな潮流となったことは、まさにそれを意味した。それに対抗して、ド・ブノワは右からの文化的ヘゲモニー論を提唱したのである（De Benoist 1979, 85, 86, 95, 97, 2004, 09)。フランスの新右翼について詳しいバーオン（Bar-On）はド・ブノワとその系譜についてまとめているが、我が国では畑山が新極右の運動と結び付けて早くからルペンの活動に注目していた（畑山 一九九七）。

「欧州文明研究集団（GRECE）」の狙い

こうして創設時のGRECEの目的は、①フランス政治のより広範な理論的洗練化をめざし、様々なウルトラ・ナショナリスト勢力間の内輪もめを克服する、②議会内外の活動を通した右翼の権力掌握を拒否する、③グラムシの発想（文化的ヘゲモニー論）を右翼の側から見直し、ヨーロッパを通した思想の実験場を掌握することによって左翼リベラリストから文化的権力を取り戻し、行き過ぎたファシズム・ホロコーストによって破壊された右翼革命への信頼を再構築する、④民族の人種的・生物学的概念を基礎にして、軍事的拡張主義をも肯定するウルトラ・ナショナリストの思想的遺産を改編していくことにあった。そこには旧来の直接行動主義的な右翼特有の姿勢に対するアンチテーゼがみられた。「新しい右翼」の模索だった（Bar-On）。

ド・ブノワは「新しい右翼」の旗手としてメディアの寵児となった。一九七八年には著書『右翼からの見解』でフランス学士院賞を受賞している。一九八〇年から九二年にはラジオ放送局「フランス・キュルチュール（フランス文化）」の番組『ル・パノラマ』のレギュラーゲストとして活躍した。「六八年世代」と称されたリベラル左翼に対する厳しいド・ブノワの批判は、結局この世代は自分たちが反ドゴールとして拒絶したはずの資本主義（物質主義）を擁護し、人道的介入の美名において結局は戦争を擁護していると痛罵した点にみられたが、新しい近代主義・ポストモダンの思想としての新しい右翼の特徴を模索した。

「新しい極右」の限界

「新しい極右」の本質を理解する際に、バーオンは三つの興味深い概念区分を提案する。第一に左右対立軸への挑戦（いずれでもない「第三の道」）、第二に「ご都合主義的近代化論（alternative modernity、「機会主義的近代（筆者）」）」、第三に「政治という宗教」（政治の宗教化）である（Bar-On）。

第一の左右の否定とは東西イデオロギー対立の当時、人の自由を拘束する「東側の全体主義」と物質文明に凌駕されて精神の自由を喪失した「西側の全体主義」のいずれも否定して、「第三の道」を選ぶことを主張した。この主張は戦前のファシズム運動の一翼を担った「フランス人民党」を率いたジャック・ドリオの思想でもある。「右でも左でもない」という主張だ。しかし旧植民地国などによる「第三世界主義」とは一線を画していた。その理由はド・ブノワの主張には「階統的な（hierarchical）」秩序観があるからだ。その意味では、後に述べるように新しい右翼は近代の象徴的概念である「平等主義」をその源流とするマルクス主義と資本主義のいずれも拒否する（De Benoist 1986, 93, 95）。

しかし新しい右翼は反エリート・権威、反グローバリゼーション、反米（アングロサクソン）、反ネオ・リベラリズム、反伝統的保守主義、反社会主義・共産主義正統派という点では新左翼と類似点がある。両者がそれぞれ左右向かう方向は一見真逆でありながら、そのような点で共通することはその後のド・ブノワ自身も含めて右翼の中に「転向者」がしばしば輩出される遠因でもある。

第二に、新しい右翼の思想は前近代・近代・ポスト近代の様々な思想の混沌だ。「思想のカクテル」、あるいは「応急修理（ブリコラージュ）」（Bar-On）だ。先に述べた様々な思想への拒絶の主張は自分本来の特異な思想を持つのではなく、むしろ近代社会の拒絶と不満を意味していた。しかし新しい右翼は近代を否定しながら、近代を準備した一八世紀の啓蒙主義を称賛する。それはいわば「上からの革命」を意味するからであったが、彼らは他方で上からの革命思想の普及を促した人々が所属する伝統的な前近代的な保守主義も否定していた。

第三に政治の「神聖化」と称して、ド・ブノワはその純粋無垢な政治運動への傾斜を称揚する。レーニンやジョルジ・ソレルらにみられたその革命的精神の中での黙々として政治に没頭する姿はまるで彼らがひとつの宗教の信奉者、「聖職者」であるかのようだった、とド・ブノワは後に述懐している。その思いは「政治という宗教」「宗教としての政治」という表現で後々その思想体系のひとつの幹となった。政治と宗教は近代的市民社会では切り離されるべき概念（政教分離）だが、両者の結合にド・ブノワの右翼特有な前近代との混淆が見て取れる（Bar-On）。

それは彼自身の情緒的な発言にも見られる。彼は青年期、ウルトラ・ナショナリストで、アルジェリア独立反対派の軍事テロ組織「ＯＡＳ（秘密軍事組織）」を支持したが、もし自分がアルジェリア人であったなら、自分自身はアルジェリアの独立派「国民解放戦線」のテロリストになっていたであろうとド・ブノワが回想していることだ。そこにド・ブノワのような一途な思い込みの激しい青年特有の潔癖かつ原理主義的な、また時に短絡的な思考・行動パターンが浮かび上がってくる。極右ポピュリストに多々みられる特徴だ。それは後にド・ブノワが左翼に転向していった理由でもあったが、一貫性を欠く機会主義者としての極右イデオローグのひとつの人物像が浮かび上がってくる。

ヨーロッパ中心主義

ド・ブノワとＧＲＥＣＥはヨーロッパ中心主義を主張したが、それは欧州中世からのキリスト教の伝統に根差したものというわけではない。むしろそれを否定したもっと原初的な意味での多様なヨーロッパをド・ブノワは頭に描いていた。つまり百に上る多数の地域独立主義運動を包摂する「異質（heterogenous）で雑多な」「欧州ナショナリズム」だ。それはキリスト教やユダヤ教という特定のひとつの宗教の概念でくくることのできない、広い意味での「ヨーロッパ主義」であった。広域にわたるヨーロッパの歴史的伝統と文化を「キリスト・ユダヤ教」という言葉で代表させることは間違っている。そのような宗教による「同質性・均質性（homogenity）」の確認によってヨーロッパの実態を代表させることはできない。ヨーロッパはもっと多様性を包含している。その意味では欧州人の間での多文化主義的な現実は容認する。しかしそれを外部勢力（イスラム主義）と一緒にすることは拒否する。それはあくまでも欧州人の間での多様性にとどまる。そこには異質な文化の入り込む余地はあってはならない。それは内と外を使い分けた論理である。内向きの多文化主義はよいが、外に向かった多文化主義ではない（De Benoist 1986）。

ド・ブノワは広義のヨーロッパ中心主義を主張したが、その「ヨーロッパ」とは人為的な一元的平等主義でもあるユダヤ・キリスト教的な世界観を否定し、もっと地域生活に根差した「インド・ヨーロッパ」という概念を重用する。それはキリスト教的な一律的で均質的な価値観とは異なった土着の地域主義的な多様なヨーロッパを意味した。バスクやカタロニアなど欧州各地方で独立運動はたくさんある。それは歴史・原理主義的な立場からの欧州の見方だ。「百の国旗」、各地方特有の文化・価値観・生活様式を重視するフォークロリックな世界観でもあったが、その結果資本主義的なグローバリズムやリベラリズムを否定し、域外から持ち込まれた異文化を否定し、多文化主義を拒否した。それは非白人や非欧州人、そしてイスラム系移民への反発ともなった。ド・ブノワの主張した「新しい右翼」とは、ファシストでも、人種主義者、代表デモクラシー、ネオナチ、平等主義でもなく、「欧州人のためのヨーロッパ」という観点からの直接デモクラシーを肯定する立場だった。排外主義につながる傾向を持つ思考様式だが、上辺の教条的な「デモクラシー」建て前論を根拠とする「想像の多文化主義」理想論ではなく、も欧州の歴史的文化論に根差した議論だ。その意味では「新しい右翼」の主張は複雑であったが、また混乱でもあった。処々に曲解と矛盾がみられた。誤解を覚悟でいえば、「新しい右翼」とは、あらゆる既存の権威に反発し、かつ新しい理念と風貌を構築しようとする試みであったが、その背景には原理主義的な思考様式があった。それはまたカトリックに代表される特定の集団や教義による一元的な欧州の理解を拒否し、多様な土着の人々の伝統的な社会・生活思考様式を擁護する立場でもあった。新しいものを求める姿勢の中に、より「純粋」＝「素朴で一途な情熱」とフォークロリックな庶民レベルでの伝統主義・保守性が大切にされる考え方であった（Bar-On）。

そうした点に新しい右翼が「極右」と共振していく特徴が表れている。よく言えば、既成秩序への反発と反骨、あるいは進取の気性の外観を装ってはいたが、その根っこの部分には庶民的な心情に支えられた伝統的な旧套墨守の日常的価値観から脱皮できない保守性が宿されている。そこに「極右ポピュリズム」の本質がある。新規性・刷新性は最終的には「看板を書き換えた旧守派」の範囲を超えず、それこそ、極右ポピュリズムだと筆者は思う。

カトリックの伝統と革命的ナショナリズム

カド・ブノワの主張は新しい右翼の再編の試みであったが、今に至るも隠然としてフランス社会にはカトリックとしての伝統文化と価値観が残っていることも確かだ。ルペンたちの極右運動の温床はまず第一にそうした歴史文化的土壌からくるものであった。ルペンの運動はしばしば人種排外主義が筆頭に掲げられるが、その根底にはこうした広義のフランスのナショナリズム、とくにカトリック的伝統がその根底にあることを忘れてはならない。

この辺り少しわかりにくい読者のために一言加えておくと、フランスは伝統的なカトリックの国である。フランス大革命で世界の最先端の思想や制度を取り入れたことも事実だが、二〇世紀に入っても伝統的な宗教観で人々が縛られている国であった。自由・平等・博愛のスローガンを掲げてはいても、ユダヤ教徒蔑視の風潮は第二次大戦時にまで残っていた。一九世紀末のユダヤ人将校ドレフュスがスパイ容疑の濡れ衣を着せられた事件はフランス国内で激しい議論を巻き起こした。文豪エミール・ゾラが「私は弾劾する」とドレフュス擁護の論陣を張ったのはフランス知識人がその歴史に残した輝かしい金字塔だ。しかし第二次大戦期ナチスに協力してドイツの強制収容所に送るための「ユダヤ人狩り」を命じたのは「祖国・家族・労働」をスローガンに掲げた第一次世界大戦の英雄ペタン元帥率いる対独協力ヴィシー政権の後期を担った人たちだった。それは伝統的なカトリックの価値観に支えられていた。

ロシア革命と第一次世界大戦後にヨーロッパを席捲したロシア共産主義に対して、伝統的愛国主義者たちは激しく反発した。フランスにおいてもそうした伝統的カトリック主義者の思想は一九世紀末にシャルル・モーラスの主導で結成された「アクションフランセーズ」があった。そうした伝統的ナショナリスト右翼に加えて、第一次世界大戦後になると、ファシズム・ナチズムの影響を受けたネオファシスト、ジャック・ドリオのフランス人民党などが成立した。すでに述べたが、ドリオの主張であった「共産主義でも資本主義でもない」「第三の道」は後にルペン自身が模索する「いつか来た道」にもつながるが、ドリオら極右直接行動主義者らが起こしたのが一九三四年の右翼リーグ（同盟）の暴動だった。こうしたネオナチ・ファシスト興隆の脅威に対する反動から、左翼統一の動きが高まり、今度は世界史上最先端の左翼の統一政府「人民戦線

（社会党・共産党・急進党の連立政権、人類史上初めて二週間の有給休暇・団体交渉権・週三六時間労働などを制度化した）」が成立した。史上有名なレオン・ブルム首班の「人民戦線」内閣の誕生だった。しかしそれでもフランスでは伝統的なカトリック的生活様式はその後も残り、女性の参政権は日本とほぼ同じ第二次世界大戦終了後、またカトリックで禁止されている避妊薬の経口が公式に認められたのは一九七〇年代半ばになってからだ。

したがってFNやその母体となる「西欧（オクシダン）」や「新秩序（ON）」が掲げた西欧主義＝カトリック的価値観や愛国主義は実はこうした極右団体に固有の特別な価値観ではない。むしろ多くの庶民にとっては生活に根差した価値観であった。例えば、FNはその愛国主義を百年戦争で神の啓示を受け、祖国フランスを英国の支配から救った「オルレアンの処女」ジャンヌ・ダルクによって象徴させるが、そのこと自体は国民の多くが共有する感覚でもある。少なくともジャンヌ・ダルクの功績をフランス人であるなら、否定する人はいないであろう。

しかし問題はそうした宗教的価値観を政治や教育の世界に持ち込んでよいのか、という点にある。それが一九〇五年に法制化された「政教分離法（ライシテ）」だ。今日その歴史的文脈をよく理解しないまま、信仰の自由・平等というフランス共和主義の正の側面にだけ注目して、イスラム教徒のスカーフ着用を認めるためのマイノリティ擁護の立場という面からこの言葉を論じる向きがあるが、それは論理の混同であり、自己撞着の議論だ。二〇世紀初めにはカトリック的しきたりを政治に持ち込まないことがこの法律の最大の目的だった。そして今日この法律が無効にされると、もちろんイスラム教徒のスカーフが公の場で認められることにはなるが、同時にイスラム教徒よりもはるかに数の多いカトリックやユダヤ教徒らがそれぞれの宗教的な服装や儀礼を公の場に持ち込むことになる。そうした場合にはイスラム教徒の少数派の立場は逆に一層顕在化し、今まで以上に彼らが社会的少数派に追いやられてしまうことは必定だ。宗教の平等という名のもと公共の場で宗教的儀式を一律に禁止するということは多数派であるカトリックの専横を防止する意味があった。したがって、ライシテの研究というと、非カトリック＝プロテスタント派の研究対象であった。

つまりカトリック色の強いこの国では極右の思想的背景は歴史の中で根付いている。カトリックは基本的には依然としてマジョリティの論理だ。しかしそれを政治に持ち込まないこと、それが共和主義政治である。極端な愛国主義や革命的ナショナリズムの勢力がフランスの共和制において「アウトサイダー」とみなされる所以である。筆者は職業柄国民戦線FN（今は改名して国民連合RN）のニュースメールと「Croix（十字架）」というカトリックのウェブ・マガジンの記事にも目を通すが、一八八三年に創刊されたこの雑誌では極右に関する記事がしばしばみられる。二〇世紀以来カトリック・ナショナリズム色の強いメディアとして知られる。

ルペンというと、反イスラム移民とすぐに置き換えて考えられる傾向がある。しかし例えば普通の日本人にとって、天皇制・国家神道が即帝国主義的なアジア植民地への抑圧的差別主義とだけ結び付けられて、外国人に批判的に論じられると、イデオロギーの違いを超えて、そんなに単純に扱ってもらっては困ると思う人もかなりいると思う。当時天皇制教育を受けた者でも抑圧的なアジア支配を喜んで実践しようとしていた人間ばかりではなかった。また戦前の抑圧的な植民地主義に批判的な人でも、それを全部天皇制のせいにしてしまうことには抵抗があるだろう。天皇制を残したGHQの判断を真っ向から間違っているという人と複雑な歴史感情から口を噤む人とどちらが日本人の中に多いであろうか。

勿論ここで筆者は国民戦線（ＦＮ／ＲＮ）の本質である排外主義を擁護するつもりはない。後々述べるように、耳障りのいい「悪魔のささやきかけ」がこの勢力の今日の拡大を支えているが、その背後に今日の欧州の闇の部分が垣間見えるからだ。しかしそれぞれの国には特有の歴史がある。その歴史解釈や時代の風潮を変えていくことはすぐにできるものではない。筆者が言いたいのは、そうした複雑な国民的感情がフランス極右の運動とその今日の台頭の背景にはあるということだ。その織りなす複雑な国民心理の綾を解きほぐすことがなければ、ＦＮ／ＲＮと正面から向き合っているとは言えないであろう。

ここでとくに指摘したいのはその宗教的伝統の側面である。その意味では、多々論理的には矛盾した言動がこの政党の本質を表している。もともと思想的雑居集団としてこの党は出発したのである。その政策は多分に情緒的な特徴を持っているが、錯綜する国民感情の素直な表出であることも否定できない。キリスト教的な愛国主義的感情や情緒感が、矛盾する論理の不合理性を糊塗し、一定の人々の結束を促すことになる。これは日本人の精神生活にも大いにある。むしろ日本の民主主義にはそういう要素が大きい。

形而上学的な論理的思考性の強い「デカルテジアン（デカルト主義）」の国、それこそフランスなのだが、それでもそうした論理を超えた国民感情があっても不思議ではない。問題はそれがどこまで許されるのか。筆者は後に述べるようなＦＮの雑多で機会主義的な主張を支持しようとしているのではない。どの国においても、それぞれの国民の歴史や広義の国民性から、どうしても矛盾に満ちた行動様式を支持する人たちがいるということが言いたいのである。それは近代政治の合理的判断を超えた極めて心情的な性格のものである。あるいはまた貧富間格差の大きな社会における社会の歪みの心情的表出であるのかもしれない。極右をめぐる議論はそうした土着の国民心理に立ち入ることなくしては理解できないであろう。また歴史の中でそうした伝統的なナショナリスティックな感情が昇華されることなく、一層肥大化することこそが問題なのである。

三　極右政治勢力の結集「国民戦線FN」の出発

雌伏の時期、FN立ち上げ

FNは一九七二年一〇月五日、極右諸勢力を統合して結成された。当時、極右勢力の中心は「新秩序」(ON：六九年に極右グループ「西欧」が解散した後結成。七四年に「新しい力の党」=PFNに改組。八〇年代初めまで極右の中心勢力)で、FN結成に際しても主導的役割を果たしていた。FNは、その他にもヨーロッパ・ナショナリスト、アルジェリア独立反対の秘密軍事組織OASの残党、六五年の大統領選候補になったティクシエ・ヴィニャンクールらの勢力、プジャーディスト・王党派をも含んでいた。八八年の大統領選挙の際には、FNは、直接行動主義者(「青年国家」一派・「西欧」・「新秩序」・PFN)、右翼反ゴーリスト(OAS一派・ティクシエ派の系流の「自由と進歩のための共和国連盟」)、連帯派(ソリダリスト、ティクシエ派の系流の「青年革命運動」・青年行動グループ・キリスト教連帯)という三つの流れの合流勢力であった。

しかしドゴール派全盛であった一九六〇年代は、極右が停滞していた時代であった。アルジェリア独立戦争で「フランスのアルジェリア」を主張したナショナリストたちは過激化し、人心は離れていった。その後の一九六五年大統領選挙でルペンが選挙運動を指導したジャン=ルイ・ティクシエ・ヴィニャンクールは五・一九%しか獲得できず、大敗した。こうした中で、右翼急進派を代表したのは「西欧(オクシダン)」という団体だったが、このグループは一九六九年一〇月に解散し、同年一一月に「新秩序（ＯＮ）」を結成する。ＯＮはＧＵＤ（Groupe Union Defense 防衛同盟集団）という暴力手段も辞さない青年組織を基盤とし、その後の「国民戦線（ＦＮ）」の母体となった（Albertini et Diuce）。

ＯＮは極右特有のナショナリスティックな挑発的行為を特徴としたが、極右諸派の集合体であった。第二次大戦中の「全国抵抗評議会」（対独レジスタンス）代表、戦後第四共和制下で二回も首相になったジョルジュ・ビドーのような大物政治家まで含まれていた。プジャード派の流れをくむ一派も属していた。その内部ではプジャードは自ら主導する「商工業者擁護同盟（ＵＤＣＡ）」の政党化を拒否していたが、ルペンはＵＤＣＡを中心にしたナショナリスト政党の結成を主張していた。またアルジェリア独立にＵＤＣＡは反対だったが、新たな軍事作戦のための予算増には賛成せず、軍事介入を積極的に支持するルペンと対立、ルペンは一九五七年五月正式に党を追放され、プジャード派を離れていた。そしてその後はＯＮの活動に参加していた。

ＯＮは一九七一年三月のパリ市会選挙で二％の支持票を獲得、七三年の国民議会選挙には「民族右翼連合」の一翼を担う形で選挙参加すると予告しており、月刊機関誌『新秩序のために』の七一年春号は「国民戦線のために」とその目的を明示していた。七一年初めに元ナチ・ＯＮの領袖フランソワ・ブリニョーと、極右支持誌『*Rivarol*』編集者、そしてルペンらによる夕食会、さらに一二月には結党準備会合が開催されている。目的はＯＮを中心とする全国的闘争への物理的精神的支援と、一九七三年総選挙に向けた全国的な野党連合のための「国民戦線」の規約草案だった。一言で言えば総選挙に備えた極右諸勢力の結集だった。七二年初めには極右結集政党創設の発想はあったが、六月ＯＮ第二回会議でＯＮを中心とする「国民戦線ＦＮ（「民族戦線」の方が正しい意味を保っている)」という呼称や戦略を承認した。「国民戦線」という呼称は単なる一時的な呼び名ではなく、ナショナリスト政党の革命闘争の新たな大きな一歩だという自覚が彼らの中で否応なく高まっていた。

一九七二年一〇月二七日、ONは「フランスの統合のための国民戦線(FNUF)」の結党を公式発表する。登録された本部の住所はルペンの経営する企業SERPの住所だった。短縮してFNと称せられるようになるこの政党も(九五年にFNを公式名称にする)、それまでの多くの極右団体同様にいわば右翼政治的諸派の雑居集団であった。この政党の呼称は、一九五七年ルペンが組織した「国民戦士戦線(FNC)」、その後六〇年に設立した「フランスのアルジェリアのための国民戦線(FNAF)」の国民戦線＝FNを踏襲していたが、もともとは対独抵抗(レジスタンス)時代に共産党が中心となって設立した「フランスの独立と解放のための戦闘の国民戦線(FNLILF)」、さらに戦前一九三四年二月六日、右翼リーグ(連盟)の暴動事件の際にナショナリスト、シャルル・モーラスが呼び掛けた極右結集のための「国民戦線(FN)」などを語源としていた。フランス人には左右どちらの勢力の人々にとってもなじみのある表現だった(Mauge, Igounet 2014, Le Pen 2018)。

イタリア・ファシストの支援

この党は実はイタリアの極右政党「イタリア社会運動(MSI)」をお手本にした。フランスよりもカトリック色の強い生活様式と歴史観に支えられた国民性を持つイタリアの影響は先にも述べたようにそれほど奇異なことではない。それに改めて言うまでもなく、欧州文明発祥の地としてのイタリアは欧州文明信奉者の聖

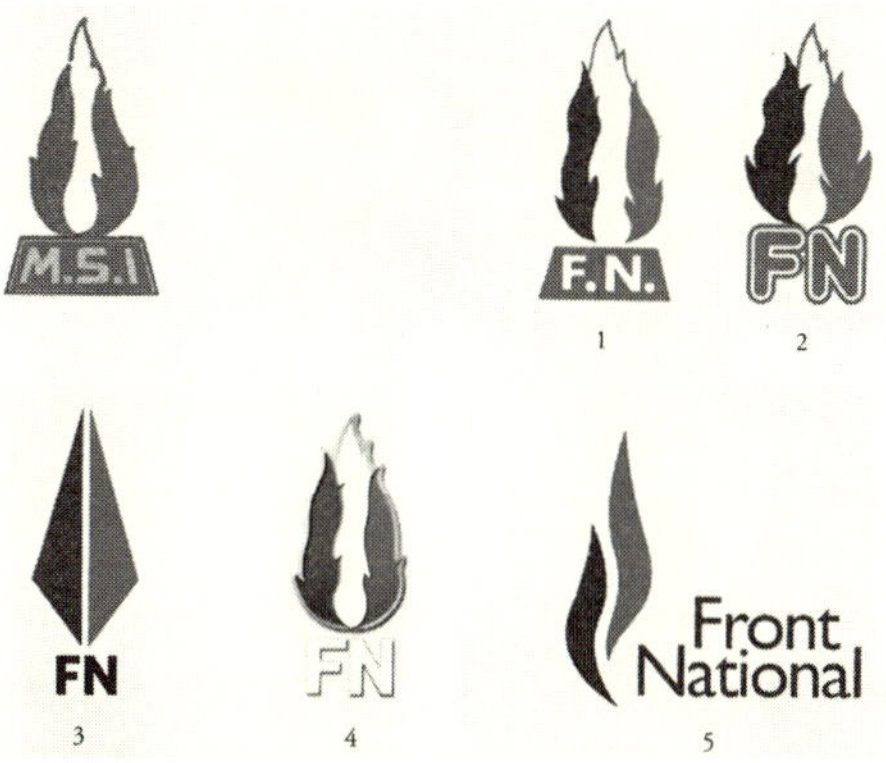

写真２　左上、FN が真似をしたイタリアファシスト
「イタリア社会運動（MSI）」のロゴ

地である。そしてイタリアではムッソリーニ以来、ファシズム＝極右が強い傾向がある。ＭＳＩは「イタリア社会運動」の略だが、別名「常に不死のムッソリーニ（Mussolini Sempre Immortal)」とも呼ばれた。今ではヨーロッパ最大の極右勢力といわれるＦＮ／ＲＮだが、発足当時ＭＳＩから多大の支援を得ていた。

第一にＦＮがＭＳＩからどれだけ多くの影響を受けていたかということはそのロゴマークを見れば明らかだ。ＦＮのロゴマークは時代によって微妙にその図柄を変えていったが、基本はＭＳＩと同様に三色の炎だった。図柄を参照してもらえばそれは明らかだ（写真２）。

ＦＮ結党前の六九年一一月、ローマで民族革命青年運動の集会が開催されたが、このときルペンのパリ大学時代の友人でＯＮ党員となるジャン・フランソワ・ガルヴェールはフランス反共戦線の代表者たちとこの集会に参加、発足直前のＯＮはすでにこうした形でＭＳＩ指導者に接触していた。ガルヴェールはパリ裁判所弁護士でアルジェリア独立反対派、後に「新しい力の党（ＰＦＮ）」の創設者のひとりにもなった。その後もＯＮは活動の手引きのためのＭＳＩとの会合に参加し、極右運動の手法・技術について指導を受けている。

財政的にも「（ヨーロッパ古代先住民族）ケルト十字」の記章やパリのラ・ミュチュアリテのＯＮの大会チラシの印刷費、七三年総選挙では、総額二〇万ユーロ（二五〇〇万円相当、七二年一一―一二月には各立候補者一人一〇〇〇枚単位で一〇万枚の挨拶用のチラシ、翌年一―二月には五〇万枚の巨大ポスター、五〇万部の機関紙、一〇〇万枚のステッカーシール）に達するチラシなどはＭＳＩの資金援助によるものだった。ナショナリズムを標榜するＦＮの最初のチラシが実は海外のイタリアで印刷されたというのも皮肉だったが(Igounet 2014, Novak)、そのナショナルの意味は「ヨーロッパ（文化）」であることの証明でもある。

ＦＮ第一世代の重鎮たちとルペン党首の誕生の意味――ナショナリストの妥協

党派的には、ＯＮの主流はネオファシスト的思想の持主たちによって占められていたが、彼らはまたＦＮ第一世代＝ルペン父世代の重鎮たちだった。

ＦＮの思想的骨格を固めたのはＯＮの論客フランソワ・デュプラだった。ルペンを党首に推薦したフランソワ・ブリニォーは第一副党首になったが、連合軍のノルマンディー上陸後にはナチスドイツのゲシュタポ（秘密警察）のフランス補充組織「フランス民兵隊」に参加した。対独協力者、極右系『*Rivral*』誌執筆者・『ミヌィト』誌編集長、ＯＮ全国評議会委員を務めた。ＯＮの事務局長と兼任でＦＮの事務局長になったアラン・ロベールは、「全国フランス学生連合（ＵＮＥＦ）」の分派組織で、「フランスのアルジェリア（植民地維持）」を支持する「ナショナリスト学生連合」の活動家を経てＯＮ設立の中心人物となったが、もともと「ヨーロッパ・ナショナリズム」＝白人主義者であり、「西欧（オクシダン）」、その解散後ＧＵＤ（Groupe Union Defense 防衛同盟集団）に合流、前章で述べたティクシェ・ヴィニャンクールを支持した。ロジェ・オランドル事務局次長はルペンと同じくヴェトナム・アルジェリアに従軍した経験を持つが、アルジェリア独立反対の秘密軍事組織ＯＡＳにも所属、「西欧」、ヴィニャンクールの選挙活動にも協力した。財務担当のピエール・ブスケは元ナチス親衛隊（ＳＳ）、フランス義勇軍「シャルル・マーニュ騎士団」に所属、強烈な反共主義者だった（Gombin, Jamin)。

このように主要メンバーはナショナリスト、対独協力者、西欧文明崇拝者・白人主義者、そしてＯＮの活動家、ティクシェ・ヴィニャンクールの大統領選挙運動の仲間だった。この大統領選挙は六〇年代のドゴールの影響力の大きな時代に四散しかけていたナショナリストたちをまとめる役割を果たしたということができよう。極右運動は暴力的な反共産主義を大きな特徴としたが、同時にこの党派が勢力拡大していくためには第五共和制の枠組みで選挙の洗礼を受けたＦＮの正統化が不可欠であった。デュプラは前者の「革命的行動派」、いわば「武闘派」の頭目の一人であったが、「まだ機は熟していない、時期尚早」という立場であった。革命的行動派と秩序派の角逐はその後もこの党派の構造的特徴であり続ける。

こうした連中の中でルペンが党首となるが、それはルペンが党首になるだけの「資格」を持っていたからだ。すでに一言述べたが、直接に結党大会でルペンを党首に推薦したのはＯＮ幹部のブリニョーだった。学歴と政治的キャリアがルペンにはあった。ルペンはプジャード派の国会議員経験者であり、ヴェトナム・アルジェリア戦争に参加、六五年の大統領選挙ではティクシェ・ヴィニャンクールの選挙責任者だった。加えてこの勢力の中でのルペンの立場は、選挙参加を強く主張する「穏健派」「秩序派」であったからである

(Jamin,Mauge)。日本流にいうと「統制派」だ。

こうしてルペンはON派に担ぎ上げられる格好で党首となったが、一九七二年一〇月五日、結党大会でルペンが抱いた懸念というのはまさにネオファシストたちの過激な行動だった。当初より議会政治と選挙重視を標榜するルペンの立場は、もともと感情的直接行動型の活動を旨とするON派とは対立的な面を潜在化させていた。ON派の革命的ナショナリズムへのエスカレーション、むしろそうした運動の過激化にルペンは歯止めをかける立場だった。

しばしばその若い時の風貌から、我が国では無頼漢のようにみられがちだが、ルペンは秩序派、選挙を通した極右運動の正統化推進派だった。議会政党政治の尊重という意味では、三女マリーヌが引き継いだ後、FN／RNの代名詞ともなっている「脱悪魔化」の最初の段階は実は同党の出発点での父ルペンの主張であったともいえる。つまり荒くれ者やあぶれ者たちの集団で、自らを社会の外に置く「アウトサイダー」とすることに頓着していなかった人たち、「ゲットー」の住人たちを国民戦線という党の設立を通して救い出したひとこそルペンだった。そのことは、後にルペンの懐刀、日本人妻を持つブルーノ・ゴルニッシュ副代表も「(荒くれ者どもの)対立を黙らせねばならなかった。アクションフランセーズの創設者シャルル・モーラスが理論化した「ナショナリストの妥協」だった」と語っている(Eltchaninof)。

「脱悪魔化」――「永遠のジレンマの中の戦い」

ルペンの主張がON多数派と大きく違った点は、議会政治を重視する点だ。それはナショナリスト・愛国主義者であったが、共和派的立場をとっていた父ジャン・ルペンの影響をジャン・マリは強く受けていたからだ。それに最年少の代議士となったルペンにはもともと議会政治を無視した直接行動の革命的ナショナリズムは現実的ではないように思われた。

このようなルペンの立場を考えると、三女マリーヌの時代になってことさらに「脱悪魔化」といわれるようになったが、それは結党当初からの課題であった。議会政治を無視し、直接行動（デモやテロ）による政治活動は元来極右政党に特有な行動パターンであった。しかも組織行動というよりも個人の単独行動による情緒的で突発的な行動が特徴でもある。マックス・ウェーバーの支配体系の分類で言えばカリスマ的指導者による前近代的な家産（家族）支配、つまり「個人商店型」の性格を持つのが極右政党の特徴だった。したがって議会政治の中で政権を目指す党として成長するには近代化と有権者を拡大していくためのそれなりの「普通の政党化」の模索は必然であった。直接行動主義だけではそれは実現しない。その意味では本書ではこの議会政党を目指した国民戦線初期のころを「脱悪魔化第一期」と呼び、八〇年代から九〇年代の躍進の時代の「社会福祉重点化」時代を「脱悪魔化第二期」、そしてマリーヌ時代を「脱悪魔化第三期」とする。ＦＮ成立後だけを考えると八〇年代後半から九〇年代末にかけての時期を「第一期脱悪魔化」とした方が正しいが、しばしばマリーヌになって議会勢力を拡大した事実をとらえて、議会政治に実質的な存在感を示してきたから「脱悪魔化」したと指摘する印象論だけで論じる研究者もいるので、議会政治との関わりをひとつの契機と考えるならそれはＦＮ成立当初の論争が出発点であるという意味でＦＮ設立時を脱悪魔化第一期とした。

こうして創設されたＦＮはルペンが強く標榜する議会政党政治を肯定した。つまり議会制度への参加と選挙参加だ。当時極右勢力は右寄りのドゴール派が台頭する中で、立ち位置を失い、政治勢力関係図の中でマージナル化されていた。そこでやむなく極右勢力は、このルペンの主張を受け入れたのである。しかし議会外直接行動主義と議会主義という、二つの政治スタンスはもともとFNの矛盾した両側面としてこの政党の恒常的な内部不安定の根源となる。つまり、ルペンは極右のカリスマ的な独裁政治と議会政党政治という矛盾する二つの主張に立脚した不安定な立場から出発しなければならなかったのである。したがって三女マリーヌ・ルペンが二一世紀に入って影響力を大きくする中で唱えてきた国民戦線の「脱悪魔化」といわれる路線はもともとこの政党が出発時から内包していたことになる。極右政党が勢力拡大するためには背負わねばならない宿命としての「十字架」だ。それは単純に議会主義穏健路線への転換を意味するものでもなければ、直接行動的な革命的ナショナリズムを切り捨てることを意味するわけでもなかった。過激な排外主義的な極右思想はフランス「共和主義」の原理に反する。しかし共和制度の中で権力を目指すならば、議会政治を尊重して勢力拡大を目指すしかない。

それはもともとジレンマの中での模索だ。つまり直接行動主義の急進派路線と議会制支持の穏健路線が共存していることがこの政党の本質である。「脱悪魔化」とは単に「穏健化」を意味するのではなく、過激急進主義と穏健主義の「コアビタシオン（共生）」なのである。二つの顔をもつ神ヤヌスに似ている。そう考えると、この政党があくまでも先に述べたデュプラのようなネオファシスト的な信条（後述）の政党であるとすれば、穏健路線とは思想的戦術以外の何物でもなかった（Gombin）。つまり急進派革命的ナショナリストたちにとっては議会主義とはカムフラージュを意味したに過ぎなかった。また外観を装ったデモクラシーの換骨奪胎だった。

大きな矛盾を内包する妥協の産物であり、野合集団に過ぎない国民戦線の求心力は出発時点からもともと弱い。FNは創設の時から「ジレンマの党」であった。その基盤は常に脆弱である。時々の政治力学の中で常に動揺し、内部で離合集散を繰り返す。極端な思想行動の勢力は常に少数派の立場を強いられるが、一旦政権掌握を目指して多数派工作を画策するならば分裂の危機が多々訪れるのである。イデオロギーと政策路線をめぐる論争はジレンマの克服の闘争でもある。存在理由としての極右のアイデンティティはずっと維持されていかねばならない。フランス国民最優先（フランス第一主義）、ナショナリズム、排外主義、カトリックの倫理観、西欧文化偏重主義などである。ただし、それは時代の流れに応じて振幅があるし、その揺れ幅も違っていた。後年反ユダヤ主義の論調は徐々に後退していったし、ナショナリズムやカトリック的価値観は時に相対化された。その一方で、社会福祉・保障重視への傾斜と共和派的価値観の容認度は、弱者の味方という立場から次第に強まっていった。文字通り、ポピュリズムの日和見主義・機会主義の真骨頂がそこにみられた。

四　最初の挫折——一九七三年国民議会選挙の大敗

野合集団の結束力の脆弱性

創設されたばかりのFNは七二年一一月に最初の全国的大会を開催、早速ON機関誌『新秩序のために』一五号に七三年総選挙に向けた「FNの期待すること——国民国家の諸原則」には、五つのテーマが述べられている。それは「家族」「学校」「労働」「民族」「民族国家」だった。すでに述べたことだが、世界に先駆けて近代国家を形成したフランスのような国でも、ナチスドイツ支配下の対独協力政権（ヴィシー・ペタン政権）による古色蒼然とした前近代的農村社会のカトリック的な価値観に支えられた愛国主義が神々しく掲げられ復活した。「家族」「労働」「国家」だった。極右は一九六五年大統領選挙以来の本格的な選挙参加となり、極右の結集の動きは嫌が上でも支持者たちの興奮を煽ったのは事実だった。

すでにこの出発の時点でFNの今日にまで至る本質は出そろっていた。まず概念としての「右翼」は三つの性格を持っていた。「社会的右翼」「人民の右翼」「民族的右翼」であるが、ここでいう「社会的」という意味は、独占資本主義と階級闘争の否定、つまり反資本主義と反共産主義だ。それは後に第三の道と呼ばれた。「人民」の意味は、人間主義的な伝統遺産、大地への愛、労働への敬意、愛と家族の喜び、政府の責任と忠誠心、犠牲と博愛の精神である。そして「民族的」とは、祖国愛と人々の連帯感、伝統遺産の継承だった。これこそ彼らの主張の本質だった。

しかし実際の党活動としての三つの方向性としては、①野党の立場からの抗議者・異議申し立て者のスタンス、②ルペン自身の個性と雄弁、それは同時に学生リーダーとしての資質やパラシュート部隊経験者のようなカリスマ性と相まっていた、③そして過去との決別、「脱悪魔化」だった（Igounet 2014）。

権力闘争は政治勢力に、とりわけFNのような雑居集団にはつきものだ。世界中の極右政党が繰り返していることと言ってよい。ルペンを中心にした党内闘争はこの政党そのものの歴史でもある。そして「脱悪魔化」は文字通り政党成立当初からの最大の争点であった。党勢拡大とそれは比例するが、同時にこの政党の存在理由を問うものでもあり続けている。FNは文字通りには「政党」ではなく、共闘のための「戦線」だ。諸組織の「集合」に過ぎない。改名した今日に至るも「国民（民族）連合（集合・結集）Rassemblement National」である所以だ。

一九七三年国民議会総選挙での惨敗

ＦＮは七三年二月四日に一〇四名の立候補者の出席の下に全国評議会を開催した。いわば選挙に臨むＦＮの「出征式」だ。そこでルペン党首は、「邪魔者扱いされる（マージナルな）政党ではあるが、ＦＮには果たすべき大きな役割が必ずあります」と断言し、三一頁に及ぶ選挙公約「フランス人の防衛（Défendre les Français）」を披歴した（Albertini, Igounet 2014）。

それによると、党は模範国家と個人の率先・自由（民間）企業に大きな比重を与えること、法・秩序の尊重、国民議会比例代表制をともなう強い行政権を有する大統領制、商店主・職人と農民の擁護、徴兵制廃止による職業軍隊化と六カ月の志願兵制の導入、エビアン協定（六八年五月危機以後に締結された労使協定）の廃棄と新しい合意のための交渉、家族・学校・権威と理想が損なわれる危機の今日の犠牲者である若年世代にとっての基本的価値の再確認、自由、とりわけ情報の自由の擁護、諸祖国の多様性を尊重する国家連合によるヨーロッパ、フランスを守るための対外政策、妊娠中絶諮問委員会の設置、野蛮な移民の制限、すなわちＦＮはすべての人種主義を拒絶するが、アフリカから無断で数十万人の外国人が入国してきている現実に対処するためにとられるべき措置などであった。

伝統的な価値観が主流の文字通りナショナリスト的主張が散りばめられていた。自由主義企業や強い大統領制の擁護は保守派と立場を共有したが、小選挙区一人一区を基調とするフランス投票制度ではＦＮのような小政党が議席を獲得する可能性は絶望的であるため投票率に応じて議席を得られる比例代表制をＦＮはすでに主張していた。さらに「家族」と「学校」に加えて、「移民」が三大テーマのひとつともなっていたが、

ＦＮはそれを明確に治安や失業問題と結び付けた議論はまだ採用していなかった。いずれにせよ、結党直後の勢いは党首が飛行機で全国を飛び回るような彼らにとって画期的な選挙運動であったことは確かだった。

しかし結果は無残だった。一九七三年三月四日の国民議会選挙で、ＦＮは九八選挙区で候補者を擁立したが、有効投票総数のうち一・三二％を獲得したにとどまった。パリ第一五区でルペンは五・二二％の支持率を獲得し、気を吐いたが、それでもこの程度では議席獲得は難しかった。ショックは大きかった。ナショナリズムに支えられた情緒的な集団である右翼政党特有の激しい動揺は必定だった。結党間もなくしてすでに分裂の危機が訪れていた。

ＯＮの分派――ＦＮの解党危機

三カ月前に立ち上げたばかりのこの政党の選挙運動は感覚的には「三日しなかった」ことからすれば結果は悪くないと、ルペン党首は、負け惜しみのような弁をふるったが、とりわけ主流派のＯＮは大きく動揺した。選挙後四月末のＦＮ臨時大会では党の地盤や財政の脆弱性とともに路線をめぐる議論が行われ、ＦＮ党内最大勢力であるＯＮはＦＮが選挙優先主義にとどまり革命的ナショナリスト本来の実力行動主義を軽視していると非難した。これは明らかにルペンの路線に対する批判だったが、ルペンはその後これに対抗して「神聖同盟」という言葉を使って極右勢力の再結集を主張した。

この段階ではＯＮはまだＦＮにとどまる決定を下したが、その後間を置かず開催された六月二一日のパリのＯＮ決起集会でＦＮからの離脱決議が採択されたのは予測の範囲であった。ＯＮ支持者たちは本来の実力行使を容認する「革命政党」「ナショナリスト政党」に立ち戻るべく、軟弱なＦＮとの決別を主張した。しかしこの日会場の外では大騒擾が展開されていた。興奮したON支持者の一部は暴徒化した。CRS（フランス共和国保安機動隊）の車が燃やされ、多数の負傷者が続出した。パリは、一九六八年五月騒動以来の暴動と混乱の街となった。その結果マゼラン内相はONと騒乱に便乗した共産主義連盟に対して解散を命じたが、このときONはすでに二〇〇〇名以下の党員しか残っていなかった。実質的にこのときONは解体した。

ルペンはONとその後も一線を画し、FNとONの事務局を兼任していたアラン・ロベールはFNの事務局長を辞任、党人事の刷新を図った（Igouinet 2014）。FNと袂を分かったロベールとブリニォーを含む旧ON派を中心とするグループは新たに「新しい力の党（PFN）」を結成（一九七四年一一月）、はるかに穏健派である中道右派ジスカール・デスタン大統領の勢力に近づいて行った。この当時極右としてはFNよりも勢力を誇ることになる。七〇年代を通して極右の中心勢力はPFNであった。

ルペンのFNは財政基盤も脆弱であり、彼の経営する会社SERPの収益で細々と支えられていた状態であった。数百万フランの借金があった。資金難から同年九月の地方（県会議員）選挙には二〇名の候補者しか送ることができなかった。そしてかろうじて選挙推薦者名簿の五〇〇人の署名を得て臨んだ七四年四月大統領選挙第一回投票ではルペンの支持率はわずかに〇・七四％に過ぎなかった。六五年の大統領選挙で右翼を糾合し、ルペンも応援したティクシェ・ヴィニャンクール候補の支持率五・一九％にも遠く及ばなかった。引き続く、大敗だった。結党後一年半たってはいたが、FNの将来は暗澹としたままだった。

第Ⅲ章　「第三の道」、極右国民戦線（FN）の勢力拡大――移民＝失業・左翼ナショナリスト

一　FNの「中興」

FN、「砂漠の行進」――アウトサイダーの面目躍如

大統領選挙でも大敗北を喫したルペンだった。しかしここでルペンは失墜はしなかった。勿論ONと離別したことはルペン率いるFNの痛手には違いはなかったが、ルペンへの権力集中もまだ完成していたわけではなかった。そして逆説的なことに大統領選挙で惨敗したにもかかわらず、ルペンにとって幸いなことに、立候補したこと、それがルペンの生き残りに結び付いたのである。極右からほかに立った人物はいなかった。事実それは消極的選択（ネガティブチョイス）に過ぎなかった。しかしそれはFNのその後の活動の中心人物の選出の意味を持った。ナショナリスト・極右勢力にはルペンしかいない。ルペンこそ自分たちの求心力だという意識が支配するようになった（Igouet 2014）。一九七四年の大統領選挙直後の五月には党員は逆に二倍に増えていたのである。そして六月下旬にFNは第二回党大会を開催し、そこでルペンは党首として再選された。

しかしＦＮの実態は依然として右翼の弱小政党に過ぎなかった。先にも述べたが、ドゴール全盛の時には極右は伝統的カトリック保守層の支持基盤をドゴール派に奪われ、泡沫化していた。「ドゴール後」の復活の試みも依然として内紛と資金力の欠如から低迷状態は続いていた。主力のＯＮは解散、その後継のＰＦＮは保守中道・穏健右翼のジスカール・デスタン大統領派に接近していた。加えて選挙制度の障壁もあった。議会選挙は小選挙区二回投票制であったので、決選投票に残れない限りどの選挙区であれ、議席の獲得は難しかった。

こうした中で「革命的ナショナリスト（ＮＲ）」フランソワ・デュプラの復帰はＦＮの復活に大きな意味を持った（Lebourg et Beauregard）。デュプラは党の創立当初から重鎮であったが、路線対立から七三年三月に追放された。しかしそのグループ「ＮＲ」は七四年五月の大統領選挙でルペンを支持し、ＦＮに合流した。急進派のデュプラはジャン・フランソワ・キアップやルペンの穏健路線に対してしばしば対立したが、ＦＮ中央委員会委員・政治局員となり、反共産主義、反移民、反避妊という主張を前面に掲げ、組織的には幹部養成を目的とする青年組織「青年国民戦線（ＦＮＪ）」を創設した（七三年一一月）。これは後述するようにマリーヌ時代のＦＮを支える幹部を輩出する重要な党機関のひとつとなった。その一方で七四年九月に設立された国民研究院（ＩＥＮ）は知的・プロパガンダ領域でのＦＮの立場を表明する機関だった。こうした組織を母体に、ファシズム・兵営国家・イデオロギー／政治・ナショナリズムなどに関する学習コースが設けられた。デュプラは党の路線と組織育成に尽力した。党勢が飛躍的に伸びたわけではなかったが、創設当初の戦いで挫折したＦＮを倒壊の憂き目から救ったのは、組織運営者やイデオローグとしてのデュプラやキアップ、そしてヴィクトール・バルテルミらの活躍があったからである。この三人に党首ルペンを加えて

FN内では「FN四銃士」と称賛した。彼らはFN「中興の祖たち」となったのである。機構面では、七五年に党の常設機関を設立、このころ五つの全国委員会も設立、地方組織が整備されていった（Albertini et Diuce）。

陣容の拡大もあった。煩雑になるので、ここでは簡単に触れるだけにするが、七四年一〇月にはネオナチのグループ「民族・欧州行動連合（Fédération d'Action Nationale et Européennes, FANE）」がNRと同盟を結んだ。FANEは六六年に設立された、欧州白人主義を標榜するナショナリズム団体である。FNはここにきて最もラジカルな集団と結び付いた。ほかに手はなかった。さらに、ジャン・ピエール・スティルボワとミシェル・コリノーが七五年に結成した「ソリダリスト（連帯主張者）」の一団「ソリダリスト連盟」が一九七七年FNに合流した。ソリダリストといわれても、フランス政治に詳しい読者にもわかりにくい概念なので一言触れておこう。ソリダリストたちはマルクス主義にも国際的な大資本にも反対する人たちである。既存の左右勢力にからめとられない形で広い連帯を志す人々の集団である。とくに強力な反ソ姿勢はその大きな特徴であったが、他方でフランスが参加しなかった第二次大戦終結直前の米英ソ首脳によるヤルタ会議と米ソ支配には徹底して反発した。この政党の特徴である「第三の道」、そして新しい右翼の中心的発想だ。

加えて急進的なカトリック勢力、キリスト教保守派もこのころ加わってきた。ジャンヌ・ダルクへの祈り、国家的・キリスト教的アイデンティティもFNの主張の中で大きな比重を占めるようになる。それにこうした諸勢力の加担はルペンにとって好都合だった。彼らはFNの合法化路線、つまり議会政党政治を支持していたので彼らの加入はルペンの地盤固めには大きな貢献をした。このソリダリストの基盤づくりの貢献がなければ今日までのFN／RNの発展はなかった。

この当時FNは小企業主・商店主・職人らを支持基盤としており、ジスカール・デスタン大統領の自由主義経済に反発、フランスへの国際的資本主義の進出反対、外国からの投資制限、銀行の国有化、西欧の優越意識を主張した。一口で言えばフランス的ナショナリズムと西欧的価値観の絶対化だったが、具体的政策面では諸イデオロギーの寄木細工の機会主義というポピュリズムに共通の特徴がFNの本質だった。したがってスローガンも、古色蒼然の感のある、古いスローガン、ヴィシー政権で使われた「労働、家族、祖国」が採択されたが、同時に「社会・人民・国民」の権利も併せて主張した。しかしこのときはまだ「移民排斥」は前面に掲げられていなかった。それについてはルペンが反対したからだった。ルペンは、移民排斥と失業・経済問題を前面に掲げる路線はこの時点では、まだあまりにも有権者に対して挑発的にしかみられないだろうという懸念を持っていたからだった（Igounet 2014）。

この時期のFNの政策の大きな特徴のひとつはその対外政策にあった。このころFNは職業軍隊の要請とNATO（北大西洋条約機構）の支持を主張していた唯一の政党だった。フランスは伝統的にフランス大革命時に世界に先駆けて導入された国民皆兵制度を国防方針の原則としていた。またドゴール時代には「自立外交」と称し、フランス代表が招待を受けなかった屈辱的なヤルタ会談を主導した米英中心のNATOの在り方に批判的な立場をとっていた。したがって一九六六年ドゴールはNATO軍事機構から離脱（NATO全体機構からの離脱ではない）を宣言して「自立」を世界に向けて「演出」した（拙著 一九九一、二〇一三）。つまり、基本的には米国の軍事力・核抑止にフランスの防衛は頼らざるをえなかったにもかかわらず、一見すると、米国と袂を分かったようなイメージを捻出しようとしたのだ。FNの「反ドゴール」、そして「アウトサイダー」政党としての面目躍如だった。図らずも冷戦終結後のフランス外交を先取りしていた。

一九七八年の転換点と飛躍への蠕動——逆転の発想、スケープゴートとしての移民

ＦＮ／ＲＮ、欧州極右ポピュリズム運動と言えばまず思い浮かぶのがイスラム系移民排外主義だ。かつて極右と言えば「反ユダヤ主義」が定番であった時代から外国人排斥の中身は大きく変わってきたが、移民に対する脅威は社会不安・経済の両面にある。本書では、ＦＮの歴史を追う中で、それが失業問題、つまり経済不安と結び付けられ、やがてテロリズムが社会的性格を帯びた行為としてヨーロッパで大きく浮上していくプロセスをＦＮ／ＲＮの歴史とともに見ていく。

そのまず第一段階の大きな転換は、移民問題が失業問題と重ねて捉えられ、有権者の関心枠を大きく拡大したことにあった。それはデュプラらの戦略であった。当時のＦＮ機関誌『ミリタン（戦士）』の一九七八年一月の表紙を「一〇〇万人の失業者、それは一〇〇万人の過重な移民たちのことだ。フランスとフランス人が最優先」という過激な表現が飾った。一月一三日『ルモンド』紙の記事では、移民は「私たちの経済・社会状況に鑑みると、極度に深刻な問題だ」と指摘、ルペンはラジオ「ヨーロッパ１」の番組で、「移民たちは私たちの経済生活に重くのしかかっています。彼らは大変高くつきます。そして私たちにとってフランス人以上に高価な負担になっています」と語った。デュプラは一九七四年から選挙戦の主要テーマとして「移民」をとりあげるようにずっと主張してきたが、ルペンが慎重だったのである（Lebourg et Beauregard 2, Gombin, Igounet 2014）。

その転換は七八年三月の総選挙に向けた大英断だった。選挙公約の四つの柱は、①移民大量削減による失

業の緩和、②犯罪防止のための国家機構の強化／厳しい市民・道徳教育による社会不安に対する戦い（治安）、③反インフレ／国家による反社会的収賄・汚職撲滅、④教育・経済活力による社会発展、スト権の規制によって働く自由を担保することを主張した。これらの四つの柱は一見FNの主張がほかの共和制度下の普通の政党の主張と同列にあるように見える。しかし移民を失業問題と結び付けることによって、移民政策は「受け入れ管理政策」からフランス国民への経済的脅威への対抗策や実質的な排外主義へと意味がすり替わった。道徳教育や汚職撲滅は好ましいことであったが、共和制・民主主義制度の擁護の美名の下での強権国家の論理ともなりかねなかった。またスト権による労働者の権利擁護が自由な経済活動の妨げになるという論理はいずれも強者や資本の側の論理でもある。つまり民主的な表現を用いつつ、「主権擁護」の名の下に国家権力の強化を尊重する「逆転の発想」である。時流に合わせて言葉の粉飾をもって人心を手繰る権力者の「御託宣」ともいえた。

しかしこの時期FNはまだ足踏み状態だった。結党母体となった急進派ONと決別し、弱体化したルペンのグループはデュプラ派、スティルボワらのソリダリスト、カトリック保守派たちの加盟によって拡充が試みられたが、それでもなおこの政党が泡沫政党であることには変わりはなかったからだ。一九七九年初めての欧州議会選挙では比例代表制であるにもかかわらず、候補者リストを作成することすらできなかった（PFNの方は一・三二％の得票率を示していた）。一九八一年の大統領選挙ではルペンは立候補すらできなかった。候補者になるには、市長・県会・地域圏（州）議会・国会議員による五〇〇人の推薦署名が必要だが、ルペンはそれだけの署名数を集めることができなかったのである。大統領選挙翌月の総選挙（国民議会下院選挙）での得票率はわずかに〇・一八％だった。

先に述べたイタリアのネオファシスト党ＭＳＩはこの時期ＰＦＮを支援していた。資金的にも人材的にもルペン率いるＦＮは四面楚歌、政党としての先行きは見通せない状態であった。創設期をすぎてもＦＮの未来は五里霧中のままであった。

二　ＦＮ躍進とその時代背景――社会党政権誕生と保革政策の収斂

ミッテラン「社会主義の実験」の挫折

逆説的な言い方になるが、一九八一年のミッテラン社会党政権の誕生はＦＮの躍進の大きなきっかけとなった。

四半世紀ぶりの左翼政権の誕生――ミッテランはかつてドゴールがナチスからの解放時に群衆を引き連れて凱旋門からシャンゼリゼ通りを行進したシーンを再現するかのように、赤いバラを掲げて群衆の先頭に立ってゆっくりと歩いた。歴史的なシーンの再現だった。フランスは生まれ変わるのだ。歓呼の声に送られてミッテランは社会主義建設を高らかにフランス国民と世界に約束した。果たして赤いバラは咲いたのか。

このミッテラン左翼政権は当初内外の保守派に大きな脅威を与えた。ミッテラン政権は共産党の閣僚を擁したからだ。そして労働時間短縮や六〇歳早期退職年金制度などの社会保障政策を重視するとともに、主要企業の国営化や高額所得者への課税（富裕税）導入を実施した。文字通り「社会主義左翼」の政策だった。八〇年代初頭、英国のサッチャリズム・米国のレーガノミクス、そして日本では中曽根首相の民営化路線による当時「小さな政府」と呼ばれたネオ・リベラリズム興隆の時代に、フランスでは社会主義による社会保障重視の「大きな政府」の政策が行われようとしていた。当然国内資本はベルギーをはじめとして海外に流出、富裕層は資産移転を画った。社共連合政権に対する危機感は保守派を大いに刺激した。

左翼政権に対する右翼・保守派の脅威は募り、ミッテラン政権誕生の翌年の一九八二年七月、ルペンは八三年の市町村選挙にそなえて旧ドゴール派・共和国連合（ＲＰＲ）の代表ジャック・シラクと保守中道派・フランス民主連合（ＵＤＦ）のルカニュ党首に選挙協力を呼び掛けた手紙を書いている。これは後で述べるようにドゥルー市でＦＮの重鎮スティルボワの副市長のポスト就任につながった。

しかし国有化による財源をあてにした社会・共産党政権の「福祉国家」の試みはわずか一年で限界を露呈、緊縮財政路線に移行、政権発足三年後に成立したファビウス内閣はネオ・リベラリズム路線を公然化させた。社会党政権の路線転換だった。そしてその後社会党はネオ・リベラリズムを主張する右派・保守派との正面からの経済政策論争を回避するようになった。社会主義政策に対する脅威と、またその失敗による失業の増加・景気低迷、手厚い社会保障政策による財政赤字の拡大、左翼人道主義からの寛容な移民政策は結局治安悪化に結び付き、八〇年代から九〇年代初めにかけてのフランス社会の桎梏となっていった。八一年から二期一四年にわたったミッテラン大統領の時代は社会主義路線の挫折、ネオ・リベラリズムの攻勢を前に左翼が後退し、経済路線をめぐる左右対立軸が不鮮明になっていった時期だった。そうした現状に不満を持つ人々の「異議申し立て」の声はまず左翼に向かい、その後保守派との摩擦を拡大して行く中でＦＮの伸長を招いていった（拙著 一九九一）。

ＦＮが政治の表舞台に登場——一九八四年欧州議会選挙の躍進と地盤形成

ＦＮがフランス政界で一政党として認知されるのは、ミッテラン社会党政権の行き詰まりが明確になった時期でもあった。一九八四年六月の欧州議会選挙でルペン筆頭のＦＮ候補者リストが一一％の得票率で一〇人の議員を輩出したところからであった。この選挙は比例代表制であるためＦＮにも議席獲得が可能となったのである。欧州議会選挙は、一般的意味での立法府ではない。もともと欧州石炭鉄鋼共同体（ＥＣＳＣ）の総会から出発し、諮問機関的役割を持つに過ぎなかったが、一九七九年に初めて比例代表制による直接投票制を導入し（人口比による加盟各国への配分議席を国別に投票）、その後次第に権限を拡大、予算決定や欧州委員会委員長の選出にまで一定の権限を持つようになっている。

実はそれ以前にＦＮの勢力の伸長の兆候は地方選挙ですでに明らかになっていた。八二年三月の県会議員選挙第一回投票で、ＦＮは全体では〇・二％の得票率であったが、西ドゥルー（サントル・ヴァル・ド・ロワール　一二・六三％）、ポン・ド・シュリュイ（一〇・三四％）、グランドーサント（一三・三〇％）などの選挙区で票を大幅に伸ばしていた。ドゥルー市はＦＮの重鎮のジャン・ピエール・スティルボワの地盤だった。八三年九月同市の市会補欠選挙では、スティルボワは第一回投票で一六・七％を得てＦＮ候補としては唯一地元で決選投票にまで進んだ。ＦＮ市長の誕生の可能性が一気に高まったのである。この時の選挙活動は文字通りどぶ板選挙活動であった（Gombin, 拙著一九九一）。活動員は全国から集まり、低所得者住宅（ＨＬＭ）を一軒ずつ回ってＦＮ候補への勧誘を行った。この時地元の有権者ばかりか、映画俳優のイブ・モンタンやシモーヌ・シニョレ、知識人ではシモーヌ・ド・ボーヴォワール、そして政治家ではロカール社会党重鎮などが決選投票の前に地元入りして反ＦＮのキャンペーンを展開した。スティルボワは第二回投票ではＲＰＲ（共和国連合、旧ドゴール派）と選挙協力し、合同選挙人名簿で勝利、副市長になり、そして一〇人のＦＮ

出身候補が市会議員になった。同年一〇月の補欠市会選挙（セーヌ・サンドニ県のオルネイ・スュル・ボワ）でも伝統的共産党の地盤で初選挙にもかかわらず、九・三％の票を得て、スティルボワは党内での支持基盤を強めた。

話は前後するが、八三年三月の全国一斉市町村会選挙ではパリでルペンが一一・二％を獲得していたが、同年一二月ルペンはその生地ラ・トリニテ・スュル・メール（モリビアン県）を含む選挙区でも一二％の票を得ていた。それは八一年の大統領・総選挙敗北までのFN第一期／創設期が終了し、FNが第二期の隆盛の時期、すなわち「中興」の時期に向かったことを示していた。FNは八四年の欧州議会選挙で突然政界の寵児となったわけではなかった。一部の地方ではすでにFN飛躍の蠕動がみられていたのである（Albertini, Camus 1992, Chebel)。

保革対立論争の収斂——「第三の道」の模索とその意味

そうした中で、社会党政権に対抗してジャック・シラクに率いられた旧ドゴール派の保守派、共和国連合（RPR）は徹底したネオ・リベラリズムの立場から社会党政権に対して激しい攻勢を仕掛けていた。そして一九八六年の総選挙でRPRは大勝した。国民は明らかに社会主義の実験を否定したのである。社会党左翼のミッテラン大統領は、そこで保守派シラクに組閣を命じたが、ここに大統領が左翼で、議会と政府は保守派が多数派という左右の「ねじれ現象」、すなわち「コアビタシオン（保革共存）」体制が誕生したのである。シラク政府はミッテランが実施した国有化企業を民営化し、さらなる民営化と経済のリベラル化を推し進めていったが、同時に社会党時代に悪化した治安と移民取り締まりの強化を進めていった。

しかしシラク政府のネオ・リベラリズムと治安強化は八八年大統領選挙のための性急な政策という印象を有権者に与えた。当時留学生でもあった筆者にもその性急さは度を越えていたようにみえた。実際に大学教育改革法をめぐる反政府のデモ行動が高まった中で、治安部隊の過剰防衛の暴力行為によって移民二世の学生が殴打死する事件が起きるに至って、シラク政府の強硬政策は厳しい批判を浴びる。シラクの推し進めてきた米国流のウルトラ・リベラリズムによるグローバリゼーションの進行は、結局は富める者のために過ぎず、格差の拡大という結果を生み出すに過ぎない。そして社会的強者の論理は治安強化策にも反映されて、ついに罪なき移民学生の殺害に至った。シラクの強硬路線に対する激しい批判は、社会主義の路線の破綻を帳消しにする論法となった。結局シラクは穏健派（保守中道）をうまくとりこめず、一方極右とは表立って歩み寄れないという板挟み状態に陥ってしまった（拙著 一九八六、一九八八）。

八八年大統領選挙戦ではミッテランは政策論争に正面から応じることをせず、「無い無い主義（Ni-nisme）」、つまり「右の政策でも左の政策でもない」という現実主義とも日和見主義ともいえる曖昧な姿勢に終始した。その一方で、ミッテランは保守派シラクの強硬路線の悪いイメージを強調し、「社会正義」や「平等」を主張、自らは対立から超然とした「調停者」＝「国父」のイメージを強く打ち出すことで大統領再選を果たした。

この大統領選挙では真の政策論争はしぼんでしまった。しかし実際には左右経済政策路線の対立構図は次第にネオ・リベラリズムに収斂されていった。一国社会主義路線の再生は不可能だった。八〇年代半ばから九二年末までの欧州域内市場統合はミッテランの継承者として大統領の呼び声の高かった社会党の領袖ジャック・ドロールの提唱によるものだったが、それは「人・モノ・資本・サービス」という四つの自由のための政策を通してネオ・リベラル的なグローバリゼーションに結び付いていく政策だった。他方で治安の悪化と移民問題は日ごとに大きくなっていった。

社会党政権誕生に対する危機感とその挫折に加えて、左右既成大政党がその有効な解決の図面を描けず、国民の信頼を失っていく中で、ＦＮが伸長していったのである。ＦＮは左右既成大政党勢のいずれにも反対し、「第三の道」を模索するスタンスを保ちつつ、「アウトサイダー」として「異議申し立て」をする「不満分子」を糾合していく政党として成長していった。しかし、その極右としてのアイデンティティはずっと維持されていく。フランス国民最優先（フランス第一主義）、ナショナリズム、排外主義、カトリックの倫理観、西欧文化偏重主義などである。ただし、それは時代の流れに応じて振幅があったし、その揺れ幅も違っていた。文字通り、ポピュリズムの日和見主義・機会主義の真骨頂だ。ＦＮがその後も主張し続ける「第三の道」の本質だ。それが徐々に「成果」を挙げ始めた。

一九八六年総選挙と八八年大統領選挙──「第三の勢力」ＦＮの躍進

左右既成大政党の軋轢の間で、八〇年代半ば以後ＦＮは全国レベルの選挙で躍進を続けた。一九八五年県会選挙では八・六八％、八六年三月一六日の国民議会・総選挙（下院選挙）でＦＮは一〇％の支持率を得て初めて議席を得た。それもいきなり三五人もの代議士を議会に送りこんだのだ。後述するが、それはこの選挙が第五共和制の特徴である小選挙区二回投票制ではなく、比例代表制の投票で行われた結果だった。そして同日に行われた地域圏（州）議会選挙では九・五六％（議席数一八七、九二年には一三・六％、二三九議席）を得た。

一九八六年国民議会選挙は筆者が初めて現地で視察した選挙だったが、それ以後筆者は二〇一七年まで大統領選挙、国民議会・下院選挙、主だった地方選挙と国民投票（マーストリヒト条約・欧州憲法条約批准）をすべて現地で取材観察してきた。そして先に述べたミッテランとシラクが激突した一九八八年の大統領選挙は稀に見る左右両勢力の熾烈な争いとなったが、この選挙の第一回投票は、FNにとってもその党史に残る出来事となった。ルペン候補は一四・四％を獲得したのである。とくに移民の多い南仏と国境周辺地域で大進出し、マルセイユ市では二八％を得て第一党となった。ルペンが決選投票の前の支持者集会でどちらを支持するのか。それとも棄権を促すか。大いに注目された。筆者もパリ・オペラ座前の広場での集会に参加、固唾を呑んでその発言に注目した。ルペンは「（ミッテランとシラクのどちらかを選ぶかは）最悪と悪の間の選択です」と、支持者に訴えたのだ。多くの人はシラク支持を意味すると捉えたが、つい四・五年年前までは泡沫政党に過ぎなかったFNは大統領選でその去就が注目されるまでに成長した（拙著一九八六、八七、八八）。

FNはその後さらに勢いづいて、欧州議会選挙では八九年に一一・七三％で一〇議席、九四年には一〇・五二％で一一議席を確保し、安定勢力となった。九二年県会選挙でも一二・一八％を獲得。政府からの法定選挙資金給付の目安となる五％未満の県は三〇県もあったが、九二年には五県に過ぎなくなった。他方で、一〇％を超える得票率を得た県は四九県、二〇％を超えたのは四県に達した。FN支持票は全国に拡大していった。保革の既成大政党間での政策論争がしぼんでいく中で、「第三の勢力」としてFNが存在感を大きくしていったのであった。そして九五年大統領選挙第一回投票では一五・三％の支持率を得て、第二回投票でルペン支持票が左右（社会党と保守派）の命運を決するキャスティング・ボートを握った。

ミッテランとルペン——極右勢力の伸長を助けたミッテランのマキャベリズム

社共連立政権の脅威と左右対立軸の消滅というFNにとって有利な政治的条件が整ってきたが、それに加えて逆説的ではあるが、FNの勢力拡張に大いに貢献したのがミッテランやシラクだった。とくにミッテランはルペンとの個人的関係と社会党の影響力の後退の中で保守派の分散のためにFNを利用しようとした。ミッテラン特有の権謀術数の面目躍如だった。社会党の命運は尽きることなく、まだ伸びていたが、それはフランスにおける極右の台頭という代償をともなっていた。ミッテランにとって保守派は「敵」だが、「敵の敵」に塩を送ることは理の当然でもあった。その相手はFNだった。

具体的にはそれは保守・右翼の三分策だった。一九八八年大統領選挙第一回投票では、シラク（RPR）一九・九五%、バール（UDF＝フランス民主連合）一六・五三%、ルペン（FN）一四・三八%に右翼の票田は三分された。「ルペン津波」と騒がれたが、既存のRPRとUDFの大政党にとってはFNの躍進は痛手となった。この保守派の分裂を導いたのはまさしくミッテランそのひとだった。そこまでして社会党政権の延命を図ったミッテラン社会党だったが、ポスト・ミッテランはその負の遺産を有り余るほど継承した。その後の社会党の支持率の凋落は無惨だった。二〇一二年オランドの社会党政権が樹立されるまで二十年近く社会党は混迷期に突入することになる。

他方でルペンとミッテランの間にはつながりがあったともいわれる。ルペンはパリ大学法学部に在籍したが、一九五二—五三年ごろミッテランとは相見える機会を持っていたという。またルペンは一九五六年プジャード派から出馬し、史上最年少の国民議会下院議員になったが、この第四共和制の時代ミッテランは在郷軍人相や内相を務めていた。そのころ両者が議会で相見えたことは当然ありうべきことだ。それに両者はいずれも第四共和制が育てた練達議会政治家でもあった。ミッテランは自分の対独協力ヴィシー政権への協力経験の記憶もあってか、ルペンをファシストとはみていなかったともいわれる。第二次大戦中ミッテランは対独協力の功労を認められてヴィシー政府から勲章まで授与された活動家でもあった。アルジェリア独立紛争が激化した折には、独立解放闘争をめぐる議論の中で国会で堂々と「フランスのアルジェリア（アルジェリア独立反対）」を主張していたことでも有名だ。他方でルペンは代議士でありながら、アルジェリア戦争に出征している。その点で当時中道派であったミッテランとルペンの間に親近感があったとしても不思議ではない。しかも両者は「反ドゴール」では一致していた（Igounet 2014）。

一九八二年ルペンはミッテラン大統領に書簡を送っている。ルペンは選挙制度の改正を要求した。フランス第五共和制では小選挙区二回投票制が基本である。しかしこの制度では、第二回投票で協力する政党がいないＦＮのような小政党には、第一回投票で、たとえ第一党になったとしても単独過半数の票を得ない限り議席は得られない。ルペンはミッテラン大統領に選挙制度の改革、つまり比例代表投票制の導入を提案したのである。ミッテランがルペンの要請を受け入れたか否かは不確かだが、結局比例代表投票の導入をミッテランは実現させた。比例代表制は一九八六年、人気低迷にあえぐ社会党の議席数減少を少しでも抑えるための延命策として、つまり社会党の議席確保のための方途となった。比例代表制導入で社会党は議席の目減りを食い止めることができたが、返す刀でＦＮの初議席確保と躍進を促したことになった。ＦＮの躍進は、ミッテランの深謀遠慮でもあった。国民議会投票の比例代表制は、この時限りでその後従来の小選挙区制に戻ったが、これもミッテランの狡知であった。

これも有名な話だが、もうひとつルペンはミッテランに要求した。それはルペンのテレビ出演の労をミッテランにとってほしいというものだった。こうして八二年六月に当時まだ国営放送であったTF1の夜一一時のニュース番組にルペンは初出演することになったが、これはFNの宣伝としては極めて大きな効果を上げた。その出演でルペンとFNの存在がフランス国民に知れ渡ることになったからであった。こうしてミッテランはFNの初期の勢力伸長の手助けをした。ミッテランの心中にあったのは、社会党の議席数低下の歯止めと、右翼・保守派の分断だった（Gombin）。

FNのイメージ改革——スティルボワの貢献、永遠なる「脱悪魔化」

社会党政権誕生と政党間の軋轢をバネとしてFNは党の飛躍に成功したが、いうまでもなくそれはFN自身の内部改革や路線変化を含む「自助努力」の結果でもあった。

一九八一年の大統領選挙に立候補者を送ることもできず、その直後の総選挙の大敗はFNには大きな衝撃だった。結党後十年近くたってFNはいまだに泡沫政党であることを免れなかった。FNは解体するか、再出発するか、瀬戸際であった。このときルペンはすでに述べたようにソリダリスト（連帯主義者）であるスティルボワやコリノーらによる党改革を進めようとした。

一九八一年の大統領選終了後、ルペンはスティルボワを事務局長に据えた。これには党内でも反対の声が強かった。スティルボワの親イスラエル姿勢に対する批判だった。欧州極右運動の歴史的伝統は反ユダヤ・排外主義だ。それだけにスティルボワの立場はFNの根幹にかかわる議論でもあった。しかしもはやユダヤ人を敵とする時代ではなくなっていた。第二次世界大戦の傷跡は反ユダヤ人種差別の復活を認めなかった。反ユダヤ主義をめぐる議論が決してなくなったわけでなく、三女マリーヌ・ルペンの時代になってもこの政党の基本は、「カトリック的な革命的ナショナリズム」にあると筆者はみている。しかし党の政策として反ユダヤ主義とその結果としての反米主義を政策として掲げることがどれだけ時代遅れであるか、ということにすでにルペンは気が付いていた。ルペンはスティルボワの側に立ったのである。その結果は党の幹部はルペンの独断専行の党運営に反発、党は再び動揺していった。

「永遠なる脱悪魔化」を繰り返すFNはこのころ、党のイメージの柔和化に本格的に乗り出していった。ルペンはそれまでつけていた黒い眼帯を外して、コンタクトレンズに代えた。意識して温和な笑みを浮かべ愛嬌を振り巻いたFN代表ルペンのイメージ戦略はみごとに成功した。八〇年には「ラジオ・ルペン」(「民族野党・キリスト教伝統の声」)の放送を開始した。一般の有権者に親しみを持ってもらうために、愛想よく、柔和なイメージを持ってもらおうと努め、集会はお祭り気分をかもし出したものになっていった。

すでに「まえがき」で述べたように、筆者は七〇年代末にパリのチュルリー公園で開催されたルペンの集会に出たことがある。その時ルペンの演説中、舞台近くでカメラを構えていたはずの筆者はいつの間にか、公園の出口近くまで後ずさりして、遠景の中でルペンの写真を撮っていた。無意識に身が引けていたのであった。怖くなったのである。筆者の眼前でルペンが声高に、外国人・移民に対する批判をする演説を筆者はそのとき初めて聞いた。参加者は少ないが、そのなんとも殺伐たる光景はいまだによく覚えている。極右の集会はまだその手の勢力に特有な「疑似的危機感」に包まれていた。

それが八〇年代に入ってくると、様変わりする。メーデーの日、チュルリー公園のすぐ脇にあるピラミッド広場で「ジャンヌ・ダルク祭」が行われるようになった。広場の真ん中にある救国の英雄ジャンヌ・ダルク像に献花が行われた。筆者もその儀式に行きあわせたことがある。その日はそぼ降る雨の中、数十人程度の人たちが広場の中央の像を取り囲み、ルペンが声高に演説していた。百年戦争の救国の英雄、一介の農村の少女ジャンヌへの哀惜の言葉だった。物々しさはなかった。その広場からピラミッド通りを抜けてオペラ通りを上っていく。十分ほども歩かないうちにオペラ座前の広場に出るが、八八年この広場で行われた大統領選第二回投票直前の集会は鳴り物入りの名士の演説会の賑々しさだった。すでにこのころからアラブ系の党員もみられ始めていた。

新しい路線を模索し始めたFNは、共産党の「ユマニテ祭」(共産党広報宣伝活動を目的とするアトラクションや露店の催事企画)に対抗して「青・白・赤(BBR、Blue・Blanc・Rouge)祭」を八一年九月に初めて企画した。コリノーに言わせると、党の新たな「大出発」を象徴するものだった(Collinot, Igounet 2014)。この第一回の集会には三〇〇〇人が集まったが、翌年九月の第二回BBRには一〇倍以上の三万四三四六人もの人々が集まった。八七年九月第七回BBRには二〇万人もの人たちが参集した。組織化も急速に進んだ。一九八三年一一月の段階では、約二〇ほどの連盟や支部を持っていただけであったが、翌年四月には約百団体が組織されていた。そして党員数も一気に一万人にまで膨らんでいた。

テレビ出演——開放政策・反社会主義としてのネオ・リベラリズム支持

八五年一一月FN第七回党大会ではFNをより多くの社会層に開き、すべての人々を豊かにする創造的制度構築を目的として、①議席拡大と、②社会保障充実の二つの原則を打ち出した。FNは八六年総選挙に向けた開放政策を模索し始めたのであった。一九八五年一一月に採択された綱領では、失業・社会不安・出生率低下・移民・官僚国家・財政赤字・道徳的堕落との戦いを目標として掲げた。より具体的には国営企業の民営化、官僚統制の緩和と国家の役割の制約、真の自由主義革命、伝統的極右の国家主導型制度の改革などを主張した。つまり社会党に対抗して、当時のＦＮはネオ・リベラリズムを基調とした。

その一方でＦＮは諸勢力を結集し、党の開放を目指した。極右だけでなく、君主主義者、小商店、中小企業労働組合員、大家族・旧ブルジョワ地主階層にまでリクルート活動を拡大、多様な支持層の掘り起こしを目指した。とくに万年財政危機にあるＦＮにとって有効だったのはキリスト教組織との連帯であった。その動きは国際的にも拡大し、各国のキリスト教団体との協力にまで拡大したが、その中には韓国の統一教会も含まれていた（Gombin）。

メディア戦略の成功もあった。一九八四年二月一三日の有名なテレビ番組『真実の瞬間』への出演は大成功だった。ルペンは自分たちは「人種差別主義でもファシストでも極右でもない」と明言。元ナチの裁判「バルビー事件」については他のフランス人以上に関心を持っているわけではない、と語った。その上で元ナチのＳＳに所属していたＦＮ党員がいることについては、過去の過ちは過ちとして、個人の問題であり、その能力によるものと、もっともらしい口調でこともなげに言い切った。この時の放送はそれまでで最も高い視聴率を示し、この番組でルペンがフランスの政治舞台で大きく認知されたことは確かだった。保守派の一部の人間の中には、ルペンの発言を「目から鱗」とばかりに称賛する者まで出てきた。この放送の翌日から数日間で、ＦＮへの入党者は一気に千人も増えたが、それまで一日せいぜい平均一五人程度の同調者がおとずれていたのとは様変わりだった。

この時期筆者はパリで仏国際関係研究所研修生であり、留学生として在仏していたのでこの時代の雰囲気はよく知っている。ミッテラン社会党政権の下で週三五時間労働法・最低賃金引き上げなどの社会保障制度の拡充が進められたことは歓迎できた。しかし目の当たりにするフランスの日常生活は社会党政権下で改善したわけではなかった。失業は増加の一途をたどり、パリ市街の治安は悪化し、浮浪者が増え、街は不潔で、労働に対する人々の意欲が低下しているのは外国人の筆者にもよくわかった。石油危機後の「先進国病」は社会党政権によってより深刻化していくように思われた。もっとも当時の筆者の感想には、GDP世界ナンバー2にまで急成長した極東の新興国からきた人間の目を通した、「欧州の老大国」と揶揄されたフランスの凋落に対する批判的な見方が混じっていなかったわけではないであろう。逆に当時の日本は「ジャパン・アズ・ナンバーワン」と呼ばれるほど世界の注目を集めていた。新興のフランスの若手経済学者グループ「レギュラシオン派」は日本のトヨタ的生産様式を崇め世界に喧伝していたくらいだったから、筆者のパリの学生生活は西欧人に対するアジア人のコンプレックスを経験することもなく、親しみと敬意を込めたフランス人に囲まれた心地よい日常だった。

しかしフランスはその後、欧州統合の発展を基盤にして、度重なる経済財政危機を克服していった。九〇年代初めには欧州経済は米国とともに息を吹き返したのであった。筆者はその後「たゆたえども沈まぬフランス（ヨーロッパ）」という言い習わされたフレーズの意味を改めて繰り返し痛感せざるを得なかった。上辺だけではわからない社会の底力が欧州の国にはあると、筆者が認識するのはずっと後のことだった。皮肉なことに、それは一方での日本の凋落と軌を一にする時の流れであった。

三　「脱悪魔化第二期」のＦＮの大躍進——福祉排外主義・「ナショナリスト左翼」

一九九五年大統領選挙――大政党の後退、多党分立化の中での躍進

既存の左右大政党、つまり社会党と保守、共和国連合（RPR）の政策的対立軸が不鮮明化していく中でフランス政治の多党分立化が進んだ。そうした中でFNのさらなる発展がみられた。

一九九五年大統領選挙第一回投票においては当時の政治勢力地図が示された。第一回投票の結果、決選投票はシラクRPR候補とジョスパン社会党候補の対決となったが、それぞれの支持率は低調だった（第一回投票シラク二〇・八％、ジョスパン二三・三％、第二回投票ではフランス民主連合（UDF）バラデュール候補の支持票を取り込みシラクが五二・六％で勝利）。第三位には前回八八年の時の支持率一四・四％を上回った極右国民戦線（FN）ルペン（一五・三％）が大躍進したが、その他にユー共産党候補（八・六％）、極左トロツキスト「労働者の戦い」のラギエ候補（五・三％）、エコロジストのヴォワネ候補（三・三％）、保守中道マーストリヒト条約反対派のドヴィリエ（四・七％）へと得票は分散した。左右ともに既成の大政党への支持率が後退して、多党分裂の様相を呈したのである。興味深いのは従来泡沫候補に過ぎなかったラギエ候補が法定選挙資金給付の対象となる五％以上の支持を得たことである。

極右の支持率安定と極左の躍進は、既成大政党に対する批判を意味した。第一回投票での主要三候補、つまりジョスパン（社会党）、バラデュール（中道派、フランス民主連合）、シラクの得票率の総計は約六三％にとどまった。フランスのイデオロギーをめぐる既成大政党の対立を軸とする政治勢力地図は大きく変貌し始めていた。

加えて候補者別にみたこれらの政治勢力の支持者の期待は多様化していた。先進国家一般にみられたフランス政治・社会の多様化だった。エコロジストや左翼は環境問題、社会的排除（差別）、社会的既得権益を

めぐる問題を論争のテーマとし、FNに近い右派ドヴィリエ派はフランスの利益擁護、伝統的価値の擁護、治安などを重要なテーマとした。こうした中で「移民」と「社会不安」を政策課題のトップに掲げたFNが政治的基盤を確立したかに見えたのであった。ルペンは八八年の大統領選挙に引き続いて得票率をさらに伸ばし、ルペンは「(同じくマーストリヒト条約反対を唱える)ドヴィリエが立候補しなければ自分が決選投票に残れたはずだ」と嘯いたほど意気軒高ぶりを示した。前回より得票率が伸びたわけではなく、横ばいであったが、極右勢力の安定ぶりを自画自賛した。

FNの安定と躍進ぶりは、九五年六月、大統領選挙後の市町村会選挙においてFNの市長が三人(トゥーロン、マリニャンヌ、オランジュ)も誕生し、フランス第五番目の都市であるニースの市長が以前にFNに所属していた事実に明らかだった。住民三万五千人以上の自治体でFN議員数は一〇六八人に達し、この数字は八九年の三倍だった。さらに九七年二月にはマルセイユ市郊外のヴィトロール市で当時FNの実権を握りつつあったブルーノ・メグレの妻カトリーヌ・メグレがFN出身の市長になった(後述)。FNは父ルペン時代の全盛を迎えようとしていた。

このルペンの勢力の高揚には、経済・社会的危機の深刻化を背景にした、外国人をスケープゴートにした排外主義の広がりがあった。しかし事態はそれだけではなく、もっと複雑な要素が絡まっていた。FNは党組織を近代的かつ機能的なものに変貌させていた。加えてその政策路線を社会保障・福祉に比重を傾けていった。

「貧しい者・労働者の味方」――左翼支持層に食い込む「社会福祉政党」FN

一九八六年国民議会選挙で三五議席を得たFNは議案提出権を持った。FNは八八年の大統領選挙までの二年の間に六三の法案提出を行った。いずれもフランス国籍を持つ人々の社会的優遇政策であった。四月の最初の提案は、欧州共同体加盟国の人々よりもフランス国民に雇用優先権を保証する権利であった。ついで五月の提案は、妊娠中絶に対して社会保障費からの還付を取りやめることであり、そのあとに死刑の復活法案が提出された（ミッテラン政権は死刑廃止を導入）。いずれもナショナリズムと伝統的価値観を重んずるFNの社会党への反発を示していたが、雇用政策が第一の優先課題とされていた。

こうした中で一九九〇年五月の第八回ニース大会は、八〇年代のFNがフランス政界に根付く時代から次の政権奪取に向かう大きな転換点となった。そのスローガンは「FNの政治的戦いの第三段階の開始——政権への行進」だった。そして「生活擁護」「国民的博愛」の二つの大きなテーマが提示されたが、より具体的には「最貧層のフランス人の擁護」と「民族的環境：フランス人民の環境と遺産の保護」だった。前者はフランス人最貧層の生活保障、後者はフランス国民のアイデンティティの堅守がその趣旨であった。生活社会問題とナショナル・アイデンティティの融合にその意図はある。

先にも述べたが、一九八八年大統領選挙第一回投票でルペンは躍進し、八つの県で支持率トップを記録した。筆者はかつて拙書（一九九一）でFN支持層を「支配構造の底辺」にいる「スケープゴートを必要とする人々」と称したことがある。この八八年大統領選挙でのFN支持層はそれを如実に示していた。八八年四月二四日の大統領選第一回投票直後の『ルモンド』紙の調査によると、明らかにその傾向が認められる。

第一に、社会的地位別の分類によると、注目すべきは、失業者の一九％がルペン支持であること。これは社会党ミッテラン支持の四〇％に次ぐもので、本来ならこの分野での大きな支持を得るべき筈の共産党候補ラジョワニへの支持率九％を引き離している。地位別分類で最も多くの支持をルペンに与えたのは預金生活者（二四％）で、これは保守派シラク候補に対する支持率（一七％）を上回る。第二に、地位別分類によると、小商店主・職人のルペン支持率は他の候補の支持率を凌駕しており、三一％の高率を示している（シラク・バール両保守派の支持率はともに二三％、ミッテラン一五％）。さらに注目すべきは、労働者のうち一六％がルペン支持を示していることで、これは共産党候補ラジョワニに対する支持率一七％に並ぶものである。第三に、ルペンの支持者のうちには必ずしも自分の政治的・イデオロギー的立場を明確に認識していない者が多い。はっきりと「右翼」と自認する者は僅かに二七％、「どちらかといえば右翼」と認める者は一五％。二九％が「右でも左でもない」という者で、なかには「左翼」と自認する者も意外に多い（八％、因みに「極右」と自称する者は二％）。五月八日の上位二人の第二回決戦投票後の調査では、第一回投票でルペンに投票した者のうち二六％が社会党候補ミッテランに投票している

以上のように、ルペンに対する支持の増大は、その反動的主張を支持した政治的理由というよりも、社会不満の発露という多分に社会的な現象と捉えることができよう。例えば、八八年六月の総選挙後の世論調査によると、月収三〇〇〇フラン以下の人のうちＦＮに投票した者は一三％で、共産党支持者の六％よりも多い（拙書一九九一）。

そして九五年大統領選挙でのルペン支持者も八八年選挙の延長にあった。全労働者のうち最も支持を受けたのはルペンだった。労働者の三〇％がルペンに投票した。初めて、労働者・失業者がＦＮ支持層のトップになった。労働者のジョスパン社会党候補への支持票は二一％、共産党候補ユーへの支持票は八％だった。労働者層のＦＮ支持率は一貫して増大していた。八四年欧州議会選挙八％、八八年大統領選挙一九％、九三

写真３　「フランス人とともにフランス製品を生産しよう（左）」
「農民たちへ、ＦＮ、それはあなたたちだ（右）」

年国民議会選挙一八％、九四年欧州議会選挙二一％と上昇傾向を示していた（『ルモンド』紙 一九九五年六月一七日）。

さらに一九九五年の選挙では手工業者・商店主の二一％、最貧層の三四％、一八－二四歳男性の一九％、二五－三四歳女性の一六％がルペンに投票した。ＦＮは貧困層と改革を望む青年層をつかんだのである。労働者・下級事務員・失業者の投票がＦＮの得票率全体の四六％を占めた。当時「波、ルペン」や「ルペン、人民」などの上げ潮ムードの表現の中には、エリートに対抗する大衆政党としての期待がこめられるようになった（Mayer, Igounet 2014）。

一九九七年三月の第一〇回党大会、ストラスブール大会で採択されたプログラムでは、子供手当の創設、最低賃金の引き上げ、社会保障費負担の軽減、所得税廃止、法人税軽減、フランス人優先主義や外国人保有企業への課税などが提唱された。八〇年代後半には、公共部門での民営化、公務員削減、最低賃金の廃止などを主張して

「ウルトラ・リベラリズム」を主張していた時と比べると、そのスタンスは様変わりだった。社会福祉路線にFNは大きく舵を切った。FNが「革命的ナショナリスト」という顔だけでなく、「左のルペン」、「ナショナリスト左翼」「福祉排外主義者」の顔を持ち始めたことを意味した(拙著一九九五、Perrineau 2017)。

反グローバリズムと「反移民」/排外主義の高揚——「フランス人第一主義」の失業・経済路線

FN躍進の最大の要因は、移民問題を人種差別、つまりナショナリズムの角度からだけ問題とするのではなく、失業・治安問題と結び付けた社会・経済的議論の対象として扱っていったことであった。それは当時の時流に合わせた議論でもあった。先にも述べた通り、ミッテラン政権の社会政策は財政負担増の中で行き詰まり、その結果インフレと失業の増大を招くと同時に、その移民寛容政策は治安の悪化を招いた。フランスの移民政策については、移民の基本権の承認(若年層移民の国外追放停止、一九八一年以後の家族呼び寄せ再開、団体結社権)、国外追放措置の司法化、移民の代表権・表現権の擁護、事前の内務省の許可が必要だった外国人結社法(政令)の廃止、不法入国者の正規化(不法滞在者でも定職についていれば正規化を承認)、強制的帰国の禁止などであった(移民政策の時代順の説明は拙書(二〇一五)参照)。

こうした諸措置はFNをはじめとする保守層・右翼ナショナリストたちにはフランスの国内秩序を乱す売国奴的行為に映った。しかもそれが外国からのフランスに対する「侵略」だとするFNの説明は、経済的危機や治安悪化を目前にしている一般庶民にはわかりやすい説明となった。

この当時筆者はフランスにも住み、欧州の間を頻繁に行き来していたのでそれは庶民的な実感として理解できた。「欧州域内市場統合」というネオ・リベラリズムの夢をエリートは描くが、一般労働者の生活ぶりは一向に向上していくようには見えなかったからである。八〇年代から九〇年代半ばまでの社会党政権の最大の課題は「景気・インフレ」と二〇〇―三〇〇万人に至る「失業問題」だった。欧州経済の後退とは裏腹に米国や日本の外国資本がフランスにも押し寄せ、それはフランス国民の生活を圧迫していくように見えた。日本の成城学園が同校の中・高生徒たちの海外教育の場としてアルザス地方のコルマール市に立派な校舎と学生寮を建設したのはこのころだった。同市の若い役人が、「フランスで生活した子供たちは三十年後には必ずそこに戻ってくる」という「三十年の計略」を主張し、それを市が受け入れた。残念ながらこの学園は今教育機関としては存在しない。支える日本経済の力が失われたからだ。立派な校舎宿舎・図書館と日本研究所がその残滓を残すのみとなっているが、建物は依然として保管されている。日本バブル時代の象徴と言ってしまえばそれまでだが、欧州の人々が日本の実力を認め、受け入れた象徴でもあった。それほど西欧諸国とフランス人は疲弊し、自信を失っていたのである。そして自分たちの生活を厳しくしているのは、外国人たちだ。彼らが職を奪い、治安を悪くする。こうした世相の中で、ルペンが主張する反グローバリズムとナショナリズムの再生はいかにも説得力があった。

危機とナショナリズムの結合は洋の東西を問わず、どこの国でも、そしてどの時代にでもよくあるナショナリズム正当化の議論だ。かつて第一次世界大戦後、ロシア革命と戦乱の中を西欧諸国に逃れてきた東欧諸国の人々、とくにポーランド人はフランスで炭鉱労働者をはじめとして肉体労働者として働いた。そして景気が悪くなると、失業の原因の矛先はこうした外国人労働者に向かった。「ポーランド人の配管工」はフランス人労働者の敵となった。実はこれと全く同じ議論は百年の時を経て、二〇一六年英国で行われたEU離脱をめぐる国民投票の選挙戦の際にも、「ポーランド配管工に職を奪われる脅威」という離脱推進派ポピュリストのスローガンとなった。米国のトランプ時代のその支持者「貧しい白人（プア・ホワイト）」の議論もそれと同じ論法だ。そして本格的移民政策の議論にまだ躊躇する日本でも同じ議論が起こる可能性はなしとしない。

このようにルペンの排外的移民政策の主張が成功した背景には、経済のグローバル化の歪みがあった。そして同時にそれがさらなる極右の追い風となったのが社会党政権の成立であり、他方で極右の進出は保守＝伝統的右翼層の危機感を強めるにいたった。

社会党を中心とする左翼はもはや労働者や貧困層の支持する政党ではなくなっていた。ミッテラン社会党は中間層、サラリーマンの政党だった（この点について詳しくは拙著一九九一）。つまり社会党は七〇年代のユーロソシアリズムという新しい潮流の中で中間層・ホワイトカラー・高学歴者の政党、さらにエリート主導の政党に変化していた。そしてそれに対抗する保守派の政党も結局は大資本と高学歴のエリート集団であることに変わりはなかった。しかもいずれの既存の大政党も七〇年代から九〇年代初めまでにフランス経済社会の浮揚を実現させることはできなかったのである。

こうして多党分立へとフランス政党政治の構図が変容していった。ＦＮの伸長はそうした政治社会の変貌の中でのことだった。

第Ⅳ章　ＦＮ「近代化」の試みの蹉跌――脱悪魔化と社会福祉ナショナリズム

一　ＦＮの近代化と差別主義――メグレ改革の成功と負の遺産

メグレのＦＮ改革

左右対立軸の不鮮明化と多党分立化の中で、従来の移民・失業と治安悪化の主張に加えて、社会福祉色を強めたＦＮだが、その背景には党組織運営の近代化に成功したことがあった。

ただ、この党勢拡大の中心にいたのは党首ルペンではなかった。新参のブルーノ・メグレだった。メグレは八八年大統領選挙の選挙参謀の役を見事にこなして、ルペンに最高の支持票を集めることに成功した。このメグレを中心として一気に政権を目指す動きが加速化する。しかしそれはＦＮ創立世代、第二次大戦までの極右にまで遡る「父ルペン世代」の家産的な（同族経営的な）古い体質を基盤にした旧来の極右運動ではなかった。それまでとは異なった近代的組織運営形態、対外活動のスタイルや力点の置き方の違いは明確だった。あとで述べるがメグレ自身の排外主義的な思想自体はどこまでルペンと違いがあったかは測りにくい。しかし両者の間の党組織運営と戦術をめぐる意見の違いは大きかった。メグレの手法には合理主義的な発想が大いにみられた。ルペン世代の「人治」やネポティズム（縁故主義）に限界を感じ、普通の政党としての発展を望む若い世代にはメグレの合理主義の主張の方が分かりやすかった。先の話になるが、二一世紀に入ってルペンの三女であるマリーヌ・ルペンが中心になって党のさらなる躍進に成功した時の仲間の多くは、実はもともとこのメグレ派の人たちであった。

当然メグレのエリート主義的な現代的な組織運営が注目される一方で、それを受け入れがたい古い世代の人々がいた。彼らはルペンの側に立ち、メグレ派のいわば「改革派」に対抗する形となった。そうした中で古参の人々の意思を象徴した言動をルペンは見せたのではなかったか。この時期になっても時代遅れな舌禍事件や暴力事件をルペンはしばしば起こしている。それはルペン一流のバランス感覚だったのではなかったか。メグレ派を「脱悪魔化」集団と呼ぶとすれば、ルペンは復古的な「悪魔的な」党の体質の一面を代表することになった。

その意味では党組織の合理化による政権政党を目指す若い世代の野心家たちにとっては父ジャン・マリ・ルペンの言動はＦＮの致命傷にも思われた。したがって、党勢拡大とメグレの成功は、逆説的だがもともと指導権をめぐるルペンとの対立を内包化し、党の分裂への道を潜在化させていたのである。その意味ではその後のＦＮの分裂は必然的なシナリオでもあった。

メグレと「新しい右翼」

ブルーノ・メグレは高級官僚の息子で、父親の仕事の関係でブリュッセルで子供のころ育ち、パリの名門高校ルイルグランを卒業後、フランスのエリート大学校（グランゼコール、大学より格上の教育機関）ポリテクニーク（理工科大学校）に入学、カリフォルニア・バークレー校でも学位を取得している。学業修了後は、土木技術官僚団に所属し、国土計画委員会を振り出しに、国土整備省などで働いたが、「クラブ・ド・ロルロージュ（CDH）」に合流した。この集団は一九七四年に高級官僚・大学職員・自由業者などを集めて結成された集団で、「新右翼（ND）」とも呼ばれた。NDは、第Ⅱ章で述べた六八年に結成された西欧エリート主義的な主張を持つ「欧州文明研究集団（GRECE）」と構成員や主張では重なっており、メグレもその中の中心人物の一人だった（Darmon et Rosso 1999）。

この姉妹団体的な二つのグループは、反平等主義・反マルクス主義・（西欧文化）アイデンティティと差異の擁護（ユダヤ教の否定、印欧語族の理想主義社会の実現）などで一致していた。しかし経済政策面ではCDHは経済的なネオ・リベラリズムを擁護したのに対して、GRECEはネオ・リベラリズムの先鞭となったレーガン・サッチャー主義には批判的だった。またGRECEは思想集団だったが、CDHは現実政治へ強い関心を持った政策行動集団の性格を持っていた。CDHのセミナーには保守派の政治家、首相を務めたR・バールやシラク政権で首相を務めるA・ジュペ、工業相となるマドランなど後年の大物政治家たちも出席していた。

メグレ自身はこうした活動を母体としながら、旧ドゴール派のRPRの一員として七〇年代末に政治活動に入った。しかし一九八一年の国民議会選挙にRPR候補として立候補したが敗退、その後RPRを離党して八二年一月に「共和派行動委員会（CAR）」を設立した。メグレはFNとは当初一線を画していた。FNが八四年に大幅に得票率を伸ばした時にも、それは「藁を燃やした炎」に過ぎないとメグレは冷淡だった。FNのような運動が長続きするとは思わなかったからだ。しかしCAR自体はその後も勢力を伸ばすことができず、一九八六年総選挙では党所属議員以外にまで拡大されたＦＮ候補者リストの一員にメグレは名を連ね、そのおかげで当選を果たした。そして翌年にはＦＮに正式に加盟。メグレのＦＮへの入党はルペンに見込まれ、入党を促された結果であった。

その意味ではメグレはその期待によく応えた。先にも述べたように八八年大統領選挙ではルペンは大飛躍し、九五年大統領選挙第一回投票率は横ばいであったが、ＦＮは政界の一角を占める安定勢力になった。その功績はメグレに帰せられる。九七年二月にはメグレの地盤であるヴィトロール市で選挙資金不正疑惑があり、立候補できなかったメグレに代わってその夫人が立候補し、市長となった。ＦＮは四つ目の市長ポストを得たのである。同年六月の総選挙では五七七名の立候補者を擁立、そのうち一三一の選挙区で第二回決選投票までコマを進めた。翌年三月の地域圏（州）議会選挙ではＦＮは二七五議席を確保し、前回九二年の二三九議席を上回った。メグレの成功であった。ここにメグレのＦＮ党支配が一応完了した。この当時ルペンもナンバー2であるゴルニッシュ事務総局長もメグレの行動に口がはさめないようなありさまだった。ＦＮの勝利は保守派の二大政党ＲＰＲとＵＤＦとの選挙協力にあったが、ＦＮ躍進の陰で両保守政党は議席を後退させた。

党組織の近代化と「脱悪魔化」のイメージ戦略（Darmon 1999, Gombin）

まずメグレの党組織化のための最大の貢献として指摘されるのは、党組織の専従職員化である。一九八八年以後事務局や幹事代表部門は専従職員の職場となった。それまではボランティア活動家が中心だった。メグレは広報・研究・教育活動の三つの活動に力を入れた。その目的に応じて「ＦＮプロパガンダ・アトリエ（広報宣伝研究所ＡＰＦＮ）」、「科学評議会（ＣＳ）」、「国民養成研究所（ＩＦＮ）」が設置された。メグレ時代には党のロゴがそれまでの三色の炎模様の原型そのものは残されたが、炎の形は直線的なシンプルでシャープな印象を与えるものとなった。ジャンヌ・ダルクのポスターにはトップモデルのリンダ・エヴァンジェリカが使われ、力強く、清々しい白人男性の労働者たちのポスターにはアレック・ボールドウィンと思われるアメリカ人の俳優たちの姿絵が使われた。脱悪魔化のイメージづくりだった。働く人たちの味方となる政党、社会派政党へのイメージ強化という目的があった。

とくにメグレがその拠点としたのが「国民養成研究所（ＩＦＮ）」だった。幹部養成学校も設立されて、党の運営・選挙キャンペーン・思想教育などを制度化していった。さらにメグレ派は労働運動にも触手を伸ばし、九〇年代に入ると、社会問題に積極的に取り組み始める。ＦＮ系労組も組織され、その代表は「警察国民戦線労組」や「ＦＮ・ＲＡＴＰ（パリ市交通公団）」だったが、青年層への組織拡大は「青年国民戦線（ＦＮＪ）」が担った。その中心はルペンの次女ヤンの婿となるサムエル・マレシャルだった。三女であるマリーヌもこの組織を地盤に活動、後に代表になる。これに対抗したのがメグレの「革新学生（ＲＥ）」である。いずれにせよ、党の近代化を掲げたメグレによる党組織運営の活性化は顕著であった。

新たに党活動の再編も試みられた。経費削減・財源割り当て・党費の引き上げなどに加えて、情報宣伝活動を強化し、企業の出入り口でのビラまきや週末の教育活動、さらに大衆組織として小売店組合のような「ブティックＦＮ」などのマーケット部門を創設し、一般労働者・大衆層にその活動の対象を広げていった。党内には政治教育部門も組織された。真の闘争領域としての「歴史・イデオロギー」闘争に加えて、ＦＮ党ドクトリン・プログラムの整備、多角的な活動家の実践教育を三つの運動領域としたが、こうした方針はその後

FN/RNの活動の基調であり続ける。

大統領選挙に備えてルペン本人のさらなる穏健なイメージづくりもこのころ一層進んだ。髪型をオールバックに変え、若々しさと清潔なイメージを与える風貌を装うようになった。笑顔を振りまき、米国のテレビ伝導師ビリー・グラハムをモデルにした演説スタイルを導入し、愛国右翼に成りすました。服装に関して言えばルペンは身なりをあまり気にしないたちのようで、香港で買ったバーゲンの既製服のスーツを始終着ていても平気だったが、このころブランド物を身に着けるようになった。

イメージ戦略は当然ポスターやチラシにも表れた。四×三メートルの巨大ポスター「アウトサイダー 私たちの色を守ろう」「ルペン、人民」などの標語は右翼ポピュリズムの立場の分かりやすい表象となった。筆者はこのころフランスに住んでいたが、急速にルペンのメディアでの取り扱いは大きくなり始めていた。一九八八年四月一七日のマルセイユ集会では三万人もの支持者が集まった。五月の大統領選挙では結果的に社会党ミッテラン大統領が再選されたが、その二年前の国民議会選挙で多数を占めた旧ドゴール派「共和国連合(RPR)」シラク代表は首相に就任、両者はその間激しい鍔迫り合いを続けていた。ルペンは大統領選挙では決選投票に残れなかったが、その支持票の行方がどこに流れるか注目された。「ルペンの波」だった。

反共・排外主義と社会福祉の並立

メグレは強い反共と排外主義の持ち主だった。一九九一年九月にメグレは徹底した反共主義の一四項目の綱領を発表した。同年一一月には現実主義で人道主義だが移民関連の断固たる政策として具体的な五〇の措置を発表した。

　なかでも第三項「フランス国籍に関わる言及を禁止するという言論の自由侵害の廃止」はＦＮの体質をよく示している。これは少しわかりくいかもしれないので、かみ砕いていうと次のようになる。フランス国籍を法律や規則の条件とすることは人種不平等につながるので一般原則としては禁じられる。しかしそれは人種格差を前提とするＦＮにとっては、彼らの（不平等な）価値観を否定する「言論の自由」の抑制という意味になる。このようにＦＮの議論は本来の共和主義や民主主義の原則とは異なった理念を是とする近代的社会通念の否定からはじまる。したがって近代化に向かう現代社会の風潮の中では、自分たちの方こそ差別の対象にされているという被害者意識を強く持ちやすい。後に述べるように、差別に関しては外国人やイスラム教徒に対して自分たちの方が少数派になってしまうという「逆転の発想」がその特徴だ。

　また第八項「純血主義の再興」もＦＮに特徴的だったが、それはメグレらのナショナリズム・排外主義を意味した。つまりフランス人、フランス国籍の両親から生まれた生粋のフランス国籍者へのアイデンティティ重視を強調することは人種平等の共和的精神からすると、差別主義になるので一般には社会的にも法律的にもタブーだ。それをＦＮは「（自分たちに対する）言論発言の自由の侵害」とみなすのであり、それこそ共和主義的ではないと糾弾する。論理の出発点の偏向性を無視した「逆転の共和主義の論理」だ。大革命以来の出生地主義の過ちを正し、雇用・社会保障面でのフランス人の優遇、フランス国産品の優先などがその具体的提案だった。リバタリアン（完全自由主義者）の主張ともいえ、御都合主義的ポピュリズムの本質にも結びつく。

　九二年三月に作成されたとみられる脱悪魔化の七つの原則がある。これは代表幹事・総代表部の戦略会議内部記録に残っている。①極右的なレッテルを払拭すること、簡明な表現の使用や極右運動の地理・イデオロギー面でその極右的特徴から離れるためにそうした運動を攻撃すること、②ナチズムやヴィシー体制などの第二次大戦責任論に対する批判への反論のための文書開示要求、③対話：FN攻撃者との協調路線、④新しいレジスタンス、⑤メディアへの反撃、⑥悪魔化の回避：現実と噂の違いの克服、⑦「FNファシスト」は単なるイメージであり虚構であることを明確にすることなどであった、メグレの「脱悪魔化」路線はこれに沿ったものであった（Igounet 2014）。

このメグレ派の思想的貢献は一九九三年三月の国民議会選挙キャンペーン綱領「フランスのルネッサンスのための三〇〇の措置」に顕著だった。一九八五年の時の綱領と比べるとポピュリスト的性格が大きくなったのである。路線転換であった。それまでの排外主義的姿勢が完全に払拭されたわけではなかったが、人種差別ではなく、それを「相違の権利」と読み替えた。「差異論的人種主義」である。

もともとFNの自由主義政策は社会党政権への対抗意識からきていた。減税・財政削減、小さな国家、労働組合の職場占拠の打開といった主張は本来のナショナリストの主張とは馴染まない特徴を持っていた。しかしそれでは労働者階層には浸透していくことはできない。そこで自由主義を標榜する一方で、国家による労働者の擁護という姿勢を有権者にアピールするようになる。いわゆる「社会主義右翼」「福祉排外主義」の顔であった。このころから経済的グローバリゼーションを否定し、国民の経済・社会・文化の擁護者としての政党という姿勢を強調していくようになる。

二　伝統の美徳と排外主義

排外主義のための文化闘争

先にも述べたように、九五年六月の大統領選挙後の市町村会選挙においてFNは三人（トゥーロン、マリニャンヌ、オランジュ）の市町村長を誕生させた。住民三万五千人以上の自治体でFN議員数は八九年の三倍の一〇六八人だった。さらに九七年二月にはマルセイユ市郊外のヴィトロール市で当時FNの実権を握りつつあったメグレの妻カトリーヌ・メグレがFN出身の四人目の市長となった。

こうしたFN支配の地方自治体ではイデオロギー・思想闘争などの一環として図書館の書物の管理が行われた。すでに一九八三年から八九年にかけてドゥルー市ではFN出身のミレイユ・ブリオンが文化担当副市長であったが、司法官組合の『正義（*Justice*）』という雑誌やMRAPの『差異』という雑誌を「進歩的」と決めつけて市の図書館での購読を打ち切った。ニースでもFNのアドリアンヌ・フランシ市会議員は、彼女が左翼の「教化本」とみなした書物を市の図書館から駆除した。その中にはゴンクール賞受賞のモロッコ出身の作家、タハール・ベン・ジュルーや黒人差別主義を扱った作品で有名なジャーナリスト、ジョン・グリフィン、そして『移民、フランスの好機』の作者でもある中道派で七〇年代メスメル政府の閣僚ベルナール・スタジィーの作品が含まれていた。

一九九五年七月末、世界的に有名な南仏の音楽祭「オランジュ音楽祭（古代ローマ遺跡劇場でのオペラ祭）」では主催者がFN出身のジャック・ボンパール・オランジュ市長の列席を拒んだ。これに対してボンパール市長はこの年の九月に「モザイク文化協会」との契約を解消、この協会と音楽祭組織委団体に約束していた補助金と会場提供の取り消しを通告した。モザイク文化協会は前年度四〇件もの文化興業を実施した団体だった。トゥーロンとマリニャンヌでもオランジュと同様なことが行われ、現存の協会が新しい市営の団体に取って代わられた。さらに同年秋にはオランジュ市では、音楽祭主催団体への補助金そのものが廃止された。慌てたドスト・ブラジー文化相は即座に一〇〇万フランの補助金を約束したが、これに対してボンパール市長は、「よく考えると、国のおかげで市の財政負担は軽くなった」とうそぶいた。同年ツーロンでも「シャトーヴァロン」の舞踏祭で現代バレーの演出家として著名なアンゲラン・ブレリィオカジュは出演をボイコットした。自身アルバニア系であることもあって、FN出身の人種排外主義者ル・シュヴァリエ市長への反発からだった。

トゥーロンでは、シャトーヴァロン国立劇場の創設者で支配人、シャトーヴァロンの舞踏祭を代表するジェラール・パッケがFNのル・シュヴァリエ市長と接触することを拒み、数年前から約束されていた補助金の要求を拒否された。翌九六年一〇月にはパッケは、反FNを煽る人物としてシャトーヴァロン国立劇場支配人を解雇された。

同年九月のFNの夏季大学（研修会）の主題は「文化と政治」だったが、すでにメグレは一九八七年のFNのシンポジウムで「文化闘争」という表現で差異化のための一連の文化政策を示唆していた。同年夏、文化省はオランジュ市営図書館に対してその図書選定基準の偏りを指摘していた。左翼的な作品や作家が排除される傾向が強く、多元的な図書選定になっていないことが指摘されたのである。加えて同年七月シャトーヴァロンで公演予定であったラップ（ヒップホップ）の二人組のグループ「シュプレーム（Supreme）NTM」の公演が強制的に取りやめとなった。ル・シュヴァリエ市長はこのグループが女性の尊厳を汚すものとして拒絶した。NTMはフランス語のスラングで、「Nique Ta Mere」（お前の母親を強姦しろ）という意味である。

反体制的な言葉を弄し、人種差別や階級格差を批判するグループとして知られる。トゥーロン市では「ブックフェア」が廃止されて、その似て非なるFN派好みの「自由ブックフェア」に変更されたり、オランジュ市ではFNの意向に従わない図書館司書が馘首されたり、マグレブ文化のシンポジウムの主催者である「太陽の衝撃」協会の解散、一九九八年には補助金を切られたために自主映画の上映会場やモダンアートの展示場となっていた「オランジュ・ブルー」が廃業に追い込まれた。

一九九七年二月にメグレが市長に選出された南仏の小都市ヴィトロール市では財政緊縮とともに社会保障にも力を入れた。しかしそれはFNに近い団体や支持層を優遇する偏った形をとっていた。メグレは市の契約補助職員一八〇名を解雇、ほとんどの社会文化団体を不活発という理由で補助金を打ち切り、ZEP（特別教育特区：移民第二世代の子弟を対象とする郊外の特別教育地区）・教育指導委員・社会センターなどの予算削減を実施する一方で、補助・援助金は地元の発展に貢献する団体やFNに近い団体に配分した。特定層への利益誘導型の政治ではあったが、市の行財政の再建を意図した一定の「合理性」がそこには認められた（Chevarin 2012）。

伝統的美徳の継承と「秩序」——政治・倫理・耽美主義の一体化に潜む「悪魔性」

しかし先に述べたように新しいFN、メグレ派による党の近代化と庶民への親近感の高揚は大いに成功するが、その深層にはナショナリスト特有の古色蒼然たる前近代的な価値観の顔があった。それはこうした団体特有の矛盾の側面だ。ヤヌスの二つの顔のもうひとつの顔がそこにはある。

しばしばFNの勢力拡大は八〇年代後半以後の「反移民」をスローガンとして大々的に掲げ始めた点に求

められる。本書でもその点を指摘してきたが、同時にその背景には強いナショナリズムがあることも指摘した。ＦＮの得票が伸びた東部アルザス地方の場合、その地域にはイスラム系の移民は多くない。しかしその投票行動には秩序・労働・権威・清潔などを大切な価値観とするこの地域の伝統的・保守的な政治体質が反映されていた。ＦＮ支持者の投票動機として伝統文化擁護を挙げた人の比率が増加していた。

つまり伝統文化や復古主義と、ナショナリスト運動としての極右勢力のつながりは当然であった。大衆動員のイベントである「ジャンヌ・ダルク祭」も一九八八年に初めてのデモ行進を大々的に行った。一九四一年のペタン元帥時代の右翼的ナショナリズムには国家のための労働を尊重する傾向があった。フランス国土の繁栄と防衛には国民の総力を結集した労働が愛国主義に深く結び付いている必要があったからだ。そしてその先頭に立つのは「救国の英雄ジャンヌ・ダルク」であり、それは愛国主義を標榜するルペン率いるＦＮの真骨頂だ。

その愛国主義とナショナリズムは表現形式として「美意識」に訴えることが多い。シュヴァランは『魅力的とファシズム的』という興味深い研究でその点を議論している。一九八四年にルペン自身が、その発言の中で社会・政治原則、道徳的価値、そして文化原則の関連性を基盤にすることを確認しているが、その目的は自由・責任感・愛国主義、そして伝統の達成であり、美と真実への変容にあると述べた。「美と真理」と「倫理と審美観」のつながりはプラトンの古代デモクラシー以来の保守派のイデオロギーと価値観でもある。政治は生活・表現・祈り・愛・歌の手段である時初めて意味を持つ。文化があってこその政治だ。そうした発想は極右集団にある意味で共通の文化意識を持たせる。

シュヴァランによると、ＦＮの運動では、「政治・道徳・美意識」はひとつのものとして捉えられるという。先にルペンの発言を紹介したが、メグレも一九九六年の夏季大学で「美と真理」を強調し、それは身体的かつ精神的優秀さとして体現されると述べた。二〇〇二年のFNの大統領選挙のための綱領では、今日の文化省は「真・善・美」に敵対するものと指弾されている（Chevarin）。

先にも述べたGRECEなどは特定の政党支持というよりも、歴史的西欧文明の価値を大切にする集団だ。ペタン対独協力政権のカトリック的で前近代的価値の政治は第二次世界大戦のフランスで突如としてよみがえった。大戦前のフランス政治は世界に先駆けて有給休暇や週労働時間制を導入した最も先進的な人民戦線内閣を誕生させたが、フランス人の多くは古色蒼然たる前近代的なカトリック的価値観の信奉者であったのである。極右政治勢力はその多くの国民の感性に訴えることに成功したといえよう。革命的ナショナリストという形容矛盾の後半部分の意味はそこにある。カトリック的、王党派的な伝統的価値観は当然外国からの侵入者たちを退ける。あるいは物質優先の一元的な利益主義も否定する。資本主義、そしてその究極の姿として物理的な合理主義と功利主義に支えられたアメリカ的なグローバリズムを否定する。それはキリスト教的、ゲルマン的かつケルトの文化ではない。そしてそうした近代的な物質文明に汚された不純で忌むべき行動原理は忌避されるべきである。FNは彼らの言う「美醜」のけじめを重んじる。

こうして前近代的西欧世界は宗教的、道徳的価値観を大切にし、その「秩序」の維持を大切にする。こうして「秩序派」の世界観が表に出てくる。あとはその秩序の守り方になる。その秩序はあくまでも言論の戦いの中で維持されるべきものなのか。それともそれは暴力と物理的な権力によって守られるべきものなのか。そこには超えてはならない一線があるはずだ。価値観の戦いは単なる言葉の戦いにとどまらない可能性がある。優れた民族による劣等民族の力による支配は歴史が繰り返してきたことだ。ロシアのプーチン的な権威主義体制、米国のかつてのネオコンやトランプ派に共通する現代社会にまだ隠されている「悪魔の顔」がそこに見え隠れする。「脱悪魔化」を声高に叫ぶマリーヌ・ルペンのFN／RNの本性はどこにあるのか。この政党を論ずる際の究極の論点はそこにある。

ルペンの舌禍事件――ルペンという人間の本質とその「悪魔性」

ルペンは数々の舌禍事件を起こし、裁判にも問われている。それはポピュリズムの最大の特徴である情緒的な反社会性が党首の言動に象徴されるからである。時に言葉を荒げて、討論を引っ掻き回すのはルペンの常套手段であったが、それは時に度を過ぎて身内であっても受け入れがたいことがしばしばあった。そしてその都度党の幹部を含む、多くの人々がこの党から離れていった。後に娘マリーヌの時代になって社会保障重視に加えて「共和主義への傾斜」が強まり、父ジャン・マリの威光に陰りがみられるようになると、伝統的な極右排外主義の支持者たちが離れていった。極右勢力が政権に近づいていこうとするならこの二つのモメントによる対立矛盾は今日なお乗り越えねばならない宿命的なジレンマなのである。ローマ神ヤヌスの二つの顔はひとつの身体に備わったものでなければならない。メグレによって党の合理化と刷新が試みられている時期にも度重なるルペンの排外主義的言動がみられた。それは当然両者の対立激化の後押しとなった。

第二次世界大戦中にユダヤ人をガス室に送ったナチスの惨業を「歴史上の些事」といったことはその象徴的事件だったが、それ以外にもエイズを男色・性的倒錯者の疾病と唾棄し、顰蹙を買い、極右特有の狭隘な差別偏見として共和制度の良識からは厳しく断罪された。八七年五月、TV番組『真実の瞬間』に三度目に出演した時には、「エイズ患者の隔離所」を提案、それも「ユダヤ人死体焼却炉」の地口による造語を用いて語った。ＦＮの反デモクラシー差別主義的な「悪魔」の一面を見せつけた。

しかしこうしたルペンの発言はナショナリストの一部の人々の心には打つところがあった。つまりこれらの事件は現代フランスが直面しているモラルやカトリックの伝統的価値観の揺らぎに対する一部の人たちの防衛心理を代表していたからである。つまりフランス国民は「文化の破壊」への挑戦を直視するべきだという極右のメッセージであり、それは極右支持者の心には届いたのである。それはＦＮが保守・中道にウイングを広げていくとしても、勢力拡大の基盤として右のウイングを確保していくためには不可欠だった。

当然こうした風潮を察知した良識派の抵抗は顕著となった。左翼を中心とする市民団体はＦＮを「悪魔化する」姿勢を示した。八四年の欧州議会選挙以来急速に影響力を拡大するＦＮに対する彼らの抗議であり、警告だった。デジールによって結成された「ＳＯＳラシズム」や反ファシズム・人道団体は一九八五年六月一五日の抗議集会を組織、パリのコンコルド広場には三十万人もの人々が結集した。しかしこうした抗議行動の拡大は一方で、ＦＮの存在を社会的に強く印象付けることになったことも確かだった。

ルペンの舌禍事件は枚挙にいとまがないが、なかでも最も有名なのはナチスのガス室に対する肯定的な発言をめぐる事件だ。ルペンは一九八七年九月一三日にＴＶ番組『グラン・ジュリ』でナチのガス室の存在を「歴史上の些事」と発言し、大きな社会的反発を買った。多くの国民にとっては、「今時まだこんなことをいう政治家がいるのか」という感想を持った人が多かったのではないか。それほど時代錯誤の発言だった。議論するに値しないと思われる発言だった。ユダヤ人迫害の肯定はタブーのなかでも最たるものであるからだ。ただルペンの側にも言い分はあったであろう。実はこの発言には番組の中での対話の文脈があった。対話のやり取りの中でルペンは、自分が「精神の自由の支持者」であるとして、「どんな形でも思想（の自由）の禁止や規制を憎む」と述べた後で、「私はいくつかの疑問を抱いているが、ガス室が存在しなかったと言っているわけではありません。自分自身それを見たわけではないのです。この問題についてとくに研究したこともありません。しかしそれは第二次世界大戦史上の些事だと、私は思います」と語った（*Le monde*, le 15 septembre 1987）。

文脈なしに語られた表現ではなかったので、正面からガス室を否定したわけではなかったとみることもできる。少なくとも自分はガス室が存在したと断定することはできないというのがルペン発言の本音であったのかもしれない。第二次大戦の戦争責任に対する解釈の多様性を彼なりに表現したかったのかもしれない。しかし公の場で、ルペン自身がナチスのユダヤ人迫害行為を軽視する気持ちを持っていることを露呈させたことは明らかだった。さすがにこのガス室発言には党内でも厳しい批判が起こった。ルペンは読書家で博学であるので原稿なしに何時間でもしゃべる。しばしばみられた自分自身の言葉に酔った中での勇み足の発言であったかもしれないが、他方で一見才気煥発な人間特有の軽率さを露呈したことには変わりはない。ルペン時代の限界はこの人物のそうした人間性にあった。

ＦＮの議会政治参加や保守諸派との統合を進め、ＦＮ党内では同党の「普通の政党化」、つまり「脱悪魔化」の旗手を標榜するルペンだったが、逆にその本音が透けて見えた事件でもあった。その反応は大きかった。この「歴史上の些事」発言はフランス国民の大半の大顰蹙を買った。ＦＮ支持者の中に離れていく人も多かった。そして世間はＦＮを「悪魔化」していった。折角政界で市民権を得はじめたＦＮだったが、激しい批判にさらされた。八七年九月のＢＢＲには二十万人もの人々が集まったことはすでに述べたが、この集会は当然大荒れとなった。ここではメグレもルペンも、この発言のルペンの真意を伝えなかったメディアを非難した。自分たちこそ、ドレフュス事件のようにメディアの犠牲者とされたというのがその言い分だった(Igounet 2014)。

ルペン自身、この「歴史上の些事」発言は自分の舌禍事件の中でも「最大の失策」だったと二〇一三年に本音を漏らしている。一九八八年のFNの最大目標は大統領選挙決選投票にルペン候補が残ることであった。この舌禍事件は再びFNに対する恐怖を国民に認識させ、FNが「アウトサイダー」以外の何物でもないことを痛感させた。

一九九〇年五月一〇日には南仏カルパントラのユダヤ人墓地でいくつもの墓が落書きされ、さらに遺体が掘り起こされ、串刺しにされるユダヤ人墓地陵辱事件が起こり、フランス中が騒然となった。当時社会党のジョクス内相はヘリコプターですぐに現地に駆け付け、反人種主義抗議活動が現地やパリで行われ、ミッテラン大統領はFNの関係者の調査を命じた。前日にはテレビ番組『真実の瞬間』でルペンがユダヤ人批判を公言していた。この年、共産党ジャン＝クロード・ゲソ議員が提案した「人種差別・反セム主義・排外主義行為抑止法（ゲソ法）」が成立した。ルペンらはゲソ法を「法的差別」と抗議し、また人種差別研究者ドラカンパーニュも歴史問題を司法に頼って解決する方策は正しいのかと疑問を呈していた。

九五年五月一日のメーデー、FNの記念日「ジャンヌ・ダルクの日」にはFNの行進列最後尾でマグレブ出身のフランス人ブラヒム・ブァラームに対する暴行事件が起こった。八八年九月には当時のミシェル・デュラフール公共事業相をその名前を捉えてルペンは揶揄した。彼の名前を「デュラフール＝「クレマトワール（「クレマトワール」とはユダヤ人焼却炉）」」と呼び変えて（フールは仏語で窯・炉の意味）、人種差別とナチスのユダヤ人虐待を茶化す発言を行った。ルペンにはこうした軽率なところがあった。本人は言葉遊びのつもりであったのだろうが、閣僚の名前を「死体焼却炉」と呼ぶことは許されることではなかった。さすがに度が過ぎた。ヤン・ピアをはじめとして一部のＦＮの幹部たちが党を去っていった。

メグレは言葉遣いを慎重にすることを重視していた。八八年大統領選挙責任者となったメグレが気を付けたのは、「官僚・部門特有のジャーゴン（隠語）」による表現を用いないこと、生き生きとして明晰な語彙を用いること、政敵の語彙を使わないようにし、むしろ自分たちの表現を相手に使わせることであり、それはマルクス主義者の成功例である。彼らは自分たちの言葉を政敵に使わせることによって無意識に彼らの主張を人々に刷り込ませることに成功したとメグレは分析していたからであった。そして敵に対しては否定的な形容詞をつけることを忘れないようにすることなどであった。特異な用語だが、正確で単純、想像力のある方向づけされた表現の使い方についてメグレは社会主義者から大いに学んでいた。それほど表現様式にこだわっていたメグレであるから、ルペンの軽はずみな言動には業を煮やしたのも無理はなかった。政治スタイルそのものが両者では大きくかけ離れていたのである（Darmon 1998, 99）。

三　不透明なＦＮの財政

もうひとつの闇——ランベール財閥の遺産相続

メグレが党の風紀を正し、組織の近代化を進めようとしたのは、ルペンを中心とする同族経営型の党ではＦＮの政権政党としての勢力拡大は難しいと考えたからだった。改革の大きなひとつが党の財政運営だった。しかしこの闇の部分は今日なお変わっていない（Igouenet 2014, Gombin）。

ルペンの金にまつわる諸事件はただでさえ、暗いイメージの極右政党の暗部のひとつである。若きルペンが糊口を凌ぐために設立した小企業ＳＥＲＰについてはすでに述べた。当初ＦＮの政治活動の大きな部分がこの会社の資金に負っていた。ルペン自身はこの実業活動について、まんざらでもない評価を自ら与えていたが、同時にこの会社を畳んだのはもう資金集めのために働く必要がなくなったからと、自伝では語っている（Le Pen 2018）。その後の財源となったのがランベール家の遺産相続だ。

セメント生産会社としてフランスでは有名なランベール家の嫡男ユベール・ランベールとルペンの交流は家族ぐるみのものであった。ルペンの最初の夫人ピエレットは体の不自由なユベールの母親ローズの介護の手伝いのようなことまでしていた。ユベールは病弱で独り身、母親と寝所を共にするような奇癖の持ち主だったが、強いナショナリストでもあり、ＦＮの国際宣伝担当役員をしていた。この病弱なユベールが一九七六年に死んだ時に、遺言でルペンにその財産のすべてを受け継ぐことを指示していた。これによって莫大な額の遺産がルペンにもたらされることになったのである。

しかしその直後にユベールの従弟であるフィリップ・ランベールはルペンに対してこの遺産相続をめぐる訴訟を起こしたのである。後で述べるようにルペン一家は、爆弾事件で九死に一生を得て、このランベールの屋敷に避難したこともあるし、従弟のフィリップと同じ屋敷で同居していた時期もあった。

最終的には数千万フラン（二〇〇〇万フランと指摘する者もいるが、正確にはわからない。当時一フランは五五–六〇円程度で推移しているのでその場合には一二–一三億円）を手にしたことは間違いない。それだけではなく、パリ郊外の高級住宅街サンクルーの広大な四七六〇平方メートルの広大な庭に建てられた三階建て一一部屋（三六五平方メートル）の屋敷「モントルトゥ」も手に入れた。これは、当時一〇〇〇万フランの値がついたナポレオン三世時代の建築物だった（第Ⅷ章）。しかし当然この種の「幸運」には必ずひと悶着もふた悶着もあるのが世の常だ。フィリップ・ランベールが訴訟を起こしたのである。この邸宅の取得によってFNは文字通り「個人政党」としての「本部」を持つことができた。そこは後に「パックボート（大型客船）」と呼びならわされ、公式の党の事務所とは別にルペン一家に近い人物たちの会合場所として事実上の本部となったからである。ルペン自身はこの遺産相続はFNの活動に熱心であったユベールの遺志を継いで自分個人に残されたものというよりも、FNの活動資金として自分に託されたものだと公には述べていた。

しかし、二〇〇七年の国民議会議員選挙でFNは五％未満に沈み、マリーヌだけがエナン・ボーモンで決選投票に残っただけの大惨敗を喫した。五％未満の支持率だったので法定選挙資金が得られなかった。この選挙でFNシンパの資産家ル・ラシネルは自分名義で（FNは銀行からは借金できない）銀行から借りて八〇〇万ユーロの支援を行っていたが、それは見事に紙くずに変わってしまった。

この借金はどうしたら返済可能か。まずルペンは熟考の末、この借金を無に帰せしめようとした、つまりルペンは何も払わないことに決めたのだ。ルペンは自分には負債はないと断じた。しかしル・ラシネルは執拗だった。最終的にはルペンは支払わざるを得なくなり、高級住宅街サンクルーにあるその邸宅を売却するしかなくなった。こうしてセメント業者の資産家ランベール家が残した邸宅は衛生・保健・介護施設業者に九六〇万ユーロで売却された。

ファミリービジネスと秘密資金

FNの党運営は潤沢な資金で賄われていたわけでは決してない。FNでは党員の多くはボランティアである。したがってルペン一家に対する忠誠心、奉仕の精神が自然に党活動の原動力となっている。対抗社会組織の持つ特殊性は少数派としての内部的求心力を自然と強固にしている点にあるといってもよい。

他方で、FNはファミリー企業的な性格を持っており、内部の金銭問題は辛辣である。まだ二〇〇二年にユーロが導入される前のことだったが、次女ヤンとマレシャル夫婦の収入は月額七万三〇〇〇フラン（一五〇-二〇〇万円）ほどであった。ヤン自身は秘書と称してはいたが、実際の働きぶりは収入に見合うものではなかったし、マリーヌ自身も三万フラン（六〇-九〇万円）の報酬を得ていたが、実働時間は他の人よりもはるかに少なかった。ルペン家の年間報酬は総額二一五万フラン（五〇〇〇万円）ほどであり、これに対して幹部の一人ジャン・クロード・マルチネも、マリーヌや父ルペンは仕事をしていないと批判していた。いわゆる公私混同の会計であったことは確かだが、ルペン一家には三〇〇〇万ユーロ(三〇-三六億円)の公金流入があったとも伝えられている。加えて、パリ商業裁判所がルペンの会社SERPに約五二万フラン（一〇〇〇-一五〇〇万円）の借款返済を命じたが、ルペンには七五万フランの借金があった。それはルペン家の料理人の給料分に当たっていたといわれる。財政事情の不透明さは常にFNに付きまとった。

金脈も様々だった。忘れてならないのがさきほど少し触れたフェルナン・ル・ラシネルだ。彼について一言触れておこう。彼は貧農の出身で叩き上げのFN支持者で印刷業を営んでいた。二〇〇四年から〇九年には欧州議会議員に選出された政治家でもあった。ひところ「FNの金庫番」と称されていたこともあった。FNとは長い付き合いで、八四年欧州議会選挙当時、自身は低ノルマンディー州の市議でもあり、「できるだけのことはする」とばかりに七〇〇万フラン（約一〇〇万ユーロ）を献金（保証金）したこともあった。

さらにルペンの最初の妻のピエレットが後に暴露した秘密資金があった。ランベール家はパリ郊外のサン・クルーの館以外にスイスにも資産を持っていた。サン・ジュリアン基金だがルペンはこの基金を処分、現金化し、スイス銀行組合に振り込まれた額を自分の友人がいるスイスのダリエ銀行に預けた、とピエレットがスイスの無料配布誌『ジュネーヴ・家庭情報』に暴露したのである。彼女は結婚以来、スイスに電話をかけ、「小さな黒ん坊」を要求した。「小さな黒ん坊」一人は一万フランを意味したという。後に一九九四年三月二四日仏週刊誌『木曜の事件』はルペン名義の銀行口座が存在する証拠を発見したと伝えた。

他方で、ルペンの個人資産と党運営資金との関係はとても明朗だとは言えない。ルペンは党の資金と公私混同の口座を持っていた。一九八〇年代から「ジャン・マリ・ルペン・コトレック（Cotelec）」という個人銀行口座をルペンは保有しており、そこに党費や寄付金、FNの広告商品の売り上げなどが収められていた。しかしその口座の出納状態はルペンの私費と党資金が一緒くたにされた状態だったといわれている。また九〇年代には「コトレック」というFN内の小政党を設立し、「ジャン・マリ・ルペン・コトレック」という名前の資金団体がその資金運用者となって、FNにも有利子で貸し付けを行った（Monnot, Fourest）。

こうした公私混同状態の資金運用体制は娘のマリーヌが党首になった後にも基本的には変わっていないと考えられている。後に述べるように、父ルペンと娘マリーヌの角逐が激しさを増した後、二〇一五年に資金転用の一部はコトレックから新たに設けられた団体「プロムレック（Promelec）」に移転されたが、同年一二月の州議会選挙の際にはコトレックはFN候補者リストに援助している。そして娘マリーヌも父を見習ってFN内部団体「ジャンヌ」という選挙還付金などの受け皿を目的とする資産管理のトンネル団体を創設、この組織は側近のコミュニケーション企業に業務を委託した。二〇一二年の大統領選挙後の還付額では本体のFNよりも大きな額を還付されたという。その後、この「ジャンヌ」に対する司法当局の調査が行われた。しかしマリーヌがこの団体と直接関係した証拠は発見されなかったが、「ジャンヌ」はマリーヌの個人的資金繰りに寄与していたといわれる（Destal, Mathias et Marine Turchi）。

FN／RNとルペン親子の金銭沙汰で有名なのは、欧州議会の資金の横領・不正使用をめぐる疑惑だ。二〇二二年の大統領選挙の際にマクロン候補の陣営によって暴かれた資金の不正利用は裁判沙汰となった。ルペン親子はいずれも欧州議会議員の経験がある。その議員割り当ての活動資金が私的に流用されたり、大統領選挙のための用途に不正に利用された嫌疑だ。「不正使用取り締まり欧州事務所（OLAF）」からの情報として同年四月に情報媒体『メディアパート』が公表したところによると、少なくとも、総額六一万四八八〇ユーロ（約九千万円）に及ぶ不正使用が摘発され、パリ裁判所で訴追された。

マリーヌ・ルペンが二〇〇四年―一七年の間に一三万六九九四ユーロ、父ジャン・マリが三〇万三五四六ユーロ、父の時代の副代表ゴルニッシュが四万三二五七ユーロ、「国民と自由の欧州極右グループ（ENL）」が一三万一〇八九ユーロ、そしてマリーヌの元パートナーのアリオ・マリが二四九四ユーロ不正使用したというものだった。OLAFによると、それらは詐欺、不正使用、過剰請求にあたった。インターネット開設料金の事実無根の請求、二〇一六年末の会食のためのワインやシャンパンの注文とその大部分が自宅に配送された不正使用、二〇一〇年金融危機の時期に危機回復のための会合に出席するという理由で、党幹部一三人の旅費を不正使用したこと（実際は大統領選挙準備のための会合だった）などがその罪状だった（*Le Monde* le 18 avril）。二四年一一月中旬検察は五年間の被選挙権停止を含む求刑を行った。二五年三月に予定される裁判でそうした判決が下ると二〇二七年ルペンの大統領への道は阻まれることになる。

四　二つの国民戦線――ＦＮの内部分裂と低迷

党運営をめぐるメグレとルペンの角逐

これまで述べてきたようにＦＮの内部の二つの矛盾する方向性、近代化と極右の伝統という両輪の克服は容易ではなかった。メグレとルペンの間には反共産主義・右翼的思想という基本的な点では大きな距離はなかった。しかしヒトラーを礼賛するエリート官僚出身のメグレと庶民出身で旧タイプの党人政治家であるルペンとの間では、党組織の近代化・合理化や社会福祉・保障路線の重視などの点で大きな違いがあった。それが両者の亀裂の最大の要因だった。党運営と行政の合理化を通して権力を目指すメグレの路線には、「人治」のしがらみ社会を象徴するような家産的な右翼政治家の体質とは相容れない点があった。政権与党になるにはどうするのか。そうした問いをめぐるメグレとルペンの対立であったともいえよう。有権者からＦＮは政権を担える政党だという評価を得るには近代化と政策の刷新しかないというのが新しい世代メグレ派の回答だった。それは戦略と人間関係の摩擦となって両者の決定的な対立をもたらすことになる。

今ＦＮ／ＲＮが二期続けて大統領選挙決選投票にまで残った実績を考えると、このメグレの路線が彼らにとって正しかったことは明らかだ。しかしこの当時それはまだ未知数の多い賭けだった。それにメグレとルペンの確執は単なる路線対立を超えていた。そして九八年八月、メグレは公然とルペンに反発し、その年の秋にはついに両者は決裂する。

その第一の要因はメグレ自身にあった。メグレは何といっても大変な野心家であった。メグレは保守派・旧ドゴール派ＲＰＲ（共和国連合）に所属していた時分、党内序列は二二番目だった。この政党で頭角を現すのは容易なことではない。しかしＦＮのような新興勢力の小政党であればそれは可能かもしれない。昇進のチャンスは大きいからだ。自分の実力を発揮し、まずはナンバー2となって、頂点を目指す、そのように考えていた（Darmon）。だとすれば、そもそも最初からルペンとメグレの関係は同床異夢であった。ルペンはメグレの能力を高く評価したが、自分の後継者として認めていたわけではなかった。ルペンは後に自ら「ナンバー2はいない」と語った。ルペンが事務総局長や腹心として用いた人間たちはルペンに対する忠誠心に溢れた人々であった。後になって思えば、「両雄並び立たず」のジレンマの構図が最初からあった。したがってメグレが党勢拡大に成功すればするほど両者の関係は険悪になった。

それはまさに八八年大統領選挙で大躍進を遂げた時に現実となった。その前年ルペンはメグレを翌年に控えた大統領選挙の選挙参謀、つまり最高責任者に据えた。この選挙では前年の舌禍事件のせいでルペンは激しい批判を浴びていたが、その逆風の中でこれまでで最高の一四・四％の支持率を獲得したのであった。これはメグレの大きな功績であった。その功績を認めたルペンは新たに全国代表部を新設して全国代表幹事（総代 délégation général）にメグレを指名したのである。スティルボワ事務総局長とメグレ代表幹事（総代）の両頭体制の試みであった。

カリスマ性の陰にあるルペンの権謀術数

実はこのやり方はルペン一流の競争原理に支えられた党内分割統治のやり方であった。ジャン・マリ・ルペンの党支配はしばしば彼のカリスマ性にあったといわれるが、必ずしもそれだけでこの政党の長きにわたる寿命を説明できるものではない。むしろ人気のある指導者は他にもいた。フランス人民党ヴィクトール・バルテルミや先にも述べたONの論客フランソワ・デュプラなどはルペンよりも人望があったといわれる。しかし結果的にはFNは「ルペン党」になった。内部の権力闘争に勝利したルペンの権謀術数が出色であったからだ。

ここではルペン自身の党内政治について触れておこう。すでに述べたが、ルペン自身はFN内部では急進派ではない。むしろ統制派ともいうべきで、その本質はカトリックのナショナリスト、そして「フランスのアルジェリア」を強く主張するナショナリストと言った方が良い。行動派で、演説や人心をつかむ巧みさを特徴とするカリスマ性のある政治家であることは確かだが、後にも述べるが、直情径行的な部分がある。思わぬ失言や暴力沙汰がしばしばこの政治家の本性を露呈させ、支持者を呆れされる。それもこのような右翼団体の政治家・運動家の特徴であるといえばそうである。しかしその一方でルペンには人事の巧みさによる党内掌握の技術があった。そしてメグレとルペンの対立にはそれが党にとっては負の形で作用した。メグレの脅威はそれほど大きかったのである。

ルペンの党内支配の論理は一言で言えば「分割して統治せよ」であった。自分以外の誰か一人に権力を集中させることはしない。一人だけのナンバー2を置かない。常に複数の人間に競争させる形をとった。衝突が起きた時に仲裁者として自身が党内をまとめる役をになう。そうして党首としての面目躍如を誇示することでリーダーシップを発揮してきた。この手法はルペン党内操作の真骨頂だった。

当時FNの戦略・理論的指導者の立場を務めたソリダリスト・スティルボワは、ドゥルー副市長となり、

ＦＮの基盤を地方で固め拠点を形成、デュプラと党の事務局長のポストを争った。ルペンはどちらにも組織運営を任せた様子に見えたが、一九七八年にデュプラが暗殺されて、スティルボワが正式に事務局長になった。すると今度は選挙本部長だった新参の有能な官僚出身者であるブルーノ・メグレに権限を委ねる様子を示し、両者が争うことになる。ルペンはこうしてメグレを代表幹事（総代）に指名した時もスティルボワ事務総局長は事前にそれを聞かされていたわけではなかった。次第に頭角を現し始めたメグレに対する警戒心がスティルボワの中でも大きくなっていたことは確かだ。驚いたスティルボワは出張先から自分の運転で深夜パリに急遽戻ることにしたが、その途中で彼は事故死したのであった。

スティルボワ亡き後、当然メグレは自分が事務総局長になるものだと思っていたが、メグレの期待を裏切って、ルペンが指名したのは自らに忠実なカール・ラングであった。ＦＮ育ちの純朴な野心のないラングをルペンは事務総局長に据えた。これにはメグレも不満を露わにした。そして最後はルペンと衝突し、二〇世紀最後の年にはＦＮは分裂、壊滅の危機に瀕することになる。ルペンの巧みな権謀術数が同時に党の解体の危機を招く結果にもなった（Gomin, Lebourg）。

ＦＮの分裂と退潮――メグレのクーデタ

そして両者の対立が決定的となるのは、欧州議会選挙をめぐる立候補者リストをめぐる摩擦だった。一九九九年の欧州議会選挙にはルペンは立候補できなかった。九七年に起こったパリ近郊イル・ド・フランスのマントラ・ジョリ市での社会党女性候補者に対する暴力事件（後述）の裁判の結果、ルペンは一年間被選挙権を停止されたからである。誰しも実力から言ってメグレがルペンに代わって欧州議会選挙でのＦＮ候補者リストの筆頭になるものと思った。メグレ自身そう思っていたが、九八年一一月にルペンの上記の判決が出された直後に、ルペンが公表したFNの欧州議会選挙候補者リストの筆頭には自分の妻であるジャニ夫人が指名されていた。メグレはリストの一〇番目、マリーヌは一二番目であった。

一二月の月初めにメグレの側近を長年務めてきたナタリー・ドバイユ、ユベール・ファイヤールらが明確な理由もなく、実質的に解雇された。こうした党首ルペン側からのメグレ派に対するパージや排除の試みに対抗して、メグレ派は「団結会議」を組織、一二月中旬には臨時全国評議会を開催、全国評議員三三九名中一八一名の賛成によって新たな会議の設立を決議した。この決議には全国九五の連盟団体のうち六二団体、地域圏（州）議員二八〇名中一五〇名、そして一万七三〇〇名以上の党員がこの決定を支持した。活動家の三分の一以上、党幹部及び総選挙の立候補者の三分の二がメグレ支持に回ったのである。こうして総代・全国代表部は解体した。この時メグレ派に与した中にはフィリップ・オリヴィエがいたが、彼はルペンの長女マリ・カロリーヌの夫であった。長女は父ルペンのマントラ・ジョリ市の暴力容疑事件以来父に敵対し、メグレ派についていた。

翌年九九年一月二三―二四日、マリニャンヌでのFN第一〇回会議ではFNの刷新が決定された。必ずしも新党の結成ではなかった。この会議でルペンは党首の座を失い、それに代わって全国の代表出席者二五〇〇名のうち八〇％以上の支持を得て、メグレが「国民戦線・国民運動（FN－MN）」の代表になった。「二つの国民戦線」の誕生だった。

FN－MNが明らかにした「諸価値の憲章」ではルペン時代の古い体質の組織原理や不透明な資金運営などの改正、党運営の合理化・近代化が表明された。党首には中央委員一三〇名のうち二〇名を指名する権限はなくなり、党を代表する議員や事務局長たちでも投票権はひとり一票ずつしか持てない、党資金は公平に配分するなどの規定を設けた。スローガンは「国民戦線のために、頭を高く起こしてきれいな手で」というものであった。公共の正義の実現のための合理主義に支えられた公正な政党の構築と活動という倫理観はメグレ派のものだった。野心は大きいがあくまでも政治は個人の私利私欲ではなく、公正さを前提としたものであることが第一の条件だった。全国活動は活動家の共同体、つまり公正で平等な権限を各自が持っていること、責任ある地位の党員と議員は活動家たちの批判や意見に耳を傾け、下の者との情報交換と対話を怠りなく実施すること、過激な表現や侮辱・個人攻撃の禁止、無責任な態度や意見による政治的妥協をなくすように監視、縁故主義の禁止など、これらが極右の立場からの主張でなければ、原理主義的な政治理想論とみられても不思議ではない。排外主義的な傾向を持つメグレではあったが、個人崇拝と不透明な党運営によって腐敗しかけた家父長型政党FNの改革のために党員の多くがメグレに期待したのも根拠のないことではなかった。共和派ナショナリスト、共和的右翼という評価がメグレにふさわしかった。

しかしこうして迎えた分裂選挙、一九九九年六月の欧州議会選挙は結局双方にとって大きな打撃となった選挙だった。FNは五・七%、FN－MNは三・二八%の支持率しか得られず、両方合わせてもそれまでの支持率に達しなかった。ルペン派FNの獲得議席は五人で半減、メグレ派FN－MNは選挙資金還付対象の五%に達しなかったため議席の配分はなく、しかも多額の負債を抱えることになった。同年一〇月には党名を共和国運動に変更した。両者共倒れの結果となった。その後メグレ派は失墜の道を転げ落ちていった。

このFNの後退の潮流は同年末の地域圏（州）議会選挙でも明らかで、地域圏（州）議会議員数は一四一議席にまで減った（それまでの保有議席二七三議席）。その退潮傾向は市町村選挙でも同様で、市会議員五〇〇名（同一二五〇名）、市長二名（同四名）という数にも表れた。党員数は四割も減った。FNの後退は明らかだった。二〇〇〇年四月パリで第一一回FN党大会が開催されたが、この時の党員数は一万二八〇〇人、欧州議会選挙半年前の一九九八年一二月の分裂直後の四万二〇〇〇名よりも大幅な減少であった。FNは党勢回復のために「FNのルネッサンス」をスローガンに掲げ、政治局は内部改革を重視、従来事務局・政治局・中央委員の持ち票数がほかの代表より多かったのを一人一票制にした。これはメグレの党の合理化政策の方針でもあった。二〇〇一年三月の市町村会選挙ではトゥーロンとマリニャンヌ両市で市長職を失い（オランジュ市だけ再選）、翌年にはメグレのヴィトロール市でも負けた。地域圏（州）議会や県会ではメグレ派も大きく勢力を減らした。後述するように二〇〇二年の大統領選挙ではルペンは社会党の動員不足から奇跡的に決選投票に残ったが、その直後の総選挙では一議席も取れなかった。FNとルペンの凋落は歴然としていた。

第Ⅴ章　三度目の雌伏の時代から復活へ

一　「ルペンショック」、二〇〇二年大統領選挙

極右シンドローム――ルペン決選投票進出の真相

フランスでは二〇〇二年五月、ジャック・シラク大統領（共和国連合（RPR）、五月に「人民運動連合（UMP）」に改組）が八二・五％を超える得票率で再選された。圧勝だった。しかし、第一回投票の意外な結果はこの静かな選挙戦を一気に怒りに満ちた政治的興奮の渦の中に陥れた。四月二一日の第一回投票の結果、決戦投票の組み合わせは予想されたRPR（共和国連合）のジャック・シラク現職大統領とリオネル・ジョスパン社会党首相の組み合わせではなく、シラクに対抗するのはコンマ差（一六・八五％）で二位につけた極右のルペンFN党首となったからである。マリーヌはこの時のことを「私は一晩中喜びに満たされて泣きくれたわ。まるで子供のように」と述懐した。ルイ・アリオ、ジャン・フランソワ・トゥーゼ、オリビエ・マルティネリ、そして二人目の夫であるエリック・イオリオらがその周辺にいた。マリーヌはその後二〇〇三年に党内若手グループ「ルペン世代」（後述）の会長になり、アリオは事務局長になった。マリーヌの時代

の基礎づくりが始まった（Marine Le Pen, Fourest）。

誰もが、第二回投票はシラクとジョスパン現職首相（社会党）の対決になると考えていた。ところが、僅差ながらルペン党首が残ったのだ。結党以来三十年、八四年の欧州議会選挙で一一％の支持率を得て以来苦節約二十年間の紆余曲折を経て、ルペンは「勝った」と雄叫びを上げた。他方、社会党選挙本部では、出口調査結果が発表されるや、怒号の渦のなか混乱が巻き起こり、ジョスパンが素早く敗北の弁と自らの政界引退を発表した直後の支持者の悲鳴はいつしかすすり泣きに変わっていた。ＲＰＲ選挙本部で待機していたシラクは「信じられない」と言いつつ、「左翼が第二回投票に残ってないということがありうるのか」と怒気を込めて語った（拙著二〇〇二）。

フランス全体が怒りを混えた驚きに包まれた。選挙の視察で現地にいた筆者は、このフランス国民の一斉の反ルペンキャンペーンには驚いた。組織だった動きだけでなく、自発的なデモが方々で繰り広げられた。それは一九八六年、最初のコアビタシオン政治のシラク首相時代に治安強化策の行き過ぎから、デモの参加者でもないアルジェリア系のパリ大学の学生が治安部隊の暴行の前に一命を落とした翌日のパリの雰囲気に似ていた。筆者は当時パリに暮らしていたが、だれかれともなく、「喪中」のプラカードを掲げ、政府の強権政治に抗議して静かに街頭を歩き始めたのである。そしてシラク政府はついにその政策のすべてを停止せざるをえなくなった。一夜にして強硬派シラク政府はレームダックとなった（拙著一九八七、一九九一）。

そしてこの二〇〇二年の大統領選挙第一回投票の夜にも筆者はパリにいた。この夜から連日反ルペンの抗議デモが全国に巻き起こり、五月一日のメーデーにはパリだけで五十万人、全国で百万人がデモに参加した。パリの共和国広場の集会・デモでは、「エフ・エーンヌ（「エーンヌ haine」は「憎しみ」という意味のフランス語。ＦＮ（エフ・エヌ、国民戦線）と掛詞になっている）」と書かれたプラカードが林立した。「シラク個人に対する支持ではないが、共和主義擁護のためにシラクに投票しよう（ルペンには投票しない）」と、多くの人々がこう訴えた。政策論争の低調だったこの大統領選挙ははからずも第五共和制の根本理念を問う選挙となった。ルペンはオペラ座広場でシラクの悪口を延々とぶったし、午前中のアナーキストのデモに加えて、共和国広場から出発した左翼系の学生・労組の隊伍はいつ果てるとも知れず続いた。そして、表向き和やかな街頭行動ではあったが、些細なことからいずれ暴力沙汰の混乱は避けられない。そんな危うい空気がみなぎっていた。治安当局の懸念は日増しに強まり、緊張感は高まっていた。低調だったこの選挙戦は「ファシスト・ウルトラナショナリズム」に対抗する「共和国擁護と民主主義のための戦い」に豹変し、一年で最も美しいこの季節、フランスは政治の薄暗く不気味なうねりに怯えた。

権力の正統性を問う「デモクラシーの原点」の諸刃の剣――ポピュリズム台頭の危険

この選挙結果と国民の投票行動は喜ぶべきことではなかったが、そこにはフランス国民の政治に対するある種ゲーム感覚による政治的チェックのプロセスと活性化の試みを筆者は現場で感じていた。投票直後に筆者は社会党本部を訪れた。当時親しかった日本びいきの対外広報部長としばらく話し込んだが、彼曰く、ジョスパンは選挙戦で熱心ではなかったと痛恨の面持ちで語った。それはパリ北郊の左翼の歴史的地盤であるかつて「赤いベルト（赤は社会主義・共産主義を意味。ベルトはパリ市の北部を帯状に囲む郊外住居地区、労働者階級の地盤）」と呼ばれた地域にあるルノー自動車工場での出来事だった。ジョスパンが選挙活動で訪問した時には工場労働者は冷ややかな反応を示していたが、その直後にシラクが訪問すると、シラクは労働者にも大人気でお祭り騒ぎのような賑わいとなったというエピソードをこの広報部長は私に話してくれた。

しかしジョスパン自身は、その五年前の総選挙で奇跡ともいえる予想外の逆転勝利で首相になっていた。一九九七年当時、八割近くの議席を与党保守派が占めていた国民議会をシラク大統領が任期を一年残したまま、抜き打ち解散したのである。シラク政権は、ユーロ導入を控えて国民に不人気な緊縮政策に舵を切らねばならない。そのことで与党は厳しい政治的局面に立たされることが予測され、確実に政策を実現するためには、議席を減らしても与党が安定多数を確保できるうちに選挙に打って出る必要があると判断したのであった。シラクの側近のドヴィルパンとジュペ（二人とも後に首相）という二人の能吏、保守派RPRの領袖の提案だった。国民はそうしたエリート政治家のいかにも功利的な人心を無視した判断に反発した。選挙は政治家の道具ではない。エリート官僚出身政治家は文字通り策に溺れたのであった。上手の手から水がこぼれた。劣勢を伝えられ、敗北必至とみられた社会党ジョスパンの予想外な無欲の勝利であった。このとき敗北必死の事態で社会党の「象（大物政治家）たち」はみんな立候補リストの筆頭になることを辞退し、ジョスパンはいわば貧乏くじを引かされた形で立候補者として表舞台に引きずり出された格好だったからである。しかしその五年後、第二回投票進出は確実とみられていたこの大統領候補は、またしても予想と期待を裏切られた。今度は国民に見放されたのであった。

デモクラシー発祥の地、西欧諸国の国民は常に「変化」の意識を大切にする。間違っていると思えば変える。しかしそれは暴力で行われるのではなく、言論の力によって人々が決めるものである。暴力に向かって立ち向かう意識を人々が共有しているからだ。だからこそ政治家のポストには任期が不可欠だ。政権交代は政治が滞留し、腐敗していかないための安全弁であり、デモクラシーには不可欠な制度なのである。仮に混乱と動揺の対価を払っても政権交代によるチェック機能はデモクラシーを語る上で最も重要な要素である。

同様の例はいくつもある。例えば、九一年にデンマークがマーストリヒト条約（EU条約）の批准を拒否した。統合のリーダーを自負するミッテラン大統領はフランスの面目躍如を示すためにこの条約の批准のための国民投票を実施した。当初世論調査で六割以上の国民がこの条約を支持しているという結果が出ていたのでミッテランの選択はあながち間違いとは言えなかった。しかし大統領の周囲では反対の声が大きかった。この条約内容が一般にはわかりにくいことと、国民投票の不確実性への懸念からだった。ミッテランがこの国民投票を欧州統合の活性化だけでなく、自分の人気浮揚策にしようとしたことも明らかだったからだ。当初高かった条約支持率は投票日が近づくにつれて低下し、投票日十日前には支持率より不支持率の方が高くなった。当初の予想とは打って変わった危機的状況の中で、結果は僅差の紙一重の批准承認となった。批准には成功したものの、当然のことだが、政権の人気は浮揚するどころか、逆に不信感が増幅した（拙著一九九一）。

繰り返しになるが、これらの事例は、政権交代による試行錯誤の意識が表現の自由の結晶としてのデモクラシーの原点であることを意味する。それは安定性を第一とする日本的な政治意識とは対極の政治文化だ。そこが洋の東西では大きく違う。それは、権力の正統性に関する日本社会の関心度の低さを意味する。デモクラシーとは与えられるものではなく、「挑戦」だ。自分たちで戦いとるものである。権力の正統性を本気で議論することを忘れてはいけない。これはむしろ素朴な問いかけである。筆者はそう考える。

その意味では一見リスキーに見える直接投票制によるフランスの国家元首の選出は、政治そのもののチェック作用とダイナミズムの可能性を秘めている。直接投票は単純化した形で国民の意志を反映し、政治権力の正統化を明確にしてくれる。しかし、それだけにこの制度は危うさを抱えている。人気投票や一時の政治・社会現象に振り回された短絡的な民意の餌食にもなりかねないからだ。それだけに政治に対する高い意識が不可欠である。ルペンの決選投票進出はそうした危うさを垣間見せてくれた。

我が国では民主主義の原点である、全国レベルでの直接参加の政治行動の歴史的経験は七〇年代ぐらいまでであったろうか。戦後米ソ対立という冷戦体制を反映して、「革命近し」とばかりに労働運動が盛り上がり、それが反米軍基地闘争や日米安保改定反対運動などと結び付いてゼネストと激しい街頭行動が繰り広げられた六〇年代までの時期、そして七〇年の日米安保自動延長に対する反対やヴェトナム戦争反対などをめぐって学生・若年世代を中心とした激しい反政府行動が繰り広げられてから久しい。街頭行動は制限された範囲でしかみられず、労働運動は政権奪取への関心を失ったかのようだ。

このことに思いを馳せる時、よく思い出す一場面がある。紀元前三世紀、アテネとスパルタの戦争において捕虜になりかけたペリクレスが滔々と自分たちの戦争のために長広舌を振い、そして自分たちが捕虜として扱われるべきではないことを説いた自己弁明の演説であるが（ツキディデス『ペロポネソス戦争』）、戦いに破れた後もなお「言葉」で自らの正統性を勝ち取ろうとする姿勢、それこそ欧州デモクラシーの原点だ。それを支えたのが国民的感情の発露としての連日の反ルペンの街頭行動ではなかったか。我が国では政治について人々が本音を公言することを控えるようになっている。連日の官房長会見でメディアは政府追及の片鱗もみせなくなった。「予定調和の時代」の象徴なのだろうか。表向きの平穏と安定を優先するためなのか。そのことで目前の平和は保たれても、事態の本質は塗布されたままとなる。

直接民主主義と憲法をめぐる制度について考えさせられたフランスの選挙だった。デモクラシーの原点を忘れた時には、ポピュリズムの暴走を止めることはできない。ドイツが経験し、政権交代に人々が意欲を示さない日本政治への懸念でもある。

「ルペン進出」の真実——既存大政党政治のマンネリズム、政治の退嬰主義《イモビリスム》

第一回投票にジャン・マリ・ルペンが残ったからと言って、フランス国民が彼を支持していたわけではない。二〇〇二年の大統領選挙第一回投票結果が突き付けた最大の問題は、政治の「退嬰主義《イモビリスム》」、あるいは「停滞性」という深刻な現状に対する国民の警告であった。「ルペン現象」の背景には、既存政党の取りこぼしがあった。この選挙結果は極右FNが台頭することをフランス国民が認めたことを決して意味したわけではなかった。むしろ大政党主導のマンネリ型政治に人々は倦んでしまった。既存大政党に対する国民の「制裁」の背景には、国民の政治離れがあった。それは第一回投票の棄権率が二八・二％というこれまでで最高を記録したことに示されていた。ジョスパンとシラクの「出来レース」は九七年の総選挙で左派が意外な勝利を収めた時から五年も続いた。しかも、その間両者の関係は折りにつけ緊張し、大統領と首相のいがみ合いが続いた。このコアビタシオン（保革共存）はフランス国民にとって見苦しく、惨めなものとみえたのだった。

何よりも左右大政党がいずれもスキャンダルまみれになっていたことであった。シラクとその側近が機密費を私的に費消したり、RPRの不正資金入手の容疑などの事件が次々と発覚した。シラクがフジ・サンケイグループから多額の支援を受けていたこと、東京スター銀行の口座に秘密資金を預金していたこと、四一回に上る日本旅行の理由（女性問題）、日本人私生児問題などジョスパン政府によるシラクのスキャンダル探しは大統領選挙が近づくにつれてエスカレートした（拙著 二〇〇二）。他方、社会党の側もジョスパンの

トロツキストとしての経歴、ミッテラン時代のデュマ元外相による台湾へのフリゲート艦売却の際の汚職疑惑（エルフ事件）などのスキャンダルが暴かれた。そうした政治そのものの退潮傾向の中でジョスパンとシラクの政策論争は新味に欠け、しかもその違いは不鮮明だった。有権者の既成政党離れはある意味で当然だった。小政党を含む多くの候補者が「変化」を公約に掲げたのはそうした権威的なマンネリズムに対する抵抗であった。それは、この大統領選挙で一六人もの立候補が擁立されたことにも明らかだった。マンネリズムへの批判をまともに受けたのは社会党だった。ジョスパン政権の成績は悪くなかった。例えば、政権発足当時の失業率一二・六％は、二〇〇一年には一時的に九％を切るところまで減少した。経済成績は良く、男女平等法などの進歩的政策もあった。

しかし、選挙戦そのものはジョスパンとシラクの支持率が終始伯仲した展開となっていた。伯仲した選挙運動期間の後半戦で「治安対策」を争点の中心に持ってきたのはシラクだった。これに対して、ジョスパンは現職首相でありながら、「私は（そのことには）余り慣れていない」と語り、逆に自陣営からも無責任という批判を浴びた。

したがって社会党内部では士気が今一つ盛り上がらなかった。それはジョスパン自身の人好きしない硬いイメージによるところが大きかった。大統領選挙二カ月前の三月、ジョスパン候補がラ・レユニオン島を訪れた際に、機中で番記者の前でシラクのことを「疲れた老いぼれ」と口汚くののしったことはジョスパンの品格をはなはだしく落としめた。ジョスパンは攻撃にのめりこみ、墓穴を掘った形になった。その意味では、シラク側の「狡知」が勝ったことになる。シラクの老獪という一言に尽きた。ジュスパンの選挙戦術は失敗だった。

そうした中で、一連の大都市郊外の青少年暴力事件に加えて、三月末にナンテール市会で精神異常者が乱射事件を起こし、一旦逮捕された後警察の取調室から飛び降り自殺したことは当局の治安対策の手ぬるさとして格好の政府攻撃の材料とされた。ルペンは治安強化をそれまで以上に力説してジョスパン政府を批判した。そしてルペン自身が強調したのもやはり「変化」だった（拙著二〇〇二）。

加えて、戦略的な誤算もあった。ジョスパンは年初の段階での自分の優位を過信した向きがあった。それはこの年の同時期に予定された国民議会選挙（三月）と大統領選挙（五月）を予定通り実施するか否かをめぐる論争にも影を落としていた。ジョスパンは二つの選挙日程を入れ替えて大統領選挙に勝利し、その勢いで総選挙に臨むため選挙法の改正を提案した。これは大統領に解散権があるため総選挙で勝利した政党とは異なる大統領が誕生した場合、解散権を持つ大統領が野党多数派の議会を短期間のうちに再度解散して総選挙に打って出た場合には政治的混乱がおこる懸念があったからでもあった。他方シラク大統領はジョスパンには反対で、予定通りの選挙日程を主張した。とりわけ大統領選挙前年に行われた市町村選挙が保守派の攻勢を明らかにしたことから、総選挙での勝利によって一気に大統領再任を決めたいというのがシラクの本音であった。結果的にはジョスパンの主張が通ったが、それにもかかわらず、勝てなかったことはその敗北の痛手を増幅させた。

「社会変化」の演出に成功か――「経済政策は右、社会政策は左、民族的にはフランス人」

連日パリをはじめとしてフランス全土で反ルペンのデモが巻き起こった。それは、共和制と民主主義の擁護のための市民の戦いとなった。

パリ政治学院の著名な政治学者で極右研究の先駆者であるパスカル・ペリノー教授によると、「たしかに国民戦線は常態化し、確固として根付き、ダイナミズムを発揮している」(Perrineau, 拙著 二〇〇二)。憂うべきは、まさしくそのことであろう。つまりフランス国民の多くが極右を支持しているわけではなかった。しかしFNの主張は徐々に、着実に国民の間に根を張っていた。この当時実際には、ルペン自身を含めてこの大統領選挙でルペンが大統領になれると考えた人はほとんどいなかったであろう。またルペンを支持した人々の中には、排外主義者ではないが、変化への強い力をルペンに期待した人々もかなりいた。

三四歳のある電気工は第一回投票ではルペンに投票した。「不満の一票だよ。治安の不安定が原因さ」と筆者に語った。五八歳のその父親は「普通は左派に入れるんだが。彼らはつまらないことをやりすぎたよ。治安悪化に何の手も打たなかったんだからね。……私だってルペンの考えになんでも賛成というわけではないよ。とくに、ヨーロッパ統合から離脱して、元の通貨フランに戻るなんてことはありえないよ」と述べた。彼は第二回投票では白票を投じた。

国民戦線支持者の中で投票動機として最も大きいのが、「治安の不安定」(七四%)、フランス人全体では五八%なので危機意識は明白である。それに続いて、移民六〇%、失業三一%となっている。そして、支持者はルペンがその不安に答えてくれ、変化を可能にしてくれると期待した(約五〇%)。怖いのはそこである。ナチスは社会主義的理想主義の殻を被っていた。ルペンも、自分が「経済的には右であり、社会的には左であり、民族的にはフランス人だ」と強調した。それは「第三の道」を標榜する極端なナショナリストという本質を間接的表現に置き換えたに過ぎない。社会格差を厳然として保ちつつ安定するフランスにおいて、既成政党間での政策論争が萎みマンネリ化して、政治的関心が薄れた中で明快な「社会変化」の演出にルペンは成功した（拙著二〇〇二）。

ルペンは、結党以来雌伏の三十年間を経て初めて第二回投票に進出することが決まった。しかし第一回投票直後、「反ルペン」色は厳しくなり、決戦投票では二五％を獲得して「勝利する」と豪語したルペンだったが、結果はそれにも遠く、ルペンが存在感を示し、名目を施したという意味での「勝利宣言」すらすることはできなかった。

ジョスパン支持票の予想外の低調はあったが、ＦＮの進出が怖いのはそれが広範な不満層を吸収していった結果であり、これはそれまでと同じだった。ルペンの支持基盤は前回一九九五年の大統領選と同じく、地中海南部地域・東部地域・北部地域であった。これらは移民や失業による大都市郊外の暴力や治安の悪い地域である。加えて、支持者は各年齢層に万遍なく広がり、失業者・労働者・農民など本来なら社会党や共産党の支持基盤にもしっかり根付いている。

ＦＮは治安悪化＝移民を扱う単なる排外主義の単一争点政党とは簡単に言えなくなってきた。しかし大統領選挙後の解散総選挙への準備はＦＮにはなかった。六月の第一回投票でジャン・マリ・ルペンはマルセイユ第八区で落選、ヴァル地区でヤン・ピア一人が選出された。完敗だった。

写真４　マリーヌ・ルペン

サルコジの狡知とFNの低迷

一九九九年から二〇一〇年までの間、二〇〇二年の大統領選挙（ルペンの第二回投票への進出、前出）と〇四年の地域議会選挙以外、FNは低迷を続けた。とくにメグレ派の衰退は顕著だった。二〇〇二年の大統領選挙に立候補したが、二・三四％の票を得ただけで惨敗、その直後の国民議会選挙では五七七の小選挙区のうち五七一選挙区で党公認候補を擁立したが、当選者は出せなかった。この国民議会選挙でもFNは分裂選挙となり、ルペンの勢力は一一・三％、メグレ派MNRは一・一％で惨敗だった。そして〇六年末にはメグレらは翌年の大統領選挙に備えてルペン派に合流した。もともとメグレ派は政権奪取を求めて糾合された集団であったので、政権の可能性がないとわかった時から、離党者が続出した（Darmon et Rosso 1999）。

二〇〇二年に思いがけず、決選投票にルペンが残り、支持者たちは「ルペン、大統領」の気概に興奮した。二〇〇七年には今度こそという意気込みが一部の支持者を鼓舞した。しかしFN支持者の勢いは空回りに終わった。疑似的な危機感が高揚する中での煽情的な雰囲気を糧とする、文字通りポピュリズム（大衆迎合）の弱点がそこにあった。熱しやすく冷めやすい。不安定な庶民感情に支えられた極右政党にしばしばみられる現象だ。

とくに二〇〇七年に誕生したサルコジ大統領（RPR保守派出身、二〇〇二年一一月、RPR、自由民主党、仏民主連合（UDF）の合同による人民運動連合（UMP））は、選挙期間中より、ルペンに勝るとも劣らない治安強化策を標榜し、極右内部の潜在的な保守支持層の切り崩しにかかった。その結果ＵＭＰは極右の一部を吸収することに成功し、その一方でＦＮはその後惨憺たる状況に追い込まれるに至った。ＦＮは結党間もなくのころから八〇年代前半までに経験した厳しい雌伏の時代を再び繰り返すことになる。ポピュリズム政党である限り、時代の流れに機会主義的に対応するわけだから、時代の大きな波の狭間で浮沈を繰り返すことは不可避だ。

しかし二一世紀に入ってから三女マリーヌ・ルペンを中心とした党の一層の「近代化」と再建が進む。二〇一〇年春以後はカトリック政党であるにもかかわらず、「政教分離・世俗分離（ライシテ）」を提唱した（このスローガン自体は一九九五年ごろからあった）。後述するように、これは画期的な路線変更を意味し、二〇一〇年三月の地域圏（州）議会選挙ではサルコジの政策に失望した不満票を結集させることにＦＮは成功した。このころから風向きが次第に変わり始めるのだが三度訪れたＦＮの苦節の時代を改めてその後の復活のための雌伏の時代として考えてみよう（Igounet 2016）。

二〇〇四年の地域圏（州）議会選挙

二〇〇四年の三月の地域圏（州）議会選挙では、シラク率いる与党人民運動連合（ＵＭＰ）はわずかに一選挙区を死守しただけの大敗を喫した。フランス本国二二の地域圏（州）の内、二一の地域で社会党を中心とする左派勢力が第一党となり、〇二年に第二回投票にも進めなかった大統領選挙での雪辱を果たした。その一方でＦＮは一四・七％を獲得した。得票率一五・三％、一二七五議席を獲得した前回九八年の地域圏（州）選挙には及ばなかったが、第二回投票では一七地域圏で与野党左右両派のリストと三つ巴の激しい選挙戦を演じた。結果的には、FNはどの地域圏議会でも多数派になれず、マリーヌ・ルペンがパリ地方のイル・ド・フランス地域圏で九八年よりも四％増票し、一二・二六％を獲得したのが唯一の収穫だった（拙著二〇〇四）。

地域圏（州）議会選挙は少し複雑な選挙制度になっているが、それはFNの勢力拡大に関係している。この選挙ではそれぞれの選挙区において第一回投票で過半数の票を取得した政党が地域圏議会議長の席を得るが、そうでない場合には第二回投票となる。第二回投票に進むには第一回投票で一〇％以上の支持率を獲得しなければならない。五％未満の得票率しか得られなかったリストは泡沫候補として議席を得られない。そして第一回投票の後に各候補者名簿の間で調整が行われ、第二回投票では最も多い票を得た名簿の政党が地域圏議会議席の二五％を自動的に獲得する。その後の残りの議席が比例配分によって分配される。

実はこの改正は、二〇〇二年の大統領選挙で極右国民戦線が第二回投票に進出したことから、極右進出を抑えるため政府与党が提案した措置だった（〇三年四月成立）。実際に、〇四年の地域圏選挙では極右は全体の得票率を〇・六％減らしただけなのに、議席数は前回の二七五議席から一五六議席にまで減った。実質的には小選挙区制でよくみられる多数決制と考えて良いという見方が強い。

この時点でFNはまだ父ジャン・マリ・ルペンから世代交代してはいなかった。そして党内部では相変わらず内紛の火種は尽きなかった。全国局（Bureau national）では反ジャン・マリ・ルペン派のマリ・フランス・スティルボワ（スティルボワ夫人）らがルペンに反発していた。このときルペン支持派で矢面に立ったのが、後にマリーヌの同棲パートナーとなるルイ・マリオだった。

サルコジに封じ込められたFN——二〇〇七年大統領選挙の大敗

しかし二〇〇七年四月の大統領選挙（第一回投票）ではFNは大敗を喫した。第一回投票では一〇・四四％の得票率で、前回から六・四％も後退、六月の総選挙ではついに四・三％で一九八〇年代以来最低の得票率に落ち込んだ。前回から七％も支持率を減らした。その後の〇八年の市町村会選挙ではリスト作成もままならず、第一回投票〇・九三％、第二回〇・二八％で全国で六〇議席を獲得したにとどまり、一〇万人以上の市町村ではわずかに三市町村（ムルーズ、ペルピニオン、トゥーロン）で首長を得たにとどまった。同年の県会選挙でも退潮傾向に歯止めはかからなかった。第一回投票では四・八五％、四年前の同選挙の一二・一三％から大きく後退した。五％未満であったことはこの党にとって財政上の大きな痛手ともなった。法定選挙資金が得られないためだ。つまりFNの財政は逼迫せざるを得ないことになった。すでに述べたが、ルペンは選挙資金の借金棒引きを期待したが、それはかなわず、八〇〇万ユーロの借金を抱え、ついにサン・クルーの邸宅（パックボート）を売却するに至ったのである。このときもただ一人気を吐き、二回投票に進んだのはマリーヌ・ルペンだけだった。

FNは二〇〇七年大統領選挙以来、同年の総選挙、〇八年市町村会・県会選挙、〇九年の欧州議会選挙と、サルコジ大統領の極右票取り込み戦略に翻弄され、勢力を後退させていた。

こうした党勢の衰退期には分裂が不可避だ。党副代表ジャン・クロード・マルティネは〇九年六月の欧州議会選挙に際して、「南西部」の選挙区で独自の候補者名簿を立てて、ルペンに反旗を翻した。FN事務局長を務め、ルペンに信頼の厚かったカール・ラング欧州議員も「北西部」で独自の選挙名簿を掲げ、欧州選挙に備えて新党「フランスの党」を結成して戦った。彼らに加えて党の重鎮クラスが続々と離党し、一九七四年、九八年に引き継いで「第三の分裂」と呼ばれた。

この間のFNの後退はシラク時代の内相と大統領就任以後サルコジのFN封じ込め路線の結果であった。サルコジは自身ハンガリー人の父とユダヤ系ギリシャ人の医者の娘を母とする移民第二世代だった。幸いサルコジ自身は母方の豊かな家庭で育ったので、貧しい生活を経験したこともなく、パリ西郊の高級住宅街ヌイイ市で育ったが、サルコジ自身の外国人・移民政策は厳しいことで知られる。後述するように（第VI章）二〇〇五年一〇－一一月「パリ燃ゆ」と騒がれて物情騒然たる事態に至った移民第二・第三世代の暴動に際して、当時内相を務めていたサルコジは移民に対する罵詈雑言で顰蹙を買ったが、治安重視の立場からのその強硬な移民取り締まり政策は国民の支持を得ていた。〇七年大統領選挙でもこの点が争点となっていたが、大統領就任後「移民・アイデンティティ省」を設立、さらに「ブルカ禁止法」を成立させた（拙著二〇〇六）。

保守派と極右FNの支持母体はいずれもフランスの伝統擁護者やカトリックだ。保守派RPR／UMPが移民取り締まり政策を強化すれば、FN支持層との票の食い合いになる。そうまでしてもサルコジは秩序維持を主張して移民に対する警戒心の強い保守票がFNに流れるのを防ごうとしたのである。サルコジはFN対抗策として移民・治安強化策に打って出た。そしてそれは成功した。この時期FNが支持票を減らした大きな理由はそこにあった。

二〇一〇年地域圏（州）議会選挙でのFNの復活――「貧しい者の味方」イメージ戦略の成功

その後政局が大きく変化し、FN復活の兆しが明白になったのは二〇一〇年地域圏（州）議会選挙であった。二〇〇八年リーマンショックに始まる世界的金融危機は保守・共和連合「人民運動連合」（UMP）のサルコジ政権の経済政策を圧迫した。米国流のネオ・リベラリズムをこれまでのどの政権よりも推し進めることが期待されたサルコジ政権だった。しかし実際には自動車部門をはじめとしてフランスの「ナショナル・チャンピオン」を死守するために大規模な財政投融資をしたのはサルコジの時代だった。不運なことにサルコジは、不本意な経済政策を押し進めざるをえなかった上に、移民強化政策でも国民の不評を買う立場を強いられたのであった。

二〇一〇年地域圏（州）議会選挙はその前の二〇〇四年の選挙に引き続いて、左翼の地すべり的勝利だった。左派連合は第二回投票で五四・一％の支持率を獲得、保守は三五・四％の支持率にとどまった。この選挙結果は有権者が大統領与党に対して、まさしくオブリ社会党第一書記が述べたように、「制裁」を下したことを意味した。社会不満は高まっており、「政治的危機」（『ルモンド』紙三月二三日）と言えるほどだった。

第一に、政権与党UMPを中心とする保守・右派（極右FNは除く）への支持票は二七％（第一回投票）にとどまった。第五共和制史上、保守派にとって最低の得票率であった。敗北は予想されたことであったが、予想以上の大敗であった。

その一方で、この保守派の大敗はFNの復活を可能にした。ジャン・マリ・ルペン党首の引退が噂された中で、FNは前回よりは少なかったが、一二の地域圏（州）で第二回投票（当時本土全部で選挙区は二二地域圏）、（前回は一七の地域圏でFNは第二回投票にコマを進めた）に進んだ。FNは一一・四二％の支持率を獲得し、存在感を示すことができた。〇四年の前回選挙の一四・七％からは後退していたが、経済不況と社会不安を梃子に息を吹き返す形となった。サルコジの政策に失望した不満票を結集させることに成功したのである。とくに元社会党重鎮のひとりでサルコジの開放政策（左派陣営取り込み政策）で移民・国民アイデンティティ相に就任したベソンが、移民のアイデンティティをめぐる論争に火をつけたことが裏目と出て、潜在的な極右支持者の反発を買った。彼らは現政権に対して文字通り「制裁」票を投じたのであった。

マリーヌFN副代表も北部のノール・パ・ドカレで票を伸ばし、二二％を超えた。彼女は第二回選挙後、「私たちは一二の地域圏で引き続いて議席を持ちます。それは二〇〇七年大統領選挙と総選挙後にとった私の戦略が正しかったことの証明です」と党代表継承を意識した発言を行った。父ジャン・マリ・ルペンもプロヴァンス・アルプ・コート・ダジュールで二二・九％を獲得、ロレーヌ（一八・四％）、ピカルディー（一九・三％）、ラングドック・ルション（一九・四％）でも躍進した。

第二に、棄権率は第一回投票で五三・六％を記録、地域圏（州）議会選挙では前回〇四年の三九％を上回って最高記録となった。第二回投票でも棄権率は四八・九％に達し、有権者のほぼ半数が棄権した。棄権が多い層は、青年層、女性、事務員、労働者層で、〇七年大統領選挙でサルコジに投票した約六割の人々が棄権したという調査結果が出ていた。棄権が多くなると、浮動票に恃むところの多い大政党は支持率を減らし、組織票を固めている政党が有利になる。このころのFNはまだまだ不安定な小政党の性格が強く、棄権率の高さも幸いした（拙著二〇一〇）。

第三に、FNは貧しい、再開発に取り残された北部の寂れた炭鉱町エナン・ボーモンのような市町村で支持率を高めていった。社会党の地盤であるはずのこの町でマリーヌたちは、町の窮乏は本来働く者の味方であるはずの社会党が腐敗し、低迷した結果であると訴えたのである。彼らは党員オルグの活動を高校から始めた。どぶ板選挙運動、文字通り「草の根活動」が復活の原点だった。極右政党には社会の不満分子が集う傾向が強い。したがってその支持者には低所得者が多く、金持ち＝資本家に対して強い反発感を持つ。自分たちは社会主義者以上に貧しい者の立場にあると考える者も多い。マリーヌ・ルペンは、党の新しい方針を「国家人民主義」という言葉で表現し、社会保障とくに雇用問題の解決を強調した。年金給付期間の短縮を阻止し得なかった社会党や労組に対する不満を吸い上げようという意図もあった。「貧しい者の味方」というイメージ戦略だった。

社会福祉排外主義──ルペンに投票する「左翼」支持者

筆者は四十年間、大統領選挙をはじめとするフランスの国政選挙を現地で視察してきたが、ルペン支持者の集会は一九九〇年代以降かつての疑似的危機感を煽った緊張みなぎる雰囲気から、次第に和やかな雰囲気へと変化していった。そのころから明らかにアラブ系と見てわかる支持者も混じるようになり、二〇〇〇年代にはそうした「普通の政党」としての集会が次第に定着化してきた。二〇一一年以後マリーヌ党首の時代になると、冒頭から共和主義や民主主義を連呼する。自由と平等・男女平等、働く者の権利などである。極右政党というイメージではない。パスカル・ペリノーが一昔前によく言っていたような「男性の政党」という趣はない。実際に男女のカップルは多いし、八〇年代ミッテランの社会党支持者集会に出席していた人たちに多かった質素な一般家庭人という風采の人々も多い。そして主権主義やナショナリズムを唱える時も、それは排外主義的なニュアンスをそぎ落とした「人間の顔をしたナショナリズム」である。確かにFNはそこだけ見ると、「共和主義へと旋回」したように見える（Eltchaninoff）。

社会格差を象徴するグローバリズムへの反対、スローガンとしての「ルペン、人民」「人民の声」、そして二〇一二年の大統領選挙で多用された「優しいフランス」などに象徴的だった（Igounet 2016）。社会保障重視の政策は、寒村や産業化に取り残された地域へ地盤を拡大した（拙著二〇一二、Duhamel）。

その後のＦＮの躍進は目覚ましかった。二〇一二年の大統領選挙第一回投票でこれまで同党候補者としては最高の一七・九％の支持率を得た後、一四年三月の市町村会選挙では全国一一市町村会で議長を輩出した。同年五月の欧州議会選挙では二五％の得票率を獲得し、マリーヌは単独政党として、「ＦＮは第一党になった」と豪語した。一五年一二月の地域圏（州）議会選挙でも第一回投票で二八％の支持率、一七年の大統領選挙では決戦投票に残り、一九年の欧州議会選挙では躍進はしなかったが、ほぼ現状維持の勢力を保った。そして二〇二二年の大統領選挙での決選投票への進出、直後の国民議会選挙での八九議席獲得、二四年六月の欧州議会選挙での躍進と翌月総選挙での一四三議席獲得と成長していきながら、マリーヌは単独政党候補としては二七年の大統領選挙の最有力候補に躍り出るまでになった。

国民戦線／国民連合（ＦＮ／ＲＮ）・欧州極右勢力の論理の概念図

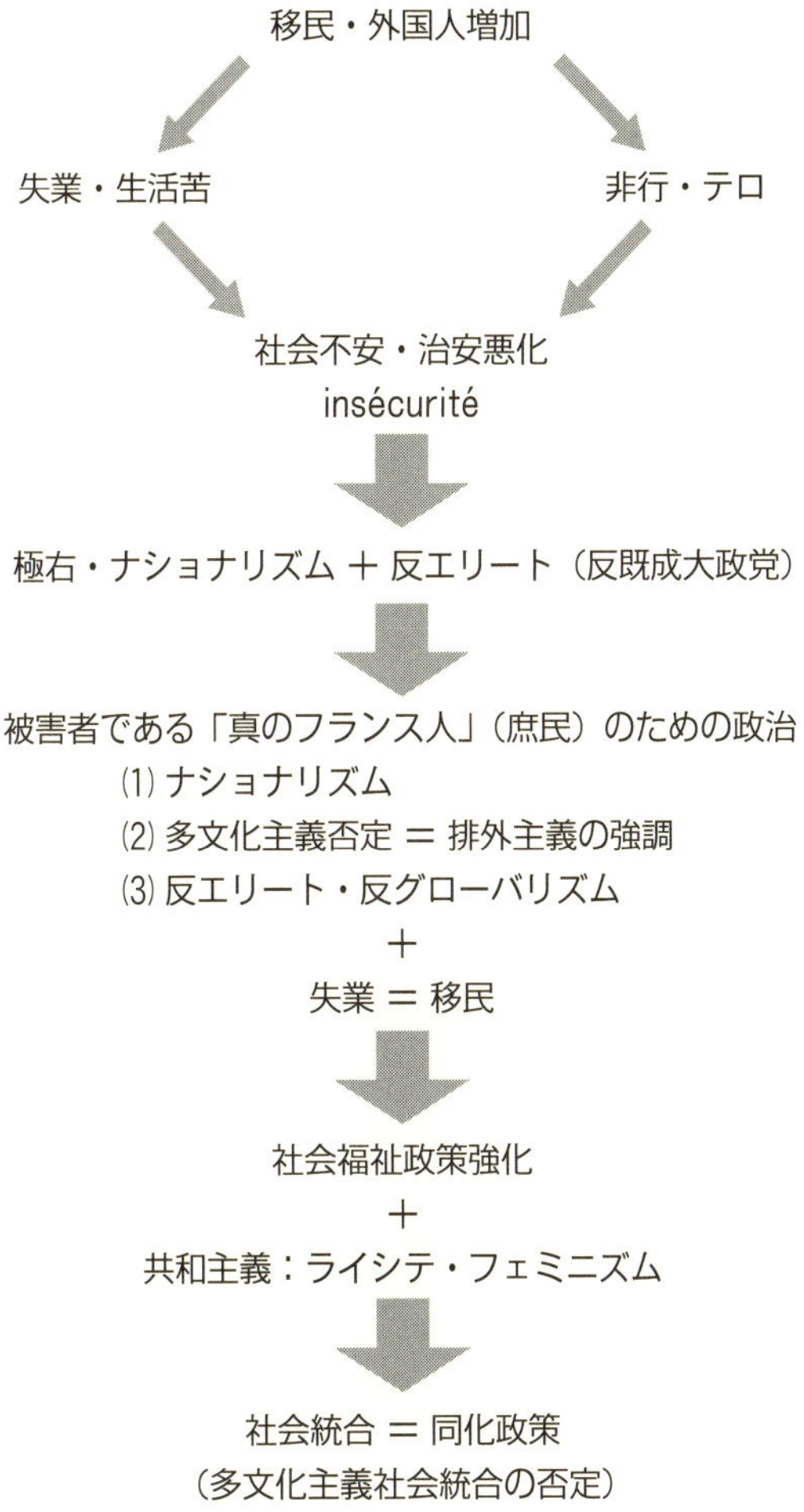

第Ⅵ章　「パリ燃ゆ」「シャルリー・エブド」――極右躍進の背景としての社会不安

一　移民の暴動とテロで揺れるフランス

「パリ燃ゆ」――フランス移民二世たちの暴動

フランスでは、二〇〇五年一〇月末以来、大都市郊外に住む移民の青年たちを中心とした暴動が相次ぎ、「パリ燃ゆ」と世界のマスメディアは騒ぎ立てた。パリの学生街の象徴であるソルボンヌ広場で夜間火の手が上がった。政府はすぐさま夜間外出禁止令を含む緊急事態法を発令して緊急事態に対応した。

筆者はこのとき国際会議出席のため偶然パリに滞在し、その現場に居合わせた。まさに治安部隊と移民の青年が激しく衝突したソルボンヌ広場脇のキュジャス通りのホテルに逗留していたからだ。広場の傍らでは乗用車が炎上し、炎と催涙弾の硝煙が渦巻く中、広場は封鎖されて立ち入ることができなくなった。夕食会合を終えてホテルに戻ろうとした筆者は風向きの影響でサンミッシェル大通りをセーヌ河畔の方から上ることができなかった。催涙弾の煙が目に入るからである。警官に誘導されて迂回してホテルに戻ったが、その時に筆者が眼前で見た衝撃的な場面はその直後そのまま映像として世界に配信されていた。

一連の暴動のきっかけは、一〇月二七日、パリ郊外セーヌ・サンドニのクリシー・ス・ボワで移民第二・第三世代の少年が警察に追われ、逃げ込んだ変電所で感電死したことだった。死亡したのはチュニジア系の一七歳とマリ系の一五歳の少年たちで、一緒に逃亡したトルコ系の二一歳の青年は重傷だった。その夜、数十人の若者たちが、同地区の消防署・警察署など公共の建物を襲撃し、多数の自動車を炎上させた。翌日になってこの動きは一気に拡大し、クリシー・ス・ボワ市とモンフェルメイユ市では四百人の青年が警官隊と衝突した。

シラク大統領自身の対応は慎重だったが、首相と内相の間にズレがあった。一〇月末、サルコジ内相は秩序回復最優先を掲げ、「寛容ゼロ」政策で臨むことを強調すると同時に、警察力の投入で鎮圧する方針を表明した。サルコジ内相は事件前に非行に走る第二・第三世代の移民の若者たちを「社会のクズ」と呼んだ。こうした内相の差別的発言が火に油を注いだ。他方で、当時サルコジと次期シラク派人民運動連合のリーダーを争っていたドビルパン首相は首相府に犠牲者の青年の家族を招待した。二〇〇三年春ブッシュ米国大統領がイラク攻撃を主導した時にフランスはその正統性を問い、即時攻撃に反対、国連安保理事会でフランスの「平和の使徒」としての立場を世界に向かって訴えたが、その時のヒーローが当時外相であったドビルパンだった。ベガグ機会均等促進化担当閣外相もサルコジ内相の差別的で攻撃的な発言を批判した。

暴動は周辺都市郊外から全国に拡大し、一一月五日と六日の夜には全国で連日千三百台から千四百台もの乗用車が放火され、三百人から四百人の逮捕者が出た。この間商店街や公共施設の破壊も相次いだ。幼稚園が破壊されたケースもあった。夜空に火の粉を上げて炎上する車や、放火され、荒らされた公共施設がテレビの映像を通して国民に伝えられた。暴動の無軌道さは、問題の本質とはかけ離れて秩序に対する国民の懸念を増幅させた。そして結果的には多くの国民の若者たちへの反発を招いた。

一一月八日ついに政府は、郊外での暴動の防止策として夜間外出禁止令の適用を県知事に認めるデクレ（時限法）を承認した。このデクレは、アルジェリア戦争の時期に緊急事態即応手段として一九五五年四月に成立した法律だった。同時に、ドビルパン首相は、①貧困地域の社会活動団体への財政支援増、②学業成績の悪い生徒に対する職業訓練開始年齢の引き下げ（一六歳から一四歳へ）、③成績優秀者への奨学金の三倍増、④国の差別防止機関（六月発足）に懲罰権限を与えるなどの方針を表明した。夜間外出禁止令の適用は功を奏し、その結果、事態は次第に沈静化していった。

暴動が一応終息した一七日に警察当局が発表した感電死事件以後の被害報告では、放火された乗用車台数は九〇七一台、逮捕者は二九二一人であった。そのうち三分の一以上が未成年者で、警察官と憲兵隊併せて一二六名が負傷した（拙著 二〇〇五、〇六）

「シャルリー・エブド」襲撃事件――フランスの九・一一と『西欧の没落』

移民をめぐってフランス社会は沸騰しかけていた。その延長上に勃発したのが二〇一五年一月に白昼パリのど真ん中で勃発した新聞社襲撃事件だった。

第一次世界大戦の終了後、ヨーロッパでベストセラーになった一冊の本があった。シュペングラーの『西欧の没落』である。「近代」はいち早く産業革命と市民革命を果たした西欧の価値観が支配する世界である。しかし未曾有の世界大戦の末、西欧は疲弊し、それに変わって台頭してきたのが、米国と日本であった。西欧の「没落」に直面し、現実を直視し、新たな西欧の活力を促したのがこの著作であった。そしてそれから一世紀が経ち、今また西欧は新たな時代の挑戦を眼前にすることになった。ヨーロッパ文化絶対主義の揺らぎである。ハンチントンの本の題名でいえば、文字通り「文明の衝突」であった。

二〇一五年一月、パリで起こった連続テロ事件は世界を驚愕させた。一月七日アルジェリア系移民のクアシ兄弟は、フランスの政治風刺週刊新聞『シャルリー・エブド』のパリ本社を襲い、一二人を殺害して逃走。パリ北東マルタンアンゴエルの印刷所に人質をとって立てこもったが、九日夕、仏特殊部隊の攻撃で射殺された。一方で、同じ日パリ・ポルト・ド・ヴァンセンヌのスーパーマーケットで人質をとって立てこもっていたアメディ・クリバリも同時刻に特殊部隊によって射殺され、人質は解放された。

二つの同時テロ事件は一七人の犠牲者を出して一応終結したが、この銃撃テロがフランスを大きく傷つけ、動揺を与えたことは否めなかった。この事件は「フランスの九・一一」として世界がその犠牲者に追悼の意を表した。そして同月一一日午後オランド大統領の呼びかけで、各国の国家元首など約五十カ国の首脳がパリに集まってデモ行進し、テロとの戦いへの不倶戴天の決意、そのための連帯意識と表現の自由を改めて確認した。

しかしフランス全国で一月一一日だけで動員数が三七〇万人に達したといわれる派手な抗議活動の一方で、フランス人は比較的冷静であった。事前に極右国民戦線（ＦＮ）のルペン代表は大統領府に呼び出され、バリのデモには参加しないことを了解した。排外主義の行動が治安に影響を与えることを懸念してのことであった。ルペンもこれを受け入れた。つまりフランス人はこの事件を契機に事態が極端な方向に振れることを決して望んでいるわけではなかった。

事件直後の一月九日のＩＦＯＰ（世論調査機関）の調査結果によると、「ジハーディストに対する脅威を持った」人の数は九五％で、その前年五月にブリュッセルのユダヤ博物館でフランス移民が殺害された事件（後述）直後の七六％を上回った。しかも「フランスのイラクへの軍事介入」を支持する人は六九％を示し、同時期の六四％を上回った。その一方で、「イスラム教徒は平和的に暮らしを営んでいる」とする人は六六％、「一般のイスラム教徒と急進派を混同してはいけない」とする人の数は左派支持者では八二―八三％、保守派支持者では六三％であった。ＦＮ支持者だけが「イスラムは脅威」とする見方が六六％を示していた。

この事件はあくまでもテロである。そしてテロはまず治安の問題である。しかしフランスでは今日、テロはもはやそこにとどまらず、社会統合の綻びと深く結び付いている。そこに問題の根の深さがある（拙著二〇一五、一六）。

未曾有の連続無差別テロ事件

こうした中、シャルリー・エブド事件の記憶の消えやらぬ同年秋、これもパリを舞台に今度は無差別テロ事件が起こった。この事件は「ホーム・グローン・テロリスト」（地元出身テロリスト）の存在を一層フランス社会に印象付けた。しかも貧困の中で非行に走り、社会のはみ出し者扱いを受けた移民第二世代の青年たちの末路が破滅的なテロ行為だったという事実は、フランス国民に重苦しさを感じさせた。それはこれら不幸な青年たちの個人の責任として捨て置かれるべきものではなかった。フランス社会全体の責任ではないのか。多文化共生の中の社会統合の挫折であることは確かだ。

パリで一一月一三日に発生した同時多発テロ事件は大きな犠牲と衝撃をフランスと世界に与えた。パリ郊外のサッカースタジアム付近のバー、パリ市内のバタクラン劇場、市街地のレストランなどを三グループがほぼ同時に襲撃、一二九人に上る死者と三〇〇人の負傷者をともなう大惨事だった。一月に風刺新聞『シャルリー・エブド』の社屋が襲撃されて一年も経たないうちのテロであった。

この一連のテロが、これまでにない規模と組織性を持っていたことは犯人逮捕劇がすぐにブリュッセル郊外のモレンビークにまでおよんだことに明らかであった。それはアルカイダのような本格的な国際テロ組織による大掛かりなものではなかったが、シャルリー・エブド事件よりもずっと「組織的なネットワークテロ」だった。一一月のテロは、一月のテロが俗に言う「ローン・ウルフ」型であったのとは異なっていた。そして、厳戒態勢のなかテロ続発の可能性に対する市民の不安は払拭できない。しかもフランス国籍の犯人が五人もいた。フランス国民の動揺は大きい。事件直後の世論調査(『フィガロ』紙一一月一八日付)では、「テロに脅威を持つ」人の割合は九八%だった。

またその年二度目のテロの直接的原因は九月下旬に始まるフランスのシリア空爆にあった。一月のテロが、ムハンマドの風刺画をめぐる抗議だったので、その狙いは大きく異なっている。

テロから数日経った同月一七日オランド大統領は両院議員総会で「フランスは戦争状態にある」と断言し、「フランスは自由の国であり、……人権の祖国である」ことを強く主張し、テロに対して「国民的団結」と連帯を強調した。物理的にテロを防ぐことに限界があるとすれば、フランスの近代市民社会の理念の下に「心をひとつにする」ことでしか、テロには対抗できない。それは、人権とデモクラシーに支えられた「理念の共和国」であるフランスのアイデンティティそのものである。しかしテロの実行犯にとっては、このフランス的理想はいかにも空疎なまじないにしかすぎない(拙著二〇一五、二〇一六)。

二　「排除された」移民二世たち――「ホーム・グローン・テロリスト」の誕生

首謀者アバウドと従妹ハスナの物語――ヨーロッパで初めての女性自爆テロリストの正体

しかし犯人の人物像が次第に明らかになるにつれて、そこには二つのテロの共通性が浮かび上がってきた。それは貧困であり、その中で社会適合できない移民第二世代の弱い青年たちの悲しい末路であった。彼らは自分の住んでいるヨーロッパ先進社会に溶け込めず、貧しく劣悪な生活環境から抜け出せないまま、社会から疎外され、非行に走り、やがてイスラム原理主義の「悪魔の誘い」になびいていった。

二〇一五年一一月のテロの首謀者アバウドは反抗的な生徒で、やがて不良グループと一緒に窃盗などの犯罪に手を染め、強盗事件で収監された時に過激思想に染まった。一四年にシリアに向かい、その後もフランスとベルギーの間を自由に行き来していた。アバウドとともに死んだ従妹ハスナは犯罪歴や中東への渡航歴はなかったが、子供のころから不幸な家庭に育ち、酒と麻薬の常習犯となり、ホームレスの生活をするうちに、過激派の思想に染まった。ハスナ・アイト・ブーラセンは「ジハード（聖戦）」の歴史に名前を残すことになった。

一三日に起こったパリ同時多発テロの捜索は、多方面にわたった。ブリュッセル郊外モレンビーク市は一連のテロリストが生まれ育ち、立ち寄った、いわばテロの温床地として知られるが、そこにも犯人の一人が逃げ込んだという情報によって大掛かりの強制捜査が行われた。そして、同月一八日のパリ郊外サンドニ市でのテロ犯人捜索作戦では、ついにこのテロ事件の主犯とみられ、治安当局が躍起となって探していたアバウドが殺害された。このとき銃撃戦と自爆で二人が死亡、八人が身柄を拘束された。自爆したのは女性だった。女性の自爆テロはヨーロッパで初めてだった。

この当時、英国キングズカレッジの「国際（イスラム教徒）急進化研究センター」によると、シリアとイラクにいる「イスラム国」のヨーロッパ人の一〇％が若い女性だった。その中でフランス女性は最も多く、六三人に上り、次に英国人女性が五〇人という数字が出されている。女性は主に兵站を担当するのが通例だが、宗教心と情緒に訴える手段でリクルートされ、強制的な結婚と暴力行為を受けているといわれた（拙著二〇一五）。

この女性、ハスナは一九八九年生まれの当時二六歳で、アバウドの従妹だった。そして彼女の短い生涯を振り返ると、社会統合の枠から逸脱し、持って行き場のない不安定な感情をテロという行為で爆発させた、移民第二世代の悲劇を眼のあたりにするようでやるせない気持ちにさせられる。パリ北郊外のもともと労働者や下層民が多い、クリシー・スー・ボワ市でハスナは生まれた。そこは本章の冒頭で述べた二〇〇五年一一月、移民の青年たちが暴動を起こした「パリ燃ゆ」の舞台だった。

ハスナは日々の享楽にのめりこむ「はすっぱ娘」であった。両親が早くに別れ、両親と彼女を引き取った家庭のもとを行き来する不安定な子供時代を送った。一五歳の時に、その育ての親元から家出した。ハスナが時折訪れた父親は、フランスで最後に閉山した寂れた炭坑の街、モーゼル県のクルーツウォルト市で1DKのアパートを求め、事件当時そこに住んでいた。実父が娘の死を確認したのも、このアパートで銃撃戦の様子を録画したビデオで娘の声を聴いてのことだった。

二〇〇五年に、ハスナがこの父親のアパートを訪れた時、彼女は十人ほどの男たちのグループに女ひとりで混じっていた。父親の出身がモロッコであったので、当時「モロッコ」と呼ばれ、ブーツを履き黒革の帽子をかぶっていたことから「カウガール」という綽名も付けられていた。

ストラスブールの学校に通っていた時期もあったが、二〇一一年夏頃にはウォトカを飲み、ハシシに手を出して、国境を越えたドイツ側のナイトクラブに出入りしていた。この当時フランス軍に入隊したがっていたともいう。彼女はそのころパリ地方に戻ってきたとみられており、母親の家のあるパリ近郊オルネ・ス・ボワ市にも出没するようになった。麻薬転売人らと一緒にいたり、女友達の部屋に泊まり歩く日々を送っていた。事件二年ほど前には友人の伝手でクリシー・ス・ボワの小さな建設会社の住み込みの管理人の職を得たこともあったが、この会社は半年後に倒産した。

筆者は事件後しばらくして閉鎖される前のハスナのフェースブックを見る機会があった。そこにはラップの歌手になりたいと書きこんだり、沢山の写真を貼り付けて自己アピールをした書き込みがあった。ファッションショー並みの一連の写真、なかには泡立つ浴槽の中でポーズをとった写真やヘンナの染料を使って染めた手と体にタトゥーをしてソファーで丸くなった姿や、体にフィットしたティーシャツを着用したポーズの写真もあった。

それが事件の六カ月ほど前になって急変した。突然、不機嫌そうな表情で、濃い墨で目の淵をえどり、目だけ出した頭から足の先まで全身ヴェールに身を包んだ黒装束で現れたのである。そして八月三日のサイトには、その年一月シャルリー・エブド襲撃テロの日に、パリ郊外のスーパーで人質を取って立てこもった犯人アメディ・クリバリの連れの女、アヤト・ブーメディエンのポートレートが貼り付けられた。ハスナは「間もなくシリアに行きます。インシャラー。まもなくトルコに行きます」と書き込んでいた。その少し前、彼女は恋に苦しんでいたことを周囲は知っていた。ニュース・ラジオRTLで彼女の兄は、「彼女は自分でお守りの首飾りをつくった」と語ったが、彼女がコーランを開いたところは見たことがなかったと述べている。アラビア語で「ボンジュール（こんにちは）」という挨拶の言葉すら知らなかった。それだけに周囲の者もハスナの豹変ぶりは「一時の心変わり」だと思っていた。

ハスナの中の孤独の闇は深かった。自分の住んでいる国の文化に溶け込めない一人の少女は、自分なりの価値観で身を守ろうとするが、それはいつも揺れ動いた。人間形成に必要な確固とした生活基盤と心の安定はついに見いだせなかった。

表向きは穏やかなテロリストたちは、「聖戦」の戦士にはとても見えないし、テロリストにも見えないとハスナは言う。しかし彼らの心のなかで、小さな声がささやく。「シリアへの旅行が罪悪であるとするならば、それは自分を裏切ることだ。ヴェールを着けた娘はお祭り騒ぎの娘たちよりも、いつだってましじゃないか」と。彼女が心の支えにしようとしたイスラム教は、そうして彼女をテロへと導いた。そこではテロは政治的思想・信条の表出としての暴力的手段ではなく、単に反社会的暴力でしかなかった。

実は、一一月テロの首謀犯アブデルハミド・アバウドに捜査の手が伸びたのは、このハスナへの一本の電話からであった。ハスナとアバウドは母親同士が姉妹であることから従妹関係にあった。アバウドはハスナよりも二歳年長だった。アバウドはテロ犯行の直後、落ち着く先のないまま街を彷徨っていたが、上着の着替えが必要だった。少なくとも背広が二着。次のテロのための準備でもあった。アバウドは一七日火曜日、午後九時三〇分、従妹に電話した。緊張の中で懸命に犯人の行方を追っていた治安当局は、そのとき彼らがどこにいるのか、つかんだのだ。ハスナの携帯電話番号は麻薬密売の容疑で張っていた治安当局が捕捉しており、アバウドからの通話は当局の盗聴の網にかかった。

それまで強制捜索されたアパートの監視中、捜査官はハスナが銃を手にしているところを見ることはなかったはずだ。「イスラム国」はそれまでに女性に自爆テロを実行させたことはなかった。そこはアルカイダと違うところだった。一連の犯行から、さしあたり、ハスナの与えられた役割がそれほど大きくなかったことを考えてみると、グループの能力は明らかだ。シャルリー・エブド事件よりも、規模は大きかったが、このテロリストグループは十分な後背地も支援体制のチームもなく、不完全な兵站しかなかった。「イスラム国」捜査陣営はそう判断した。古典的な組織的都市ゲリラには及びもつかなかった。しかし逆説的だが、それこそが治安当局の盲点となった（拙著二〇一五、二〇一六）。

社会統合の挫折

実は、フランスが爆弾テロの恐怖に包まれた時期が、一九八〇年代後半にもあった。当時筆者はパリで暮らしていた。平和な先進国であるフランスは同時に旧宗主国として中東・アフリカ諸国と依然として利害関係を持っている。六〇年代前半アルジェリア独立をめぐる混乱の中でテロの嵐が吹き荒れたことがあったが、このときはレバノン紛争を原因とするテロであった。八六年には二－三月だけで五件の爆破テロがパリ中心のショッピング街や仏新幹線で起こった。九月にはわずか一週間の間にパリの市庁舎内郵便局、シャンゼリゼ通り、パリ警察庁、百貨店など七件も爆弾テロがあり、パリはその時期騒然となった。パリ市民の間では、人が集まる場所に対する警戒感が強まっていた。筆者自身も学生街で遭難しかけた危うい経験をした。

当時保守派シラク政府のパスクワ内相は、「テロリストをテロル」と豪語し、治安対策を一層強化した。

街角には警官の数が増え、その服装も変わった。かつてフランスの風物のひとつであった、だぶだぶの上着を着て短いひさしのある山高帽のような帽子を被り、革靴をはいた優雅で粋なフランスの警官は、戦闘靴をはきシャツをズボンに押し込んだ機動的な戦闘スタイルに変わった。アメリカスタイルともてはやされた。この当時のテロはいずれも無差別テロであったが、政治の延長としての暴力行為であった（拙著 一九八六、一九九一）。

テロが社会問題との関連の中で注目を浴びたのは一九九五年、二五歳アルジェリア系移民のハレド・ケルカルという、「武装イスラムグループ（GIA）」の一人とみられたリヨンの青年が八百人の警察と機動隊に追跡される中で銃撃戦の末射殺された事件からだった。同年七月から九月にかけてパリ学生街や凱旋門広場、新幹線、市場、公衆トイレ、ユダヤ人中学校付近での乗用車など六件の連続テロの容疑者として、ケルカルは追われていた。しかし彼は結局一連のテロの容疑者に過ぎなかった。その葬式の翌日にパリで爆弾テロが新たに起こり、その後真犯人が逮捕されたからだ。容疑者に過ぎない青年が射殺されたこと、そしてこの青年がリヨン郊外で育ち、フランス社会へうまく適合できなかった移民の子供であったことから、事件は波紋を広げた。

事件の三年前に偶然ドイツ人の社会学者がこのケルカルをインタヴューした記録が残っていた。ケルカルは自分は中学生の時までは成績がよくて真面目だったと断った上で、高校生になった時のことを語っていた。

「僕は成功する能力があったと思う。でも自分の場所がなかったんだ。なぜなら僕は完全な統合は不可能だと思っていたから。自分の文化を忘れたり、豚を食べたり、そんなことはできない」（園部 二〇〇九）と、ケルカルはこの社会学者に心情を吐露していた。ケルカル事件では実際テロ行為そのものの実態は不明だった。しかし彼がテロリストとして疑われた背景には政治的理由よりも、移民第二世代の社会不満があった。社会統合の挫折の結果であった。

二〇〇一年九・一一事件の時にもテロ事件容疑者としてフランス人の青年が裁判にかけられたことは当時話題となった。さらに二〇一二年三月の大統領選挙前にはマグレブ系（北アフリカ）の軍人、海外県出身の兵士、ユダヤ教司祭とその娘たちが殺害されるという連続銃撃テロが起こり、犯人の二三歳の青年モハマド・メラは治安部隊との銃撃戦で死亡した。当初アルカイダの犯行声明が出たこともあって、この事件でもフランス全土が騒然となった。メラはアルジェリア出身の移民の両親を持ち、フランス南部の大都市トゥールーズのサーフィスト（イスラム原理主義者）が多い界隈の母子家庭で育ち、一見すると、丁寧な物言いと真面目そうな少年であったが、軽犯罪を繰り返して、拘置所生活の経験もあった。犯行前々年と前年にはアフガニスタンを旅行、外人部隊を志願したこともあり、当局から過激派分子として警戒リストに掲載されていた。

二〇一四年五月末にも、ブリュッセルのユダヤ博物館で、見学者のイスラエル人夫妻二人と博物館従業員の二人を銃撃殺害した犯人、ジハーディストのメディ・ネムーシュというフランス人青年が逮捕された事件があった。この犯人のネムーシュもこの十年間で七回以上も犯罪歴があり、二〇〇七年から五年間収監されていたが、獄中でイスラム過激派となり、二〇一二年末に出獄後シリアに出かけ、過激派グループと行動をともにしていた。当局は「国家安全保障に対する脅威」を意味するSのラベルにランク付けしていた。ネムーシュは当時の政府内若手閣僚ベルカセム女性問題担当相と同じ学校の生徒であった。同相は「目立たないおとなしい生徒でした」と語っている。一五年一月の『シャルリー・エブド』社襲撃事件の実行犯クアシ兄弟の兄のサイドはイエメンに渡航し、「アラビア半島のアルカイダ」で射撃・軍事訓練を受けていたといわれる。一連のテロリストたちは政治的理由というよりも貧困と社会不満から非行や反社会的行為に走ったフランス国民だった。移民第二世代・第三世代の青年たちは、自ら育った「祖国」でテロ行為に出たのだった。いわば「ホーム・グローン・テロリスト」たちだった(拙著二〇一六)。

「ホーム・グローン・テロリスト」の温床となった大都市郊外の街

一一月の連続テロの実行犯の一人、サラ・アブデスラムはブリュッセル郊外のモレンビーク市に逃げ帰った。彼が同じく今回のテロの実行犯である兄と暮らしたことのある場所だった。一八日にパリ郊外サンドニ市で治安部隊との銃撃戦で死亡した一連のテロの主犯アブデルハミド・アバウドもモレンビークで生まれ育った。人口一〇万人のこの街は九・一一テロ直前に反アルカイダ・親欧派の頭目マスードの殺害、二〇〇四年五月のマドリードでの地下鉄爆破テロ、一四年のブリュッセル・ユダヤ博物館の殺害事件の実行犯が住んでいたことで知られる。人口の八割がイスラム教徒であり、若者の失業率は五割にも達する貧しい街で、武器取引も容易な街で知られる。

他方サンドニ市ももともとは中世以来の由緒ある寺院で有名な歴史的な街であるが、同時にパリ郊外のイスラム教徒が多く住む街である。シャルル・ドゴール空港に向かうパリ北郊外は移民の多い、治安の悪い地域として知られている。

先に述べた「パリ燃ゆ」の発端となった事件の場所、ハスナが生まれたクリシー・スー・ボワ市は二万八千人の人口を抱えるパリから北へ一五キロのところにある。この市では人口の八〇％は集合住宅で生活する。中産階級以上の幹部クラスの住人はこの市を見捨て、住民の五〇％は二五歳以下の若年層、失業率は二五％に達すると当時いわれた。六〇年代以後に建てられ、低所得層や移民がかつて住み着いた低家賃高層住宅（ＨＬＭ）は、緊縮財政によって十分な助成が受けられず、維持が不十分なためＨＬＭ在住者は今世紀初めごろには三〇％に過ぎなくなった。瓦礫や荒廃した家屋の殺風景な眺めが市のいたるところに広がる。人口過密の住宅でひとつのアパートを共有して生活している人も多く、彼らの中には低家賃住宅に住むだけの収入もない人々も多い。

一連のテロ事件の犯人の人物像が次第に明らかになるにつれて、その共通性が浮かび上がってきた。それは貧困と社会不適合であった。彼らは自分の住んでいるヨーロッパ先進社会に適合できなかった。貧しく劣悪な生活環境の中で疎外され、非行に走り、やがてイスラム原理主義の餌食になっていった。定住し、家族化した移民は次第に第二・第三世代へと移っていってもフランス社会に溶け込むことができず、非行化し、貧困層の温床を形成することになる。彼らは社会統合の失敗の犠牲者である。宗教、多くはイスラム教的共同体の価値観を固持し、フランス社会を敵視するようになる。そして彼らの社会不満はテロ行為となって暴発する。「ホーム・グローン・テロリスト」である。大都市郊外の貧困地区がテロリストの温床となり、ブリュッセル郊外モレンビーク市やパリ郊外サンドニ市はその代表となった。

イスラム教徒に詳しい著名な仏研究者ヴィヴィオルカ教授は、「テロリズムは反社会的行為になってきた」と述べている。いまやテロは政治的信条を超えた「社会的行為」の一環として広がっている。だとすれば、テロは社会の病理の表出であり、ヨーロッパ社会全体が直面する根の深い社会問題になりつつあるといえよ

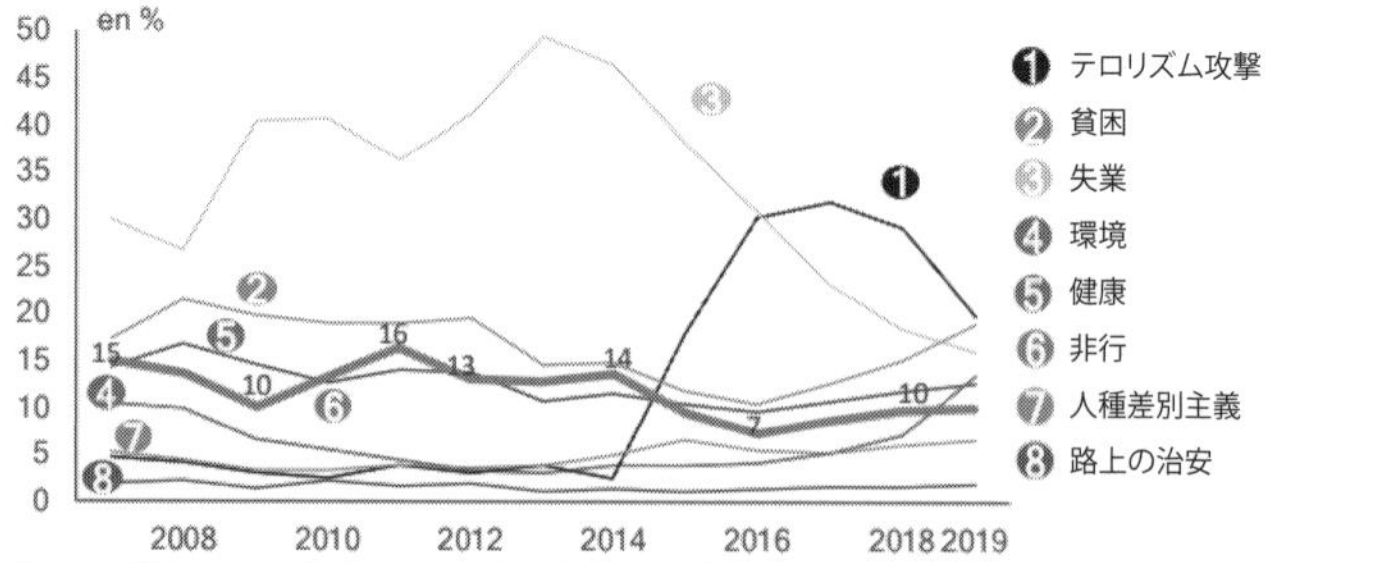

Champ • Personnes de 14 ans ou plus vivant en ménage ordinaire en France métropolitaine.
Sources • Enquêtes Cadre de vie et sécurité 2007 - 2019, Insee-ONDRP-SSMSI; traitements SSMSI.

図表1　社会のなかで最も懸念される問題
(2007年から19年の14歳以上の国民の最も懸念する問題)
※以下図表は読みやすさを考慮して一部翻訳した。

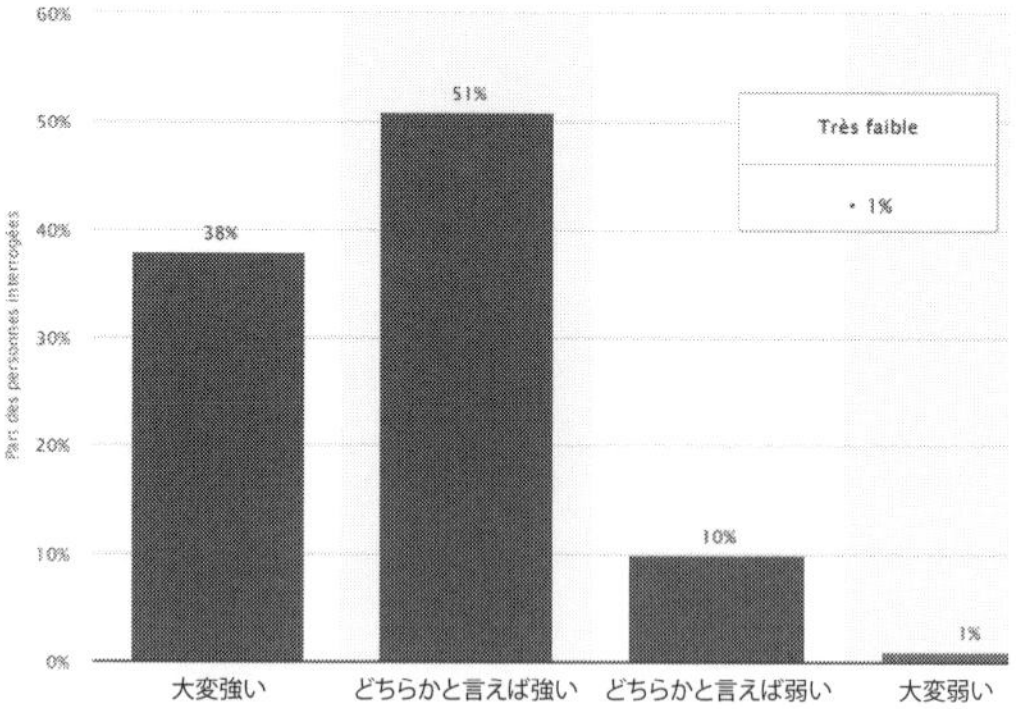

図表2　2020年10月フランスにおけるテロリスト攻撃への危機感

Source: https://fr.statista.com/statistiques/603812/evaluation-menace-terroriste-peur-france/ Évaluation de la menace terroriste selon les Français octobre 2020 Publié par Statista Research Department, 23 oct. 2020

う（拙著二〇一六）。

イスラム急進主義への不安

INSEE-ONDRP-SSMSI の調査（図表1）では、社会不安の第一位「テロ」二〇％、二位が「貧困」一九％、三位が「失業」一六％、それに続いて「環境」「健康」「非行」「人種差別」「路上の安全」である。テロが二〇一四年ごろから急速に懸念材料となっているのは顕著である。

二〇二〇年一〇月の調査（図表2）ではテロ攻撃のリスクについて八九％の人たちが危険は強まっている（「大変強い三八％」「どちらかと言えば強い五一％」）と答えている。

問題の論点は社会統合からはじき出されたイスラム教徒の移民が急進化し、非社会的行為に及ぶことである。イスラム急進主義に対するフランス人の不安は（二〇二一年二月時点）、全体で九四％（「大いに心配」六四％、「少し心配」三〇％）に達する（図表3）。政党支持別にみると、極右RN支持者の八九％が「大いに心配」、九％が「少し心配」と答えており、全体で九八％が心配していることになる。

しかし国民のこうした懸念に政府がどこまでこたえているのか、といえば国民の不満は大きい。「イスラム急進主義との戦いのために政府を信頼する」とする者は全体で三九％（図表4）にとどまり、「信頼できない」とする者が六一％である。そのうち「まったく信頼していない」一八％、「どちらかというと信頼していない」四三％というのが実情である。なかでもRN支持者の八八％が「信頼していない」と答えている（「まったく信頼しない」四〇％、「どちらかというと信頼していない」四八％）。政府を支持するのはわずかに一二％である。マクロン派「共和国前進」支持者も与党でありながら、全体としては「信頼していない」

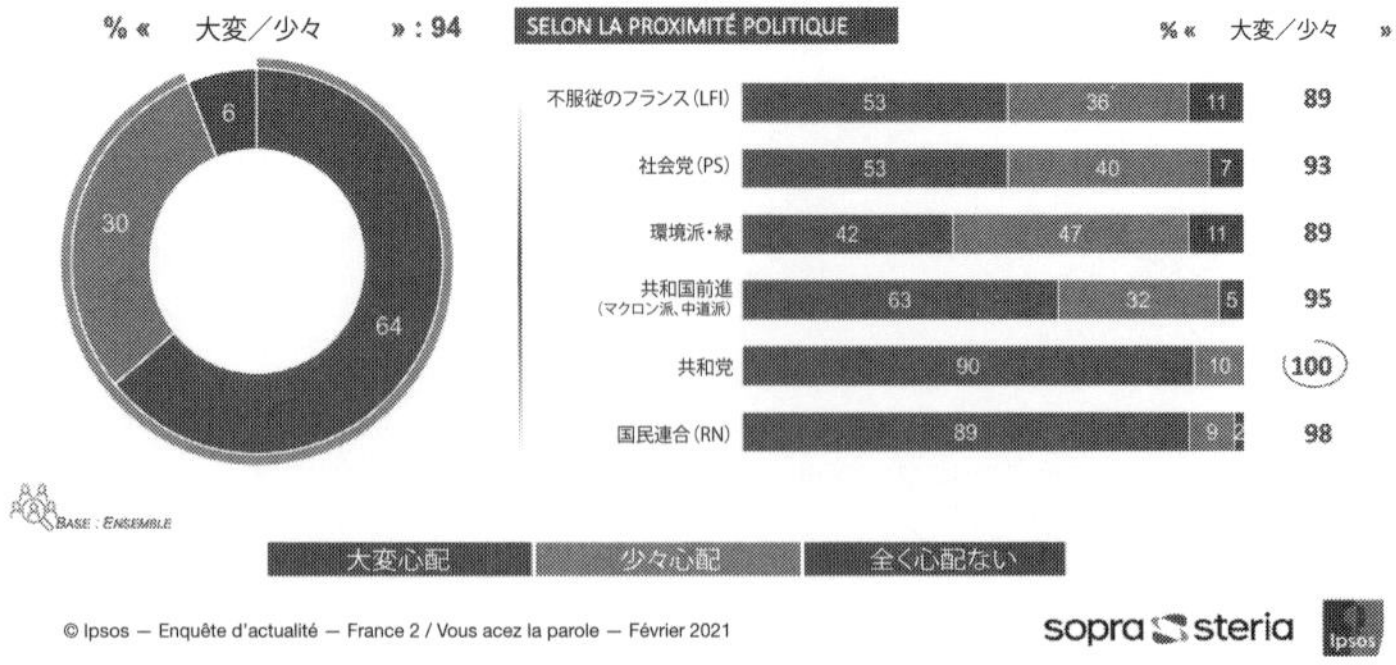

図表３「フランスにおけるイスラム急進主義に対するフランス人の不安感」

が二五％もいる。この二つの結果はＲＮ支持者の動機の大きな部分がイスラム原理主義・急進派に対する脅威と政府の治安対策への批判にあることがわかる。

「移民」問題では「雇用をめぐる社会的脅威」＝失業、「国家と住民に対する政治的・社会的脅威」＝テロリスト、「人口上の脅威」＝侵略者、「宗教的・文化的脅威」＝イスラム教徒という図式が成立する。

三　歴代政権の移民政策

戦後の経済移民

改めて言うまでもなくその背景には、社会統合の歪みを露呈した移民問題がある。

我が国には本格的な移民政策はないので一般には分かりにくいのだが、「移民」とは厳密にはフランスに居住するもののうち、①フランス以外の国で生まれ、後に国籍を取得した者、②フランス以外の国で生まれた外国人の両方を指す。筆者は外国人・移民対策の大きな分け方としては、入国管理・不法移民の

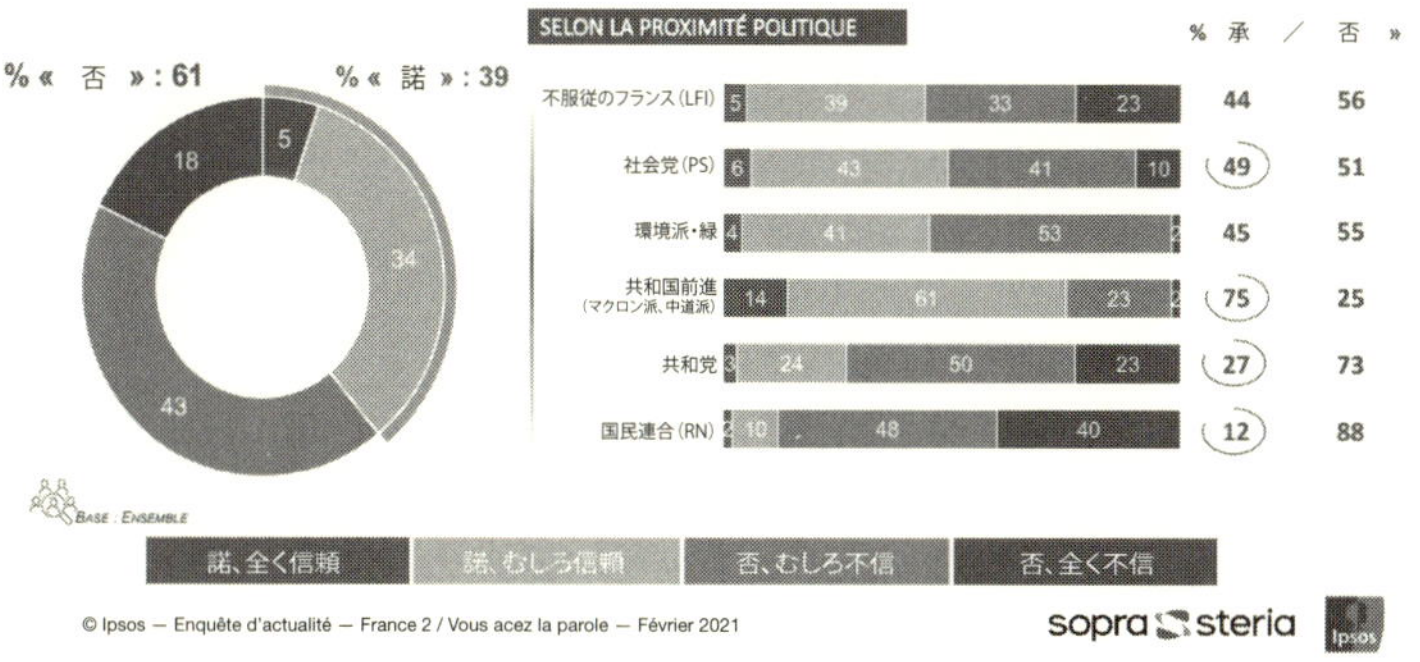

図表4 「イスラム急進主義との戦いのための政府に対するフランス国民の信頼感」

取り締まりと入国者の社会統合という二つの概念で考えているが、具体的な制度としては、①入国管理（不法入国者の管理）、②滞在・労働許可、③国籍取得の三つの段階で考えるべきだと思う。フランスの歴代政権の政策の流れからの整理だ。フランスの場合、多文化主義が英国のようには進まず（英国やベルギーなどの例は制度的には表面上うまくいっているようには見えるが、実社会生活や国民意識の中での差別意識が解消されたわけではないといわれている）、歴史的な「同化政策」から多文化共生を前提にした「社会統合」への途で苦慮することになる。それは制度の問題であると同時に治安や社会状況の悪化を背景に、後述するようにフランス国民の意識がそう簡単には変わらないという点も大きい。そこに極右FN／RNの主張が根を張る根拠がある。

それではフランス歴代政権の外国人・移民対策とはどのようなものであったか。

現在フランスでは、移民は五四〇万人程度といわれている。よく勘違いされるのだが、彼らがすべてイスラム教徒ではない。公式には宗教信仰者の数を調査することは禁じられているので、イスラム教徒の数については二八〇〇万人程度という見方から五〇〇〇万人という見方まである（二〇〇八年、一八歳―五〇歳対象）。これに対してカトリック信者の数は一一五〇万人といわれる。実は、一九〇六年当時の試算でイスラム教徒の数は三九〇万人という数字もあるという（当時のフランスの人口は三九〇〇万人）。つまりイスラム教徒はフランス社会ではもともとかなりの数いたということは確かである。近年急速に増えたというわけではない。フランス大都市郊外の暴動やテロは、むしろ移民第二・第三世代の同化・統合政策をめぐるものである。それに、出生地主義をとるフランスでは彼らは正確にはフランス国籍を持つフランス人である。二〇〇六年の暴動で逮捕された若者のうち外国人は八％以下、半数以上が正規の滞在許可書を所有していた（拙著二〇一五）。

新規移民の停止、同化政策から社会統合へ

第二次大戦後の復興期フランスでは、労働力が五百万人不足していると推定され、経済移民として積極的に移民の入国奨励策を推進した。近隣ヨーロッパ諸国からの移民と同時に、地中海対岸のアフリカ、アルジェリアなどのマグレブ諸国からの移民の数が多かった。しかし一九七〇年代に入って先進諸国の経済発展が頭打ちとなり、経済成長が後退していく中で、外国人労働力を抱えるだけの余裕がフランスにはなくなった。ジスカール・デスタン大統領時代には帰国政策がとられるようになり、一九七四年には新規移民受け入れ停止が決定した。しかし移民の多くは、帰国しても生活の安定が保障されるわけではなかったのでフランスにとどまるケースが多く、彼らは帰国を選択せず、家族の呼び寄せを積極的に進めた。政府は呼び寄せを認めると同時に、補助金などを通した外国人の帰国奨励策を開始したが、それはあまり効果がなく、家族統

合を果たした移民は経済移民から定着移民となっていった。そして文化摩擦の発生とともに同化政策から多文化共生と社会統合の途を模索することになる。

そうした中で移民第二・第三世代の失業・非行など社会・異文化摩擦の問題が表面化する。すでに八〇年代には、社会・文化摩擦は生活様式や価値観が大きく異なっているイスラム教徒との間で広がっていた。例えば、八九年秋から翌年にかけてパリの北にあるクレイユの公立中学校の女子生徒がイスラム教徒のつけるスカーフ（ヘジャブ）を被って登校した事件は政治問題化していった。一九四六年の第四共和制憲法は公教育の非宗教性を定めているからである。これは政界の論争にまで発展し、スカーフの着用を擁護するダニエル・ミッテラン大統領夫人も巻き込んだ国家的な大論争にまで至った。

移民保護政策をしばしばとってきたのは社会党政権だった。八一年に誕生したミッテラン社会党政権は三者協議機関としての全国移民統合評議会、移民のための優先教育地域（ZEP）、さらに八〇年代末には高等統合評議会などを設立した。多文化統合政策の試みであった。

保守政権になると入国管理を厳しくして不法滞在者を厳しく取り締まる方向が強化される傾向があるが、それでも九〇年代には全国移民統合評議会や県別の市民権獲得のための委員会などが設立された。九〇年代初頭の社会党ロカール首相は、「非宗教性」の原則を尊重しながら、他方では現実に即した「寛容・進歩・開放の原則」にも応じるべきことを主張した。多文化共生の方向を示唆したということもできるが、少し理屈っぽい言い方をすると、「非宗教性」に公然と反対する選択も排外主義的な姿勢もいずれも拒否するという内容の発言を行ったのである。

第一次シラク保守派政権下の九六年には、社会統合のための問題発生多発都市地域（ZUS）、再活性化対象都市地域（ＺＲＵ）、都市自由化地域（ＺＦＵ）などを法律で指定し、都市における荒廃や危険を除去し、都市活性化対策を講じるようになった。二〇〇二年に成立した第二次シラク政権のサルコジ内相は「移民ゼロ（締め出し）でもなければ、国境の完全開放もない」という方針を掲げていた。原則と実際の二律背反の苦衷からくる現実的対応であった。〇三年一一月には不法移民を厳しく取り締まる一方で、正規滞在する外国人の統合政策を充実させるための法律を制定した。そこには、移民に社会的・職業的昇進の途を開き、機会の平等を保障し、差別の是正と移民を差別から保護することが不可欠という認識があった。統合のための省庁間連絡委員会が活動を再開し、「全国外国人受け入れ・移民機関（ＡＮＡＥＭ）」を設立した。「統合・差別是正支援行動基金（ＦＡＳＩＬＤ）」がそのための財政支援機関となった。

とくに、この法律で注目されたのは、「受け入れ・統合のための契約」（ＣＡＩ）であった。移民第一世代に対してフランス社会に同化・統合するためのフランスの公民教育やフランス語の習得などを含む支援教育プロセスである。就職の際の差別撤廃のための「雇用アクセス行程（ＴＲＡＣＥ）」や職業訓練見習い制度などの導入も実施された。移民たちや問題を抱える青年たちの職業教育などのための特別学校設立やモスク（イスラム教礼拝堂）を国家資金で建設するという提案などは、優遇政策の行き過ぎだとして逆に納税者の反発を買った。フランスでのモスクの数は一九七〇年に二〇カ所、八〇年には二五〇カ所、二〇〇八年には二〇〇〇カ所にも上った（拙著一九九一、一九九八、二〇一五）。

四　「パリ燃ゆ」以後の治安・テロ対策の強化

「パリ燃ゆ」前後

二〇〇五年「パリ暴動」時のドビルパン首相は、テロ対策を重視し、移民同化に貢献する民間団体への補助金削減や移民の相談に応じる地域警察の規模縮小など厳しい政策をとってきた。これに対してサルコジ内相は、移民取り締まり強硬策と統合のための融和政策の併用を実践してきた。一見秩序維持のための強硬発言が目立ったが、移民受け入れと統合のための待遇政策を一貫してとってきたのは、むしろサルコジであった。自らがハンガリー移民二世であるだけに、その政策に対する情熱は強く、この面での成果は国民には高く評価されていた。二〇〇四年宗教的シンボル(これ見よがしの標章・装束)着帯の禁止はサルコジ内相時代の法律だった。途中劣勢に立たされたこともあったが、二〇〇六年の暴動で最も点数を稼いだのはサルコジだった。一一月一二日のIPSOS(Ipsos Public Affairs)の調査では、サルコジの支持率は六三%(前月比一一%増)、シラク大統領は三九%(同六%)、ドビルパンは五〇%(同七%)を示した。暴動事件のおかげで二〇〇七年の大統領選挙候補争いにおいてサルコジは一歩リードした。

しかし実際にはこれらの政策は必ずしも成功していなかった。サルコジ大統領の時期、移民省を設置して、二〇〇九年後半から国民のアイデンティティをめぐる議論を政府が活性化させようとしたが、結局極右の復活を促しただけで、その結末は二〇一五年のブルカ(頭から爪の先まで覆うイスラム女性の外套着)の全面着用禁止という形に至っただけであった(第Ⅸ章 二「逆説の論理」参照)。移民省も翌年一一月に廃止となった。

「不安（insécurité）」への対抗策

あらためてRNの公式の政策として二〇一七年大統領選挙の公約（同年二月四日）の中から「治安／安全保障」に関わる主張を見てみよう（拙著二〇一七）。

——憲法改正を問う国民投票の実施。「フランス最優先（フランスとフランス人、第一）」を憲法上の規定とする改憲
——主権主義（通貨・立法・領土・経済自立）とEU離脱のための国民投票、フランス人のための党
——国民投票実施の容易化（五〇万人の有権者の賛同）
——女性の権利擁護、イスラムとの闘い
——治安・秩序、郊外の治安確保、寛容ゼロ、青少年の非行防止
——不法入国外国人の正規化と国籍付与を廃止
——合法移民の数を年間一万人に制限（自動的家族呼び寄せ・結婚による仏国籍取得などの廃止）
——対テロ対策強化、原理主義者の関係する組織の禁止と解散
——ジハーディスト（聖戦主義者）との闘い、ジハーディストと関係するすべての二重国籍者からのフランス国籍の剝奪、国外追放、入国禁止
——嫌疑のかかるモスクの廃院
——EU域内の人の自由移動を定めたシェンゲン協定からの離脱、国境の再開、移民削減、
——フランス基準を尊重しない外国からの製品輸入と販売の禁止、経済愛国主義、欧州基準の制約から

の解放と仏企業への政府発注、戦略部門の保護など保護主義経済政策
――二％防衛費、核抑止力の維持、五万人規模の軍隊増
――誠実な競争（反グローバリズム）、国際金融・投機資本への対抗
――アイデンティティ、フランス人の市民権、フランス語擁護
――自主防衛、NATOからの離脱、防衛部門での仏企業再編

この公約全体に言えることとは、主権主義・ナショナリズム・直接民主主義（国民投票の容易化）・フランスのアイデンティティ・反イスラム・治安強化・反グローバリズムと反EUである。

二〇二二年の大統領選挙を見据えて、二〇年二月にはRNは「治安白書」を公表した（*Livre Blanc sur la sécurité*, 2020）。そこでは上記と重なる九五の提案がなされているが、五つの軸として、①制裁と実行のための抑止力（日常的治安維持の強化）、②未成年者の保護・親の責任負担、③司法・警察の最優先、④国家の主要機能としての治安部隊と司法行政官、⑤国家全体の治安回復に市長村長の役割重視を据えている。五年間で二〇億ユーロの予算をそのために計上することを主張した。

五　フランス治安悪化とその背景

フランス社会の「不安（insécurité）」の増幅

今日フランスで市民生活全般の治安／安全保障の脅威が高まっていることは政治家の論争に明らかである。

二〇二〇年にダルナマン内相が「野蛮化／狂暴化（ensauvagement）」という言葉を使って国民を驚かせたが、二〇二〇年九月七日の世論調査機関Ｉｆｏｐの調査（*LES FRANÇAIS, LA MONTÉE DE L'INSÉCURITÉ ET « L'ENSAUVAGEMENT » DE LA SOCIÉTÉ*）では、「今般のフランス国内の暴力行為や非行の拡散状況」にかんがみて、七〇％のフランス人がこの表現は適切であると回答している。こうした社会不安の認識については、与党「共和国前進（ＬＥＲＭ）」支持者の間で八五％、左翼支持者の間で五四％に至っている。かつて一九九九年に社会党左派のシュヴェーヌマンが「野性児・荒くれ者たち」という言葉を使って物議をかもしたが、この調査では四二％のフランス人たちが「これを適切（一九九九年当時は四一％）」とみている。三〇％がこの言葉を「それほど酷ではない（同二九％）」、「厳しすぎる一九％（同一五％）」という意見である。マクロンの治安対策はそれまでそれほど悪くないとみられてきたが、この調査では肯定的な意見は二七％にとどまった。二〇一九年一〇月の三二％、二〇一八年四月の四一％よりも下がっている。すでに二〇二〇年九月にマリーヌ・ルペンは「治安は重要テーマだ」と発言、事態の深刻さを喚起し、「「野蛮化」の意識を真に持つこと」を強調した。彼女は大統領与党が治安・安全保障面で劣勢に立たされていることを見て、攻勢に転じようとしたのだが、その背景には二二年四─五月の大統領選挙を目標に、早く仕掛けようという意図が明白だった（*Ouest France*, le 5 septembre 2020）。

治安／安全保障への不安は図表５（仏内務省統計）にも明らかだ。一四歳以上のフランス人が街頭や居住地で治安の不安を感じる人数である。二〇〇七年から二〇一九年にかけての統計だが、一貫して五〇〇万人から六〇〇万人のフランス人が不安を感じていることがわかる（対象年齢の約一一％に当たる）。二〇〇五年には移民二世・三世の郊外の青年たちが大都市で暴れ、治安当局が追い詰めた青少年が発電所に逃げ込んで感電死した事件が起こった。治安当局に対する反発が激化、暴動化し、「パリ燃ゆ」とメディアが喧伝した。二〇一五―一六年はイスラム教の預言者ムハンマドを揶揄した週刊新聞『シャルリー・エブド』の本社がやはり移民第二・第三世代の青年たちによって襲撃された事件やパリのバタクラン劇場で銃の乱射事件があった年である。この十年以上終始、治安の不安は一定のレベルを保っていたことは明らかである。

社会不安状況では、治安強化の声が強くなるのは当然だった。そして政府もその声を無視できず、法制度面での強化に踏み切っている。メディアの映像でも知られるように、二〇一八年の黄色ベスト運動がエスカレーションしてパリをはじめとする大都市で暴動が起こり、政権を揺るがすような事態に至った。騒動の煽動者たち「ブラック・ブロック」と呼ばれる集団はいわば攪乱の「プロ集団」ともいわれており、治安部隊側も彼らとの攻防の中では過剰防衛になりがちで、そのいら立ちは隠せない。筆者もシャンゼリゼ通りでその攻防を眼のあたりにしたことがあるが、治安部隊が放水を止めると前進し、放水が始まると後退する、それを果てしなく繰り返すのが、彼らの「戦法」だ。警察がデモ参加者に対して暴行を与えるシーンもしばしば映像で流された。双方の憎悪の高まりが暴力行為をエスカレートさせる結果を招いている。それに二〇一五年以来度重なるテロ事件で治安の悪化が叫ばれ、治安強化を主張するルペンの極右「国民連合（RN）」がこの時とばかりに勢力の拡大に成功しつつある情勢下ではマクロン政権も安穏としてはいられない。

マクロン政権の手法が「エリート体質」を露骨に示す上からの改革の印象を強めるにつれて、人心は既成政治制度を嫌気した。フランス政治の伝統のひとつである「異議申し立て」（反政府抵抗のための直接行動）は、ガソリン税引き上げに抗議した「黄色ベスト運動」、難民・移民政策と治安の悪化への不満、年金改革に反対する公務員・国鉄労組の長期ストの形をとった。他方で新型コロナウイルス感染対策の失敗、コロナ

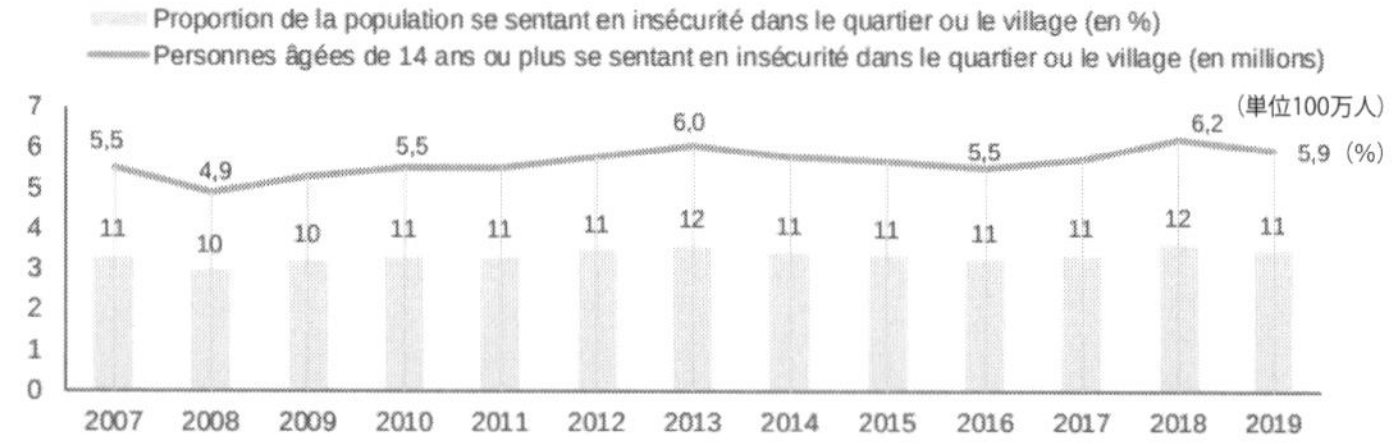

Champ · Personnes de 14 ans ou plus vivant en ménage ordinaire en France métropolitaine.（仏本土14歳以上）

Sources · Enquêtes Cadre de vie et sécurité 2007 - 2019, Insee-ONDRP-SSMSI; traitements SSMSI.

図表5　14歳以上を対象とする街頭での不安（日常的治安の不安定）感情の人数と比率

禍の社会不安の中での官憲暴力の顕在化などの形をとり、国民の政権に対する不信感を募らせた。その結果「反システム（既成政治への反対）」を主張するRNへの支持回帰が起こったのである（拙著二〇二一）。

包括的治安法

こうした中で二〇二〇年一一月に内務省は『国内治安白書』を発表した。そこでは約二〇〇の提案が行われており、組織化・治安のためのパートナーシップと連携・人的物的資源・テクノロジーの四つのグループに分けて検討が行われた。とくに住民と警察の接触による日々の治安確保、秩序維持、包括的治安のための措置などが強調されている。

物議をかもしたのは「包括的治安法」をめぐる紛糾だった。マクロン政権は同法案を二〇二〇年一〇月下旬議会に提出した。この法案のポイントは治安当局に取り締まり強化を促進する点にあった。当時フランスでは国家警察と憲兵隊の要員数は二五万人（前者は都市部、後者は地方）、自治体警察の数は二万一五〇〇人、治安私服警官は一六万五〇〇〇人だった。県庁所在地や二万人以上の「コミューン（市町村など地方自治体）」には国家警察の地方支部局が設置されて治安を担当していた。テロ頻発の折からオランド前政権時代から警察官の増員は大きな課題とされてきたが、マクロンも大統領選の公約の第一に治安維持強化を掲げ、任期期間中に警察官一万人の増員を約束していた。

この法律は治安活動のための治安能力の強化、新たに警察の出動の制限基準を緩和し、範囲を拡大、警察官の防御装備を拡充することを大きな目的とした。二〇人以上の巡査で構成される自治体警察を持つコミューンには公道での出動範囲を拡大する。また自治体警察はスポーツ・リクレーション・文化行事の治安確保のためにも出動できる。さらに公衆の面前での酔っ払い、無認可販売、無免許運転などの違反行為取り締まりも自治体警察の管轄に入るようになる。自治体警官は警棒・催涙ガスを携行し、防弾チョッキ着用、当初三三〇〇名の警官は九ミリ口径の拳銃を所持できる（二〇二四年には五〇〇〇人）。また執務時間以外の時にも場合によっては拳銃の携帯が許可される。

そうした中で最大の争点となったのが、「包括的治安法」第二四条だ。この条文では警察官の写真や動画の悪意ある配信の禁止が定められている。治安活動中の国家警察官と憲兵隊の個人の顔や本人とわかる映像を公正さを欠いたまま公務員に対する非難攻撃を目的として流布した場合には、一年の禁固刑と四五〇〇〇ユーロの罰金刑が科されることになった（拙著 二〇二一）。

政府の治安強化政策に対する国民の支持

二〇二〇年一一月二八日の全国的な大規模デモはマクロン政府が議会に提出したこの「包括的治安法案」に対する抗議行動だったが、デモ隊の一部が暴徒化し、デモの解散場所のバスチーユ広場付近では自動車やキオスクへの放火、ショーウインドーが割られる暴動となった。同日四六人の身柄が拘束されたが、治安部隊側も警察官・憲兵隊合わせて三七人が負傷した。同法案は暴動の数日前に国民議会（下院）を通過していたが、とくにその第二四条の内容をめぐって議会で紛糾した。その反発が一気に爆発したのが一一月二八日の路上での抗議者と治安部隊の激しい衝突だった。

そうした不穏な情勢のなかで治安当局側の行き過ぎもみられた。

一一月二三日夜、NGOなどの支援を受けた難民四五〇人がパリ共和国広場でテントを設営し、キャンプの準備を始めた。すると時を置かずしてパリ警視庁は治安部隊を投入、難民たちの強制排除を実施した。その様子が映像で繰り返しメディア媒体に流されたが、逃げ惑う難民を乱暴に扱い、明らかに故意に危害を加えようとする治安部隊の姿が生々しく映っていた。この難民たちは実は、前の週の一七日七〇〇人から一〇〇〇人に上るパリ北郊サンドニ市内の難民が強制排除され、住居のない難民たちがたびたびパリや近郊に集団で出没、その都度治安部隊に排除されるという鼬ごっこを繰り返した挙句の事件でもあった。

さらに一連の治安部隊の過剰防衛と市民への暴行を人種的偏見の増幅と重ねて象徴的に示した事件が、一一月下旬の土曜日に警察官が黒人の音楽プロデューサーに対して暴行を働いた事件だった。警察側の説明では被害者が警察官を襲い、銃を奪おうとしたという説明であったが、事件翌日同被害者が暴行の実態を記録した監視ビデオの映像を警察当局に提出し、その映像が情報サイトで配信された結果、事態は騒然となった。

たしかに一連の暴動と治安部隊の対応は過剰に見えるところもある。しかし国民は治安重視の政府の立場をむしろ評価する。図表6では「警察を信頼するか」という質問に対してフランス人の二三%が「信頼する」、五八％が「どちらかと言えば信頼する」と答えており、合わせて「信頼する」は八一％である。大統領与党「共和国前進」支持者では九三％、極左「不服従のフランス」（La France insoumise）では六〇％、RN支持者では七八％である。

「包括的治安法」導入をめぐっては、二〇二〇年一一月のCNEWSの調査では、「大・中都市に殺傷能力を有する武器は携行しないが、警棒・催涙ガスを携行する自治体警察を設置する」ことを支持する者は、「非常に賛成」二一％と「どちらかと言えば賛成」四七％で全体として支持者は六八％である。また「メディアで警察官や憲兵を映すところもあるが、その顔を今後映さない」という意見は、「非常に賛成」二九％と「どちらかと言えば賛成」三六％で、全体として支持者は六五％である（CNEWS（web））。

分離主義対策法

こうした中で、マクロン大統領は治安強化のための「分離主義対策法案（共和国原則の尊重の強化に関する法）」を二〇二〇年一二月九日に国会に提案し、二一年二月一六日下院を通過した。これは政教分離を掲げ、共和国的理念の下での統合を源とするフランス的国民国家のアイデンティティを拒否する信条や運動を「分離主義」と総称し、それを阻止しようとするものだった。実際には上記に述べた過激化するイスラム教徒の取り締まり策である。マクロン大統領は、それぞれの「共同体（コミュニティ）」に閉じこもること、自分たちの価値基準を共和国の理念よりも優先させる「分離主義」に対抗する必要性を強調。大統領はこれまでもあらゆる過激派への対抗措置の緊急性を強調してきたが、一〇月の演説では今回の法案はイスラム原理主義を対象とすることを明言した。

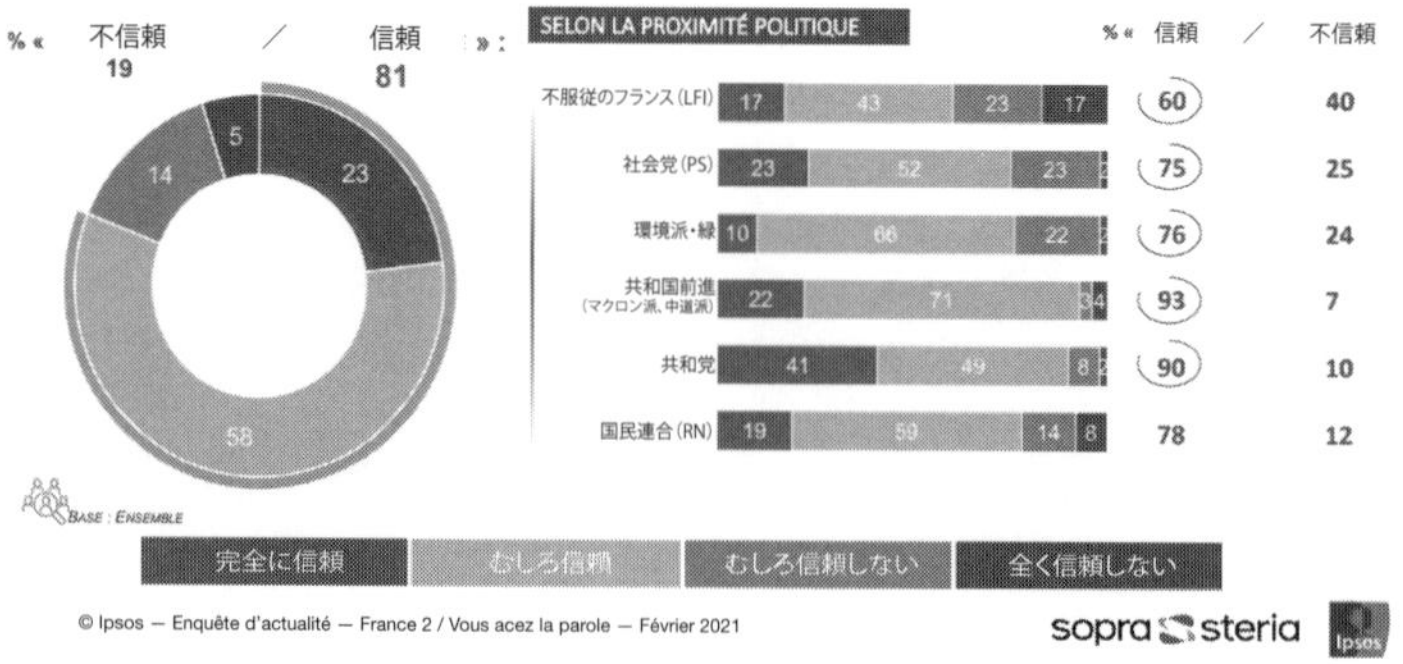

図表6　フランス人の警察に対する信頼感
VOUS AVEZ LA PAROLE : ENQUÊTE D'OPINION　IPSOS 9 et 10 février 2021.

大統領は具体的に、三歳以上の子供について「就学」を義務付ける方針を示した。義務教育制を定めた一八八二年の法律以来、保護者に自宅での教育を選択する権利が認められてきたが、それを原則的に廃止し、学校における就学が義務付けられることになる。大統領はその一方で、教育省との間で協定を結んでいない教育機関に対する規制を強化し、共和国の理念に沿った教育が徹底されるよう計らう考えを示した。イスラム教の聖職者については、国内での育成を強化し、外国から派遣される聖職者は三年後をめどに受け入れを認めない方針を示した。外国からのイスラム教寺院への資金援助も制限する考えを示した。さらに、学校給食における宗教配慮のメニューやプールにおける男女分離といった決定を下す市町村に介入する権限を県庁に付与することも決めた。

しかしこうした大統領の舌の根も乾かないうちに、パリ郊外エラニー市（イブリーヌ県）で一〇月半ば教員刺殺事件が発生し、イスラム過激派によるテロ事件であることが判明、国民に強い衝撃を与えるとともに、世論は改めて過熱化した。刺殺された地理・歴史科目担当の中学校教員サミュエル・パティ氏（四七）は、「表現の自由」に関する講義を行った際にイスラム教預言者「ムハンマドの戯画」を生徒らに見せたため、生徒の父兄らから辞任を求める声が上がっていた。マクロン大統領は急遽現地を訪問し、「表現の自由と信教の自由」そして、教員を守るための努力を約束した。マクロン政権のイスラム過激派への対応を緩慢であると非難する声も強く、政府は早急な政策を迫られていたからだ。

過激派防止対策は喫緊の課題である。「共和国原則の尊重の強化に関する法案」は「イスラム教徒」に代表される宗派組織などの固有の価値観が共和主義的統合を妨げることがあってはならないという趣旨の提案である。マクロン大統領はイスラム過激派の温床を育成しないためのものと明言する。他方でカステックス首相は過度の刺激を避けるため主張をトーンダウンさせて特定の宗教を念頭に置いたものではないとしたが、メランション率いる極左「不服従のフランス」はイスラム教徒の各個撃破につながる（共和主義的自由と平等を脅かす）と批判した。具体的には公務員の宗教的シンボル着用禁止、（宗派）コミュニティ中心主義的な行動を禁止する条項や個人の私生活情報を公表して他者の生命を危険にする行為を犯罪と認定する条項（第一八条）などがその内容の代表的なものである。後者は上記のイスラム過激派による教員殺害事件でインターネット上のバッシングが事件の原因となったといわれたためである。また、「人間の尊厳」を守るための措置として、「処女証明書」（処女性にこだわる一部のイスラム教徒の習慣）の禁止、女性の相続権不認定や強制結婚への対策の導入、重婚対策（重婚者には滞在許可証を認めない）、政府が認可しない（協定未締結の）私立学校の不法化措置なども盛り込まれた。当初予定されていた自宅教育の禁止（登校の義務化）措置は承認されなかったが、そのための審査の強化は認められた（拙著二〇二一）。

六　「貧困と差別の悪循環」

「不可分の共和国」

移民と貧困の問題はヨーロッパ社会に深く根ざした構造的な癌である。フランスのように確固たる階層社会の中で排除された人々、「内なる他者」の存在である。

第一は、移民たちと貧困の問題である。彼らは大都市周辺部に住み着いたが、いまやそうした貧困層を抱える周辺地域＝郊外がフランスの七百以上の都市に存在する。そこで約五〇〇万人が生活しているともいわれる。都市郊外の移民居住者の多い地区の失業率はフランス全体の倍にあたる。単純労働に従事することが多く、平均年収は約一四〇万円（二一世紀初頭）とフランス人全体平均の四割であった。

第二に、かれらをどのようにして社会に統合していくのかという問題である。とくに、イスラム移民の場合には宗教的人種的偏見が問題をさらに複雑にした。アラブ系の青年たちが求職の際に、名前を名乗っただけで刎《は》ねられるというケースはその代表的な例だった。

すでに述べたようにイスラム移民との社会摩擦が表面化したのは七〇年代半ばであり、八〇年代末以後社会問題として大きく取り上げられるようになった。前述のスカーフ事件はその代表例であるが、このスカーフ着用をめぐる事件はその後も繰り返し起こり、二〇〇五年一〇月、公共の教育機関でのスカーフの着用を禁止する法律が制定された。

それでは、二〇〇六年移民暴動の背景にある社会統合と治安秩序をどう考えたらよいのであろうか。

フランスでは「不可分の共和国」という理念が定着している。この立場からすると、フランス的な共和主義原理に基づく統合政策はナショナル・アイデンティティの育成として肯定的に捉えられている。それは為政者の側の秩序維持の立場と一致する。この暴動事件の時、移民の中でも同化・統合に成功している人々は暴動が過激化することに反発した。暴動の最中、イマム（イスラム教導師）らも秩序復帰と暴力の停止を再三呼びかけた。

二〇〇四年六月、パリ政治学院の政治研究センターが提出したアフリカ系・トルコ系のフランス人に関する報告書では、彼らがフランス社会の原則や価値観と大きく対立しているわけではないことを指摘していた。

また一一月二一日、この暴動の直前の世論調査によると、フランスでは移民が自分たちの「文化・アイデンティティ・宗教に対して危険である」という見方は二一・六％で、ドイツ（二九％）・イタリア（二六％）よりも低かった。

この暴動にはフランス人は冷静に対応した。しかし、フランスの人々はこの暴動の問題の根深さを認識しつつも、共和制原理を捨てようとはしなかったし、それは今も変わらない。二〇〇六年一一月八日に行われた世論調査では、暴動の原因として「親の監視不行き」を挙げた者が六九％、「大都市郊外での失業・不安定・夢のないこと」は五五％、「社会のクズなどのサルコジ発言」は二九％にとどまった。移民の社会統合についての楽観的見方であるが、ルペンが移民・外国人問題が起こるたびに、勢いを強める理由はそこにある。

フランスは社会階層構造が強固に確立された国である。日ごろ不満はうまく押さえ込まれているが、時々の社会経済情勢が綻びの口火となることもある。社会全体に広がった貧困意識は二〇〇四年の欧州憲法条約の批准が拒否された時の第一の理由が雇用不安であったことにも表れていた。九月には民営化をめぐって港湾労働者の長期ストも起こった。二〇〇六年の暴動の背景にはこうしたフランス社会の不安が底流にあった。すでに二〇〇五年に入って今回の暴動まで乗用車二万八千台が放火されており、一日当たり一〇〇台、警官隊と暴徒の衝突もすでに三千八百件起こっていた。すでにミニ暴動はこの事件の前に日常化していたのであった。治安と移民が一つの線でつながる。治安と秩序の不安定は外国人と移民のせいである。フランス社会・経済は「真の国民」であるフランス人のものでなければならない。FNが勢いを増す素地は一層強くなっていた。

ヨーロッパ諸国に共通のホーム・グローン・テロリスト

移民系テロリストたちは軽犯罪を繰り返し、収監された刑務所などでイスラムテロリストに感化される。またイラク・アフガニスタン・シリアなどで過激派組織と生活を共にし、洗脳され、戦闘訓練を受ける。当局の発表では、ヨーロッパ諸国の国籍を持つそうした潜在的なヨーロッパ系の人物は二〇〇〇人ほどに達するとみられ、そのうちフランス国籍を持つ者は五百人以上いる。欧州各国では大都市郊外における移民社会の統合が大きな問題となっている。国によって、フランスのような同化政策、イギリス・ベルギーのような多文化主義をとる国、また国籍取得がドイツのような伝統的に血縁主義をとる国と出生地主義を基本とするフランスのような国では事情が異なるが、広義の社会統合が決して奏功していないことが浮き彫りになる。

このようなホーム・グローン・テロリストが最近の特徴である。

実はヨーロッパでのテロは、二〇〇四年三月一一日のマドリード連続列車爆破事件の時以来活発化してきていた。この事件そのものは、イラク戦争に加担したスペイン政権に対するアルカイダの攻撃であったが、犯人の中にラバピエスのような国際都市で生活し教育を受けたモロッコ系の青年が含まれていたことが、人々に大きな衝撃を与えた。ヨーロッパ系の移民二世がイスラム過激派に加わるのは、自分たちの所属する社会へのアイデンティティを持てないまま、他方で過激派の戦士たちと共鳴してしまうという道筋ができていたのである。

マドリード爆破事件直後の調査ではイギリス在住一六〇万人のイスラム教徒のうち一三%が「九・一一事件は再発する」と答え、同じく同時期の二〇〇三年の調査で、「フランス共和国とイスラム教の価値観が一致する」と答えたのは、フランス在住イスラム教徒の四分の一に過ぎず、他方でドイツ・オランダでは、イスラム教徒のうち五—一〇%が過激派に同調するという数字がすでに出ていた。

そのころから多文化主義のイギリスの大学はテロリスト育成の温床といわれている。つまりイギリスの多文化主義は文化摩擦を表面化させないことには成功したが、それは必ずしも民族間の交流を深め、融和させたわけではなかった。少数民族との並存を認めたに過ぎなかったのである。

このころドイツやオランダでもテロ容疑者が逮捕された。その中にはイスラム教スンニ派過激派組織「イラクとレバントのイスラム国（ＩＳＩＬ）」に所属するフランス・アルジェリア二重国籍大物テロリストも含まれていた。

二〇一四年「イスラム国」設立の年にはこうした傾向が一層顕在化した。同年五月ドイツ当局はＩＳＩＬの協力者の容疑でトルコ人とドイツ人男性二人、またＩＳＩＬへの資金供与をしたドイツ・ポーランド国籍の女性を逮捕した。その二日前には、オランダ当局がイラクとシリアでこの数週間の間にオランダ国籍の二人の男による自爆テロの犯行があったことを公表した。同じく、オランダ国籍のイスラム過激派がサリンガスを携帯していた容疑でシリア秘密警察に逮捕された。

一四年六月にはフランス・アルジェリア二重国籍でＩＳＩＬに属するとみられるトゥフィック・ブアラーグ（三〇歳）がイスタンブールからベルリン入りしたところでドイツ警察に逮捕されている。フランスに戻ってテロ活動をする疑いがかけられていた。地元ドイツ紙では、「太った魚（大物テロリスト）」の逮捕とひとしきり話題となった。

ヨーロッパ諸国の国籍を持ち、シリアやイラクでイスラム過激派の感化を受け、戦闘訓練を学び、ヨーロッパに帰国後テロの犯行に臨む青年が増えている。シリア内戦に参加した西欧国籍のイスラム教徒のうち三分の二がＩＳＩＬやアルカイダ系アル・ヌスラ戦線のメンバーとなっているという調査もある。仏語・独語系部隊がシリアのアレッポではみられたし、西欧国籍の人間による自爆テロの犯行も行われた。彼らは、過激派のインターネットのサイトを見たり、地方のイスラム教会でイマムの教導を受けたり、英国の教育現場で過激派に感化されるといわれている（拙著二〇一五、二〇一六）。

第Ⅶ章　マリーヌ時代のFN復活と躍進――本格的な「脱悪魔化」の模索

一　新しい党首の時代

スタイリッシュな「救世主」の出現

二一世紀に入って、移民やテロの頻発で社会不安が高まってきたことは国民戦線にとって既成大政党の移民経済・治安政策への格好の攻撃材料となった。しかし父ルペンのエキセントリックな反社会的言動はこの政党の旧態依然たる極右運動のネガティブな一面だけを国民に浮き彫りにして見せるばかりであった。それまでのこの運動の近代化の試みはそれがいかに票の獲得だけのための文字通りその場限りの大衆迎合的な表面的な政策に過ぎないかという印象を国民に与えた。しかしその一方でこの運動の高揚に大きな懸念を抱き、フランス政治の右傾化を読み取った保守派の強硬派サルコジはルペンの封じ込めに躍起となった。彼は移民・治安政策でFNのお株を奪うような強硬策を繰り出していく。そうした中でFNは保守派・右翼陣営の中で孤立化し、追い込まれていった。マリーヌ・ルペンが頭角を現したのは、こうした党の危急存亡の局面においてであった。まさしくFN支持者にとって「救世主」の誕生が待望されていたころだった。

しかしマリーヌの政界デビューはそう簡単ではなかった。一九九七年のストラスブール大会でマリーヌは当初中央委員候補に選出されていなかった。長女マリ・カロリーヌの二番目の夫オリヴィエが反対したからである。このとき父ルペンと次第に対立し始めていたメグレ派に所属していたオリヴィエは自分の妻を委員にすることを望んだ。そのためメグレ派がマリーヌを支持しなかったのであった。結局二週間後、父ルペンの要請で中央委員候補リストにマリーヌの名前が載せられてマリーヌは中央委員に選出されたが、マリーヌにとっては波乱含みの政治的キャリアの出発であった。当然長女カロリーヌとの確執はその後続いていくことになる。

苦難の末マリーヌは政界への進出を果たすが、当時多くの支持者は父ルペン主導下での党勢の後退に歯噛み、呻吟していた。前章で述べたようにシラク時代後半からサルコジ時代にＦＮは保守派の右傾化によって支持勢力を切り崩されてきた。この苦境のなか新たなイメージで表舞台に現れたのがマリーヌだった。このころマリーヌ・ルペンは一躍父ルペンに代わるＦＮの新たな顔として、見栄えのするインパクトのある党の顔として一躍脚光を浴びるようになる。二〇一〇年の地域圏（州）議会選挙のキャンペーンの時には、トリット・サンレジ市にあるプジョー・シトロエン工場の前で、ビラを配るマリーヌ・ルペンがいた。ふくよかだった体型を絞りこみ、白いパンツに黒のシェープコートを羽織って長い髪をなびかせたスタイリッシュなマリーヌの姿があった。マリーヌ自身のイメージ・チェンジを通したＦＮの「脱悪魔化」の本格化の開始だった。その路線はその後も続いた。とくにプジョー・シトロエンの工場労働者を対象にした運動はしばしば報道された（FranceTV Info, le 18 février 2012, *L'Alsace*, le 22 févr. 2013）。

しばしば二〇一一年に党首選挙で勝利してからＦＮの路線が変化してきたかのようにいわれるが、新路線

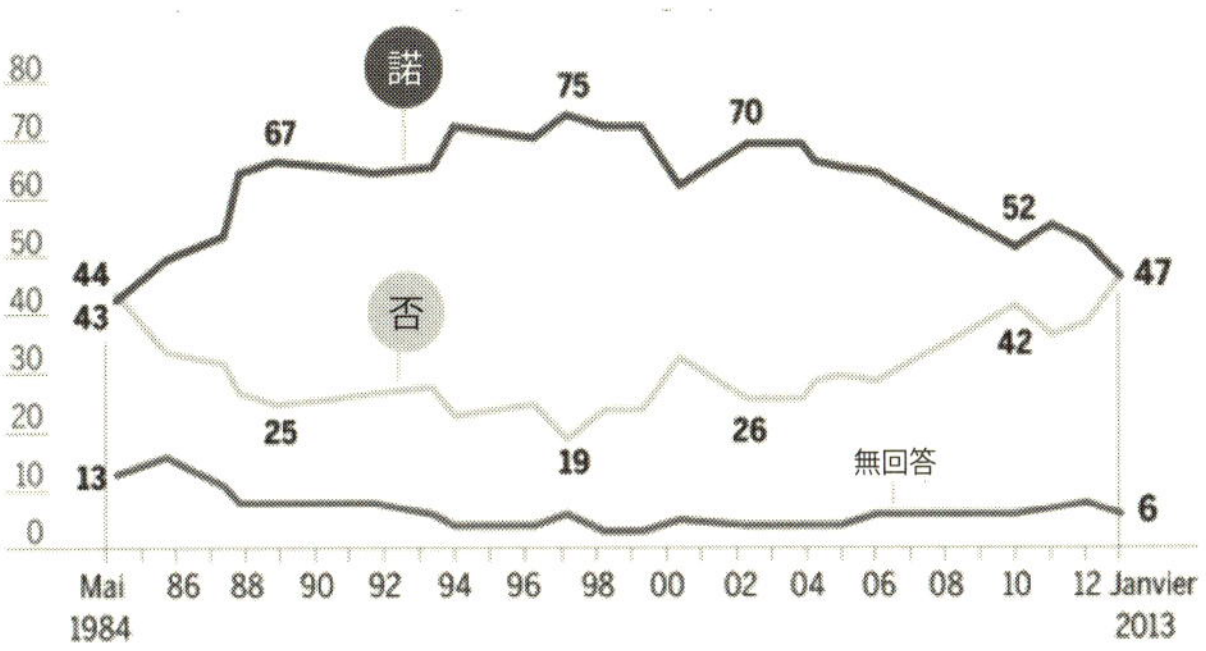

図表7　FNの進出を危険視するか否か、フランスのデモクラシーにとって危険と考えるか（『ルモンド』紙2013年2月6日）

は実はそれ以前から仕込まれていた。

二〇〇八年、翌年に迫った欧州議会選挙に備えてマリーヌが側近でパートナーのアリオに政敵の地盤を任せ、党内派閥闘争が熾烈となっていた。二〇一〇年春以後はカトリックを母体とする政党であるにもかかわらず、「政教分離（世俗化、ライシテ）」を提唱した（第Ⅸ章）。これは画期的な路線変更を意味した。

実際に上記の『ルモンド』紙のグラフ（図表7）にそれは明らかだ。二〇一三年にはFNを危険視する人とそうではない（普通の政党とみなす）人との比率は拮抗するまでに（約五〇％ずつ）なっていた。ルペンの勢力は「普通の政党化／一般に受け入れられた（banalisation）」ともいえた（Dézé）。

マリーヌ・ルペン党首の誕生

マリーヌが政界にデビュー後一四年がたった二〇一一年一月一六日、フランス中西部トゥールで開催された「国民戦線（FN）」の第一四回党大会で、マリーヌ・ルペン（当時副党首、四二歳）は三分の二以上（六七・六五％、党員二万二四〇三人、有効投票率七六・四五％）の得票率を得て圧倒的勝利を収め、新党首に就任した。父親のジャン・マリ・ルペンが壇上で党首としての娘の名前を呼ぶと彼女は足早に壇上に駆け寄り、抱擁し合っている父娘の姿は党員たちには感動的シーンであっただろう。このときジャン・マリは名誉党首となった。

この党首選挙は、一九七二年来FNを率いてきたジャン・マリ・ルペン党首の二〇一〇年一一月の正式な引退発表を受けてのことであった。マリーヌの勝利は彼女が父親の支援もあって、早くから世襲のための活動を始めていたので、半ば既定路線でもあった。またマスメディアへの露出度も他の候補者を圧倒していた。前年一二月九日、党首選挙投票権獲得のための入党申し込み締め切り直前に放映されたTV局「フランス2」の『判断するのはあなただ』というテレビ番組終了直後の数時間で二五〇〇名の入党申し込みが殺到したが、ほとんどがマリーヌを支持する人々であった。前党首を支えてきた日本人妻を持つもう一人の有力候補、ゴルニッシュ副党首は惨敗した。

背丈も大きく、若いころは身体もふくよかで、父親張りの激しい身振り・手振りとざらついた大きな声で苛立たしそうに早口で論敵を圧倒しようとする所作が彼女に攻撃的なイメージを与えていた。しかしこのころになると、体型はほっそりとして、女性らしい柔らかな雰囲気を意識するようになっていた。

ただ、ルペンは三女をもともと後継者として育てたわけではなかった。三女のマリーヌが姉妹の中でも最も父親に近く、終始父親をかばう姿勢を最も強く示していたことは事実だが、父ジャン・マリは自分の後継者については早い時期からその意向を明らかにしていたわけではなかった。

すでに繰り返し述べてきたことだが、このマリーヌの時代になって、党の「脱悪魔化」が一層進んだ。「信頼性」と「正常（ノーマル）化」をマリーヌの体制は徹底的に追求した。「攻撃的な獅子」の口調を封じて

「尊敬される演説」を心がけるようになった。こうしたいわば「普通の政党化」への傾向は次第に強まり、支持者を増やしていくようになった。すでに述べたように二〇一三年二月六日の『ルモンド』紙の記事（*Le Monde*, le 6 fevrier 2013）では、「FNは危険か否か」という質問に対して、賛否はいずれも四七％で拮抗した。しかし一九九四年から二〇〇六年にかけて「賛成（FN＝危険）」が七〇％以上であったことからすると、大きな変化だ。〇七年以後「反対（FN＝危険ではない）」が次第に増えてきて、一〇年には四二％になっていた。「マリーヌは排外主義者で極右の代表か」という質問に対して肯定的な回答は四三％（前回一〇年は六五％）、むしろ「伝統的価値観を持つ愛国主義」とする見方は四三％で（同二八％）、「FNは政治参加能力あり」とする者は三五％（一一年二五％）で、「（反体制派の）不満分子を集めるだけの政党」と答えた者が五四％（同六二％）であった。

そしてその後のFNの躍進は目覚ましたかった。マリーヌは二〇一二年の大統領選挙第一回投票でこれまでで同党候補者としては最高の一七・九％の支持率を得た後、二〇一四年三月の市町村会選挙では全国で一一市町村会議長を獲得した。同年五月の欧州議会選挙では二五％の得票率を獲得し、マリーヌは単独政党として、「FNは第一党になった」と豪語した。二〇一五年一二月の地域圏（州）議会選挙でも第一回投票で二八％、一七年大統領選挙でも決戦投票に残り、一九年の欧州議会選挙では躍進はしなかったが、ほぼ現状維持の勢力を保った。

二　二〇一二年大統領選挙、復活

新しい勢力関係図、極右・極左勢力の伸長

二〇一二年五月八日のフランス大統領選挙第二回投票でオランド社会党候補が大統領に当選した（五二％）。四月二四日の第一回投票ではオランド社会党候補が二八・六三％の支持率を得てトップに立ち、サルコジＵＭＰ（人民運動連合）候補は二七・一八％で二位にとどまり、追う形となった。現役大統領が首位を譲ったのは、六五年に大統領選挙が直接二回投票方式で行われるようになって初めてのことであった。そして第二回投票では九五年以来一七年ぶりに社会党の大統領が誕生した。

第一回投票では立候補一〇人のうちの五人が一〇％前後以上を獲得した。第一回投票は当時の政治勢力の分散した実情をよく示していた。この投票結果は、多党分立というフランス政治の伝統的な傾向を象徴していたが、大政党が求心力を失い、フランス政治が軸を失って迷走し始めている様子を端的に物語っていた。そしてこの兆候は有権者の大政党離れ、政治的無関心度を高めていくことになる。マリーヌ・ルペンＦＮ候補の得票率は一七・九％で第三位につけていた。元社会党の有力政治家、「左翼党」代表で、共産党との共同戦線「左翼戦線（Front de Gauche）」のメランション候補は一一・一一％、中道派「民主運動」バイルー候補も九・一三％を獲得した。二〇一一年秋ごろまでは左派のキャスティングボートを握るとまでいわれていた環境派「欧州環境・緑」エバ・ジョリ候補は二・三一％にとどまった。

ルペン候補は見事に予想を覆すことに成功した。いずれの事前世論調査でもＦＮ国民戦線は第一回投票で

一四％から一七％の間で左翼戦線のメランション候補と接戦となると予想されていたからである。実際には七％近くメランション候補の支持率を上回り、大きく引き離した結果となった。第一回投票の結果としては父親のジャン・マリ・ルペンが決戦投票に残った二〇〇二年選挙の支持率を上回り、同党の最高得票率となった。ブリニョーFN事務局長は「(二〇〇七年サルコジ大統領勝利の) 当時、サルコジはわれわれの言説を借用したのだ。今回はそうしなかったからこの様(大敗)だ」とサルコジ陣営を厳しく指弾した。

前年初めに党首がマリーヌ・ルペンに代わって、FNは一層躍進した。それまで以上の現状不満勢力の糾合を第一の目的として社会保護政策を強調し、貧困層に食い込むことに成功した。すでに述べた通り(第V章)、サルコジ大統領に抑え込まれていたFNは二〇一〇年の地域圏(州)議会選挙で復権した。そしてFNは第一回投票でその存在感を示した(拙著二〇一二)。

第一回投票の特徴は、FNと「左翼戦線」という極右と極左の両派が大幅に支持率を伸ばし、両勢力だけで全体の三分の一を占めたことだった。つまり社会格差の広がり、既成政党への不信が高まって急進的な政策を主張する不満の声が強くなったのである。IPSOS (Ipsos Public Affairs 二〇一二年四月)の調査では、第一回投票の投票動機としては、「社会正義を樹立するためには貧困層に与えるために富裕層から収奪しなければならないのか」という問いに対して、左翼戦線メランションと社会党オランドの支持層の八六％、国民戦線ルペンの六二％がこれを肯定している。これに対して、中道派バイルー支持層と保守派サルコジ支持層ではこの質問に肯定的な人々はそれぞれ五六％、三〇％であり、社会格差への危機感の違いがそこに示されていた。マリーヌ・ルペンが影響力を持ち始めて以来、低所得者・失業者層に地盤を拡大する戦略が成果をあげたことは明らかだった。既成政党の左右対立に加えて、貧富の格差という縦の対立が明確に示されたのがこの時の選挙だった。そうした中で、パリ政治学院のパスカル・ペリノー教授はこの選挙のキーワードを「政治・大政党への不信」にあると論じた（二〇一二年四月二七日筆者とのインタビュー、拙著二〇一二、Perrineau 2012)。

欧州議会選挙での躍進

二〇一四年五月に行われた欧州議会選挙（定数七五一議席）の結果、欧州統合に懐疑的な勢力と極右政党などの議席数がそれまでの二倍以上の一四〇議席台へと拡大した。

この欧州議会選挙では、極右勢力の中でEU最大の影響力を持つFNは約二五％の支持率を得た。保守派人民運動連合UMPは二一％、オランド大統領率いる与党社会党は一四％で第三党に転落した。FNはこれまでの三議席から一躍二四議席を擁する大政党の仲間入りを果たした。マリーヌ・ルペン党首は、「新しい二大政党制が現れたのです。FN対UMP、これこそ政治の再編を意味します。対立は「民族主義者」と「グローバル主義者」の対立です」、そして「FNこそ（単独政党としては）第一党です」と、高らかに勝利宣言した。二〇〇九年前回の欧州議会選挙では六％の得票にとどまったが、一四年三月の市町村会議員選挙では一一の地方自治体の市長の誕生を実現した勢いを引き継いだ。

この選挙のFNの支持率は、事務職員（幹部社員ではない）の三八％、労働者の四三％だった。社会党は事務職員八％、労働者一六％、共産党を含む「左翼戦線」では同五％、八％であった。本来社会の低所得層の支持を獲得すべき左派政党よりもFNがそうした社会層を票田としていることがわかる。FNの勢力拡大の最大の理由は、経済危機と社会の不安定化の中で不満層の増大にあった。近代化の波の中で取り残された過疎地、かつて石炭・鉄鋼産業などで繁栄したが、今では基幹産業を失って高い失業率に苦しむ地方都市などにFNは食い込むことに成功した。

選挙直後の保守派との対決姿勢を強調したマリーヌの発言には、自分たちこそ「弱者」の見方であるという自負が見られた。FNはもう「悪魔視」されてはいない、と彼女は強調した。排外主義の過激な勢力というイメージを払拭し、普通の政党として社会に受け入れられてきたのだという自画自賛の意味がそこにはこめられていた（拙著二〇一四）。

三　マリーヌ体制の挫折と復活の模索

二〇一七年大統領選挙の主役、FN

二〇一七年四月・五月に行われた仏大統領選挙で超党派の中道グループ「共和国前進」を率いたエマヌエル・マクロンが大統領に選出された。マクロンは三九歳、フランス史上最も若い大統領だ。決選投票で同氏は約六六％の支持率で、マリーヌ・ルペン候補に圧勝した。

しかし何といってもこの大統領選挙の主役はFNのルペン候補だった。二〇一五年来各種世論調査はルペンが第二回投票に勝ち残ると予想してきたからだった。したがって有権者は第一回投票から、決選投票でルペン候補に勝つことができる候補を選ばねばならなかった。第一回投票前に、「自分が好きな人に投票する」と答えた人は約半分にとどまった。投票は最初からフランス国民にはフラストレーションがたまる「消極的な選択」「負の選択」となった。

ＦＮ陣営の選挙風景は筆者がこの政党に注目し始めた頃はもちろん前回の選挙の時と比べても様変わりだった。選挙期間の最後の休日の午後の会場では、ジーンズ姿やラフな格好の男女カップルが支持者の前で、マリーヌは公約を声高に説明したが、三分に一回は「民主主義」「共和主義」「自由と平等」を連呼した。減税や消費者保護、中小企業の活性化、無医村をなくすことなど庶民受けする公約だ。そして弱者を苦しめているのは国際金融資本であり、リベラリズムの権化であるＥＵとその象徴である統一通貨ユーロ、そしてそれを担うエリートたちだと訴えた。その一方でフェミニストとして女性の人権を擁護すると、返す刀でイスラム教徒の男尊女卑を痛罵、イスラム原理主義こそ、テロの温床であると批判した。久しぶりに筆者が出席したＦＮの集会だったが、父親の時代の一〇％政党から三〇％に迫る支持率を誇る単独最大政党にまで発展した大政党並みの堂々たる政治集会だった。

既成政党の否定――冷めた有権者とアウトサイダーたち

ＦＮ台頭の脅威を前にして、まず右に左に揺れたのが保守大政党のＵＭＰ（のち共和党）だった。右派サルコジ元大統領・中道寄りジュペ元首相・伝統的保守派フィヨン元首相の大物政治家が競った結果、前年一一月予備選挙では予想を覆してフィヨンが大統領候補に選出された。世論調査では単独で三〇％の支持率を誇る最有力候補だったが、一月下旬に身内の架空雇用疑惑事件が発覚してその人気とＵＭＰ支持率は一気に沈んだ。その一方で、オランド大統領の人気低迷と後継者争いから社会党は分裂した。そうした中で左右既成大政党の間隙を縫って、独立系中道左派グループ「共和国前進」のマクロンが中道派、社会党右派、共和党左派の一部を糾合して急浮上したのであった。

したがってルペンとマクロンの決選投票進出は既成大政党の政治に対する国民の不満を表現していた。政治家としての経験もないマクロン、閣僚経験もないルペン、ふたりの「アウトサイダー」が主役の選挙だった。国民は自分たちの生活を改善できない大政党の政治に愛想をつかしていた。サルコジ大統領もオランド大統領も二%以上の成長率を約束したが、任期終了時にはいずれも公約を果たせず、成長率は一・一%、財政赤字率はユーロ圏基準の二・五%に対して、三・四%、政府負債もその基準（六〇%）を超えて九六%に達していた。

第一に、棄権率の高さがそれを示していた。第一回投票の棄権率は前回と前々回を上回り、歴代三番目の約二二%を記録した。第二回投票では一九六九年に次ぐ第二番目の約二五%の高い率だった。

しかしマクロン大統領に大きな期待がかかっていたかというと必ずしもそうとは言えなかった。第二回投票での白票と無効票を加えると、有権者のうち三四%がマクロンとルペンのいずれにも投票しなかった。二つの投票の間に行われた調査では、マクロンに投票すると回答した人のうちで、その理由として「他に人がいないから」とした人が六〇%に達した。逆にルペンに投票するとした人のうち五九%が「ルペンだから投票する」と回答した。既存政党離れの傾向の背景には、現在の政治の在り方に対する国民の不信感と反発があった。

第二に、既存政党にアンチテーゼを主張した政党が勢力を伸ばした結果、第一回投票ではマクロンを筆頭に二位のルペンをはじめ、保守派共和党候補フィヨンと極左候補メランションを含む四者が分立、拮抗する事態となった。フランス政治勢力図の分裂の始まりだった。多党分裂はこの国のお家芸だ。

ポピュリスト、マリーヌ・ルペン

ルペンの躍進をどう見たらよいのだろうか。排外主義は表面上トーンダウンしたが、その日和見的なポピュリズムの片鱗は選挙期間中にも垣間見えた。ルペンはユーロ・EU離脱を掲げながら、その支持は低いと見るや、主張を翻した。ご都合主義と人気取り政策というポピュリストの特徴が健在だった。

五月三日決選投票を前にしたルペンとマクロンの二人だけのテレビ対決が行われた。初めから挑発的言辞でマクロンの動揺を誘おうとするルペン氏の作戦は見事に失敗した。マクロンの政策には財源の根拠をはじめ、理念先行型の発言が多かったと思うが、ルペンにはそこを批判するだけの力量がなかった。FNはユーロからの離脱を主張したが、その場合の国内経済の混乱について意見を求められたマリーヌは、対外決済通貨としてのユーロと国内流通貨幣としてのフランの回復を慌てた様子で主張した。つまりユーロ離脱の主張は、代替策のない反対のための提案に過ぎないことを暴露したことになった。当初六割強の支持を得てマクロンが勝利するだろうといわれていた事前予想は選挙戦終盤に国民戦線が挽回して、接戦の趣を呈していたが、この最後の討論会でルペンはポピュリスト特有の場当たり的な機会主義を暴露し、票差は逆に開いた。

インターネットをはじめとする情報氾濫の時代、「ポスト・トゥルース」と呼ばれる現象が拡大している。嘘であれ、フェイクニュースであれ、勝てばよい。捏造であってもよい。なんであれ、結果こそ真実だ。そこには民主主義の原点である信頼関係はない。説明責任も問われない。これこそポピュリズムがもたらす民主主義の破壊を意味する。大統領になるために巧みに言辞を弄し、その場しのぎの発言を繰り返したルペン候補が決選投票に残った真の危険はそこにあった。

国民議会選挙での敗北

同年六月に行われた国民議会選挙でも、マクロン大統領率いる中道派「共和国前進（ＬＲＥＭ）」が五七七議席中、三六一議席を得て圧勝した。大統領選挙の勢いをそのまま受けて六割の議席を占めた。既成大政党は軒並み支持率を減らし、大物政治家の落選も目立った。とくに社会党の後退は著しく、存続問題にまで発展していた。保守派共和党・民主独立連合は一二六議席（二〇一二年、二三七議席）、社会党・急進左派四六議席（同三二五）、極左二六議席（同一五）だった。

ＦＮは八議席（二議席）しか得られず、大統領選挙の勢いを継続させることができなかった。大統領選挙前にはＦＮは五〇議席から八〇議席獲得という予想もあった。大統領選挙直後にはＦＮのベイ幹事長は「五月七日（大統領選挙第一回投票日）には、マリーヌ・ルペンは四五選挙区で五〇％を超え、一一一の選挙区で四五％の支持率を超えていた。これらの選挙区では勝利すると思う。……この成果は六月に大量の愛国的な（ＦＮの）国民議会議員を選出させることになるだろう」と豪語していた。

マリーヌ・ルペンだけが気を吐いた。ＦＮがずっと市議会を握っているエナン・ボーモン市の選挙区から立候補し、五八・六％の支持率を獲得し、面目を施した。同選挙区では二回敗北していただけに、大統領選挙で舐めた苦杯を挽回することに成功した。

極右の伸び悩みとその理由

どうしてＦＮの勢いは止まったのであろうか。第一に、大統領選挙で第二回投票に残ったとはいえ、惨敗であったことは支持者を大いに落胆させた。大統領選挙後ルペン大統領誕生の期待があまりに強かったため、

FN支持者の挫折感は大きかった。煽情的な極右勢力特有の傾向だ。マリーヌ自身の落胆も大きく、大統領選挙敗北後一〇日間も公式舞台に出ず、総選挙の準備も遅れた。「マリーヌは疲れている」とまで『フィガロ』紙は書いた。加えて、こうした政党にありがちな内紛が持ち上がった。マリーヌが党首となってから社会福祉・民主化・共和主義を標榜することによって党勢を拡大してきたが、大統領選挙直後に旧来の支持者からの現体制に対する批判が沸き起こった。その路線を主導するフロリアン・フィリッポ副党首に対する批判だった。

その大きな衝撃はジャン・マリ・ルペンの側にいつもいた孫娘マレシャル（国民議会議員）が、大統領選挙直後に自分は六月の選挙には出ないと早々と声明したことだった。彼女はフィリッポ副党首のいわば「普通の政党」路線に反対する急先鋒だった。そして火に油を注ぐ格好となったのが、フィリッポが自分の政治グループ「愛国者たち」を組織し、党内での勢力固めに入ったことだった。党内の内紛の中でマリーヌ・ルペンは選挙に向けた集中力を欠いた。

もともと父ルペンの排外主義路線と、マリーヌ・ルペンの民主化積極路線は二つの反対方向性を持っていた。ルペン親子の微妙な関係と危うい バランスの上にかろうじて両立してきたからだ。それができたのは、この党が同族経営的な家産政党であるからだ。筆者はその前から同党の存続は、大統領選挙に勝てないまでも第二回投票に残るか、残っても面子の立つ負け方をすることにかかっていると繰り返し述べてきた（拙著二〇一五、二〇一六）が、いち早く大統領選挙直後にそれは顕在化していた。

この選挙では初めて国民戦線に連合する勢力が出た。右派ドゴール主義・主権主義を標榜する、デュポン・テニャン率いる政党「立ち上がれフランス」だ。FNは単独政党としては第一党であるが、共闘する政党がいないことが最大の欠点となっていた。選挙後ルペンはこの政党と同盟を結成し、党改革を進めていくことを言明した。側近のフィリッポ副党首は党名の変更にまで言及した。当然この主張は党内の伝統的右派の反発を買った。

脱悪魔化のための党名変更――FN（国民〈民族〉戦線）からRN（国民〈民族〉連合）へ

実は国民戦線の党名変更の提案は大統領選挙終了直後から出はじめていた。マリーヌは一千万票以上の同党の記録的な支持票を集めたにもかかわらず、FNは決選投票では三四％の支持率しかえられなかった。このことは同党指導部に大きなショックであった。つまり連立する政党がいなかったからだ。党のイメージをどう変えていくのか。国民議会選挙を前にした他党の連立は喫緊の課題であった。

「私たちは運動の機能を近代化し、民主化しなければなりません。それこそが私たちの党を上昇させるのです」とマリーヌは述べた。五万一〇〇〇人の党員にアンケートを行った。そして三万人からの回答があり、その九八％が「移民を劇的に減少させることを望む」と答え、党の移民取り締まりと治安強化を支持していた。対EU政策関連では、およそ九〇％と六七％の支持者が、フランスのEU加盟継続の国民投票実施と単一通貨離脱を肯定した。支持者拡大と他党との連立のためにマリーヌが提案した党名変更についてはかろうじて過半数を超える五二％がこれを支持した。当然この党名変更の反対の急先鋒に立ったのは同党創立者の父ルペンだった。父ジャン・マリ・ルペンは娘の党名変更提案に対して「裏切りの提案」と真っ向から反対した。

二〇一八年三月、リールの党大会で党首に再選されたマリーヌは、党名を「国民連合（民族結集）Rassemblement National」と変更することを提案した。「この名前、FNは勇壮で栄誉ある歴史を持っているが、皆さんよく知っているように、正直に言って多くの人々には心理的束縛となっています」と彼女はこの大会の締めくくりで述べ、「フランスが政治的再編成される時に、私たちの〈結集〉の意志を明らかにすべきなのです」と最後に加えた（*Radio-Canada Info*, le 12 mars 2018）。

実はこの「国民連合（民族結集）ＲＮ」という表現はすでに一九八六年から八八年にＦＮが初めて国民議会で議席を持った時に用いられた「国民戦線-国民連合（ＦＮ-ＲＮ）」という呼び方に因んでいた。しかし名称が変更されるからと言ってＦＮの理念やスタンスが変わるわけではない。「私たちは私たちの国にいます。自分たちの土地に根付き、グローバリゼーションに対抗する自分たちの価値と原則を賞賛すべきなのです」とマリーヌは力説した。

新党首としては八〇パーセントの支持を得ていたが、党名変更は過半数を辛うじて超えただけの支持しか得られていなかったので、マリーヌもこの時大胆な改革提案はできなかった。「小さな革命」と当時の情報誌（*Radio-Canada Info*, le 12 mars 2018）は伝えた。しかし党組織が改組され、党幹部はマリーヌの側近で固められた。中央委員会は全国評議会へ、評議員にはマリーヌのパートナーのルイ・マリオ（ピレネー・オリアンタル議員）、スティーヴ・ブリオワ（エナン・ボーモン市長）は留任、ニコラ・ベイ、ブルーノ・ゴルニッシュ（元副代表）、ジュリアン・サンチェスらが選出された。政治理事会は全国理事会と名称を変えた。度重なる反ユダヤ的な発言で、父ルペンは二〇一五年には党員資格を剥奪されていたが、この大会で名誉党首のポストは正式になくなった。

ＲＮの停滞――マリーヌ苦節の時期

しかし党名をRNに変更した後も、その勢いは低迷したままであった。情緒的な政党特有の挫折感が支持者の気持ちだった。それは二〇一九年まで続いた。マリーヌのRNは低迷したままだった。一七年の大統領選挙の敗北の責任を問われ、党内の批判を浴びて副党首フィリッポが最終的に離党、「愛国党」を立ち上げた。他方で相変わらず人種差別的発言を続ける父親ジャン・マリ・ルペンとの摩擦も大きくなり、支持者の嫌気を買った。RNは分裂の危機を迎えたかに見えた。

こうした中で大統領選挙前の最後の選挙として注目されたのが、二〇二一年六月に行われた地域圏（州）議会選挙だった。すべての地域圏で現職議長支持派が勝利した。共和党（LR）が七地域圏、社会党が五地域圏で多数派となり、議長職を維持した。大統領与党のマクロン派（共和国前進、LREM）で、第二回投票進出が認められる一〇％の支持率を得られたのは八つの地域圏だけだった。現政権に対する批判が、これまでで最高の六七％という棄権率に示されたことだ。「不信感」と「無関心」がその理由だった。大統領派の惨敗だった。

他方でRNも予想外に伸びなかった。事前の世論調査では本国一六地域圏でトップの支持率を得られると予測されていたが、結果的にはRNが第一党となったのは南仏プロバンス・アルプ・コートダジュール（PACA）だけだった。第一回投票では現職ミュズリエ議長（共和党LR候補）の得票率が三一・五％、RNのマリアニ候補は予想以上に差が詰められており、トップではあったが、三七％の支持率にとどまった。その結果第二回投票ではほかの政党と連合したミュズリエ現職議長が当選した。手痛かったのはRNの地盤であった北仏オート・フランス地域圏で保守派の領袖、元閣僚のベルトランに大差で敗北したことだった。保守派を勢いづけることになったからだ。しかしいずれにせよ、二〇一五年の前回選挙で党首マリーヌ・ルペンと姪のマリオン・マレシャル・ルペンが断トツで第二回投票に駒を進めた勢いはなかった。ＲＮの大敗だった。選挙でＲＮが予想外の低迷に終わったことは、ＲＮが普通の政党化することによる限界を垣間見せたことだった。

ＲＮより急進的なゼムールの登場

二〇二一年秋ごろからエリック・ゼムールが躍進してきて、ＲＮは窮地に追い込まれる。

ゼムールはアルジェリア系ユダヤ人でエリート校パリ政治学院出身のジャーナリスト。『パリ・クォティディオン』紙の政治部記者であったし、ＣＮＥＷＳのレギュラーキャスターを務め、『アンフォ・マタン』紙や『フィガロ』紙などに執筆するタカ派のジャーナリストで、「ジェネラシオンＺ」というグループを結成して大統領候補への野心を露わにした。ＴＶフランス2やラジオ・ルクセンブルク（ＲＴＬ）などにも出演して歯に衣着せぬ論調で差別的発言を続けて人気を得た。二〇二一年一一月末に大統領選挙立候補を宣言。自身は自分の立場をゴーリスト・ボナパリストと位置付けていたが、二〇一〇年の舌禍事件では、麻薬販売などの犯罪の可能性があることから黒人・アラブ系移民は警察の調査・検査が必要と発言して物議をかもした。反人種差別団体などから訴えられて、訴訟騒ぎになった。加えて、保守的・伝統的ナショナリストの姿勢は、フェミニズム・ゲイ批判、女性の社会進出反対、ヴェールの禁止などにみられた。

ゼムールは「レコンクェット（失地回復）」という政治集団を結成してマリーヌ・ルペンの「脱悪魔化」の姿勢には批判的で、彼女に対する不満層の支持を得て急速に大統領選挙の前の年から人気を急上昇させ、一時は世論調査でマリーヌを抜く勢いを見せた。

ゼムールの主張は、FN／RNと同じ排外主義・伝統的ナショナリズムを基本とするが、論調や提案する政策はRNよりも過激だ。五つの優先政策として、アイデンティティ・教育・減税・産業・外交的自立を掲げるが、とくに移民・外国人取り締まり強化を最大の目標とする。二〇二二年大統領選挙では、二重国籍の犯罪者・累犯軽犯罪者の国籍剝奪、青年年齢引き下げ、外国人非行受刑者一万人の国外追放、一万人分の収容可能な刑務所の設置、死刑復活、反リベラリズムと欧州統合反対、伝統的な家族観や女性観、反移民・人種政策・同化政策・反人権・フランス国民第一主義を主張した。

ゼムールの支持率が急速に向上した背景にはマリーヌが進める「脱悪魔化」に対する反発が強まったことがあった。つまり、政治スタイルの穏健化や社会保障政策重視は排外主義を強調する父ルペン以来の伝統的極右支持者には容易に受け入れられるものではなかった。党内右派はマリーヌを離れていった。同時に父ルペンの影響力も後退していた。

写真5　マリオン・マレシャル・ルペン

こうしたマリーヌ批判派の受け皿としてこの時期に現れたのが、ゼムールだった。マリーヌの側近、ニコラ・ベイはゼムール支持、やはりマリーヌの脱悪魔化に批判的な将来のマリーヌの後継者と目される姪マリオン・マレシャルらはゼムールの方に傾いた。ゼムールは自分が大統領になったら、マレシャルを首相として迎えると秋波を送った。選挙後もマレシャルはマリーヌとは一線を画してゼムールとの協力関係を維持するようになった（拙著二〇二二）。

四　二〇二二年五月大統領選挙の「勝利」

極右ルペン、「勝利宣言」

二〇二二年四月二四日の大統領選挙第二回投票結果は、中道派（「共和国前進」ＬＲＥＭ）マクロン前大統領の大勝だった（五九％、ルペンは四一％）。マクロンは午後八時過ぎブリジット夫人とＥＵの歌であるベートーベンの「喜びの歌」をＢＧＭにしてエッフェル塔下のシャン・ド・マルス公園の演壇に歩み寄った。勝利宣言のこの夜、マクロン大統領は一九六九年以来の二番目に高い記録を示した棄権率（二八％）を意識して、ルペンの名前まで上げ、そこに示された国民の「怒りと不合意」の意思にはきちんと答えねばならないと語気を強め、これまでのやり方を変えていくと語った。

これに対してルペンは、かなりの票差が付いたにもかかわらず、「華々しい勝利」と「勝利宣言」した。二〇〇二年父ルペンが第二回投票に残った時に第二回投票で二五％とれば「勝利」だと述べたそのひそみに倣ってのことであったが、二〇日の夜の最終候補二人の討論会では、政策上の安心感についてはマクロンに軍配が上がったものの、親しみやすさではルペンの方がわずかにリードした。得票率にしてマリーヌに代替わりした前回の三四％から七％、票数にして約五〇〇万票も伸ばしたので、「勝利」とは手ごたえがあったという意味だ。

RN本質の不変

この大統領選挙でRNは前回の反省から、EU政策を修正した。しかし「脱悪魔化」が表面上進んでいるように見えて、その政策の本質が変化しているわけではない。

大きな変化はユーロ離脱を修正したことだった。もはやフランスがEUと切り離されて成り立つことはない。後述するように、欧州右翼ポピュリストはEUそのものに反対するよりもハンガリーのオルバーン首相のように今日のエリート主導のグローバリズムを根拠とするEUという形での欧州統合には反対するが、「民族多元主義の欧州」統合を目指している。いわば「欧州人第一主義」ともいえるスタンスだ。

それはこの大統領選挙で掲げたRNの社会政策に明瞭だった。社会保障政策重視とフランス国民優先主義だった（RN選挙公約「Programme2022」から筆者抜粋作成）。

①　すべてのフランス人家族への手当と不正支出防止／エネルギー生産へのTVA引き下げ

②　若年層支援：フランス人優先の公共・学生住宅（一年で一〇万軒のうち二万軒は学生と若年労働層）／年金最低額一〇〇〇ユーロ／二〇歳以下からの就労者への六〇歳（現在六二歳）定年制導入・年金給付期間の短縮／三〇歳以下の所得は無税／三〇歳以下の若年カップルに対して住宅支援として一〇万ユーロを上限とする無利子の融資

③　衛生強化：地域衛生保険所の廃止／地域圏（州）に病院の管轄を委任／介護者の育成／公共病院の監理職ポストの一〇％上限／電話診断の拡大／医師の権限拡大／ワクチン接種の非強制

④　外国人対策：難民認定の制約（海外からの申請に限定）／出生地主義の廃止と帰化を厳しくする／

正規化禁止と国外退去の奨励／孤独な外国人青少年の身元確認と送還／海洋・海外国務省設置（国境管理や海外経済発展のため）

⑤ 反イスラム：イスラム教のイデオロギーの流布の禁止と教育の強化／公共でのこれ見よがしの宗教的服装と象徴の着用禁止

⑥ 治安対策強化：治安と司法への一五億ユーロの予算割り当て／勾留収容所に八万五〇〇〇室の増設／警察・憲兵に対する正当防衛の判断基準を再検討／寛容ゼロ政策、二万五〇〇〇の留置所部屋設置／犯罪年齢を一六歳に引き下げ、累犯者の親への社会援助停止／治安部隊の強化／司法官の倍増／死刑復活

改めて言うまでもなく、公約には「貧しい者・弱者の味方」という社会保障重視の姿勢というポピュリズムを前面に立てながら、他方で排外主義・治安強化の主張が強調されている。政策の二面性、二つの顔はまさにＲＮの正体だ。

野党第一党となったＲＮ——右傾化と新しい政治勢力地図

マクロン優勢で進められた選挙戦だったので、早々に各党は六月に控えた国民議会（下院）選挙の準備に入っていた。ＲＮも前回の轍を踏まぬように今回は準備周到だった。

ＲＮはこれまでの六議席から大躍進し、八九議席を獲得して野党単独第一党の地位を占めるようになった。これまでも二〇一七年の大統領選挙以来、一九年欧州議会選挙でＲＮは単独政党としての得票率では第一位

であったので野党第一党と称していたが、小選挙区制のフランスではなかなか議席数は増えず、議席数の上で野党第一党の実態はなかった。しかし今回の議会選挙では文字通り野党第一党となったのである。

フランス国民議会選挙（総選挙）第二回投票でマクロン大統領の率いる与党中道派（「共和国前進」）と「民主運動」などのグループ「ルネサンス」は単独過半数が取れず（総議席五七七議席、過半数二八九議席）、二四六議席にとどまった。他方で極左メランション率いる「不服従のフランス」を中心とする社会党左派、環境派の連合「ＮＵＰＥＳ」は大躍進して一四〇議席を獲得した。

一九八〇年代から九〇年代にかけて大統領の任期（当時七年）と下院議員の任期（五年）に違いがあるため、大統領任期期間中に最低一回は総選挙があった。したがって大統領が不人気の時には議会で大統領野党が多数派になるという「ねじれ現象」＝「コアビタシオン（共棲政治）」が、ミッテランとシラク時代には三回も実現し、政局は混乱した。したがって二〇〇一年の法改正によって大統領の任期を五年に短縮、大統領選挙と議会選挙を同時期に行えば大統領与党が議会でも過半数をとることができるのでコアビタシオンは回避できるという政権安定を目的とした措置が取られた。二〇〇二年以後二〇年間フランスでは政権の安定性はそうした形で確保されてきた。

宙づり議会の政治勢力構図――マクロンは保守派政治家

ルペン勢力の躍進で、その予定調和は崩れた。大統領与党による安定した政権運営に警鐘がなり始めたのである。大統領与党が議会で過半数を取れなかったからだ。

左右両翼の極端派と中道派による宙づり議会の政界地図は第五共和制の歴史の中ではそれまでになかった。

それは正確にみると、極左（NUPES）／中道＋保守派（ルネサンス・共和党）／保守派（共和党右派）＋右翼（極右）という組み合わせといった方が良い。ここでは従来の伝統的政党で既成政権政党である穏健左翼・中道左派（社会党）と保守派・中道右派が泡沫政党化し、極左と極右のモーメントが相対的に強くなった（二〇％台の支持率）なかで、中道＋保守派の大統領が誕生したという構図が浮き上がってきた。しかも左翼ではメランション率いる勢力だけが突出し、穏健左派勢力が泡沫化し、中道派に吸収されたため、政治軸は大きく右に傾いたのが実態だ。右傾化した三つ巴の構図だ。

ひとつ指摘しておかねばならないのは、メディアを含む日本のフランス政治理解の「革命的左翼志向」の偏見だ。フランス政治は左右両極の対立の構図が歴史的伝統であるから、中道派と称するマクロンの与党「ルネサンス」を中道左派ないし穏健左翼とみなしている論調がまだ眼につく。しかしマクロンは従来保守派を支持してきた大企業を含むビジネス界の全体的な支持を得ており、その意味では経済政策は資本側寄りであることは、第一期目の政策がそれを証明してきた。つまり社会民主主義的な従来の社会党の系列とはいいがたいことである。マクロン自身前政権のオランド大統領の秘蔵っ子であったことから、筆者を含めて当初そういう見方が有力だったが、「全能の神ジュピター」に擬えられた第一期五年間のマクロンの政治手法と政策は一部の人道的政策を別にすると明白な保守政治であった。二〇二二年大統領選挙第一回投票でマクロンに投票した人の四七％は自分が右派（保守派）だと考えていた。

五　キングメーカーになったルペン

二〇二四年欧州議会選挙、右翼ポピュリストの拡大

二〇二四年六月の欧州議会選挙では、統合推進二大政党（中道右派「欧州人民党（ＥＰＰ）」と中道左派「社会民主党（Ｓ＆Ｄ）」）が、中道リベラル派「欧州刷新（ＲＥ）」「環境派」と合わせて、七二〇議席中、四五四議席を獲得し過半数を制した。二〇一四年以来ＥＰＰは二回続けて後退していたが、このときは一八九議席を獲得、前回から一三議席増え、回復の兆しを見せた。しかしＥＵ統合推進派のこれら四党は改選前（二〇一九年欧州議会選挙後、英国が離脱して議員総数は七五一議席から七〇三議席へ。その後の調整で二〇二四年現在七二〇議席）には四八二議席だった。したがってＥＵ統合派は議席数では後退したのが現実だった。

他方でＥＵ統合反対派を多く含むこれまでの「野党勢力」の両会派（右翼ポピュリスト「欧州保守改革派（ＥＣＲ）」と「欧州のための愛国者（ＰｆＥ、「アイデンティティとデモクラシー（ＩＤ）」が七月に発展的解消）」は七八議席と八四議席で、それぞれ九議席と三五議席、議席を増やした。前者はメローニ伊首相の率いる「同胞」やポーランドの「法と正義（ＰｉＳ）」、後者はＲＮやハンガリーのオルバーン率いる「フィデス」、イタリアの「同盟」、スペインのＶＯＸなど右翼ポピュリスト政党で構成される。そこに極右「ドイツ国民のための選択（ＡｆＤ）」の一四人を中心に新たに結成された会派「主権国家のヨーロッパ（ＥＳＮ）」の二五議席が加わり、右翼ＥＵ懐疑派は改選前のＥＣＲとＩＤの合計数一一八議席から一八七議席となり、七〇議席ほど増加した（右翼諸派・無所属がその分減った）。院内各派の再編成の結果、統合派が後退し、ＥＵ反対の極右勢力が議席を増やしたというのが現実だった。

実際に各国では欧州懐疑派勢力の安定が再確認された。フランスでは八一議席中三〇議席（得票率三一・

三七％）を獲得して第一党となったが、ルペンの姪マレシャル・マリオンが筆頭候補となった極右「誇り高きフランス（中心は「レコンキスタ（失地回復）」）」の五議席と合わせると三五議席と最大勢力となった。ドイツでも、与党が敗退し、極右ＡｆＤは一六％の支持率を得て、前回二〇一九年の選挙から九議席増やして一六議席を獲得、一躍第二党に躍り出た（拙著二〇二四）。

フランス総選挙、三党鼎立の定着

フランスでは欧州議会選挙で大きく自勢力を後退させたマクロン大統領が与党勢力挽回のために心機一転、抜き打ち解散総選挙という「賭け」に出た。しかし七月七日の第二回投票結果では、大統領の第一の狙いである与党中道派「アンサンブル（みんな一緒）」は過半数どころか大敗（五七七議席中、一六八議席）、与党勢力への求心力の回復とはならなかった。他方で与党中道派と極右の対立の間隙を縫って極左「不服従のフランス（ＬＦＩ）」を中心とする「新しい人民戦線（ＮＦＰ）」が第一党（一八二議席）、ＲＮは単独過半数には遠く及ばなかったが、一四三議席を獲得した。三党鼎立の絶対多数派のいない「宙づり」議会となった。

第一回投票（六月三〇日）ではＲＮは三三・三％という同党最大の得票率を記録し、二五八の選挙区でその候補者がトップ、第一回投票の得票率では第一党となった。第二回投票でもＲＮが第一党になるのではないかと、懸念された。しかし最終的には全五七七議席中、第一回目投票結果では三つ巴、四巴えの争いとなる可能性のある選挙区三〇六議席のうち約二二〇の選挙区で、ＲＮ候補の当選（過半数獲得）阻止のために、ＬＦＩ・環境派・共産党・社会党他が結成した「新しい人民戦線（ＮＦＰ）」と、中道派アンサンブル・共和党（ＬＲ）が「共和派戦線」（反ＲＮ連合）を結成して選挙協力し、候補者の一本化を行った。結果的にそれらの大部分の選挙区で「共和派戦線」が議席を獲得、RNは敗北した。しかしRNは前回の八九議席から大幅に議席を増加させ、政局の帰趨を左右するだけのキャスティングボートを握った。

抵抗する人々、ポピュリズム――既成大政党へのアンチテーゼ

極右と極左の勢力拡大は既存大政党離れと裏腹だ。それはすでに八〇年代末、ミッテラン後期時代から言われ始めており、今世紀に入ってそれが次第に顕著となっていた。そうした中で左右の両極端の勢力が勢いをつけていったが、ミッテラン派のメランションが二〇〇八年社会党を離党して左翼党を結成後、中道化する社会党への対抗勢力として拡大した。二二年大統領選挙では三位にまで躍進した。マリーヌ・ルペンがRN党首を引き継いでRNのさらなる躍進を実現した時期と重なる。社会党ミッテラン時代の六〇歳年金支給、資本家・株主らの報酬規制、金融取引税導入、時短労働など社会主義的政策と大統領権限の削減による議会中心主義への回帰を意味する第六共和政の主張を特徴として伝統的左翼のスタンスを売り物にしてきた。その意味からは社会党右派・中道派のマクロンとは相いれない。

二四年総選挙でRNは購買力向上、治安強化、移民取り締まり厳格化の三つを主要政策分野とした。年金給付開始年齢を六四歳から六二歳へ引き下げ、購買力向上のためガソリン・エネルギー付加価値税率（VAT）の二〇％から五・五％への引き下げ、社会保険引き下げなどを提案。他方でNFPも年金満額支給年齢を六四歳から六〇歳へ引き下げ、購買力向上のため法定最低賃金（SMIC）の一六〇〇ユーロ（税引き後）への引き上げと物価スライド制の導入、物価抑制策として生活必需品の価格凍結、エネルギー課税軽減などを挙げた。与党は受け身に回らざるをえなかった。既存の二大政党対立の構図の中で不満を持つ人たちの不

満の捌け口の受け皿となっているのが左右ポピュリズムだ。

選挙二カ月後の首班指名、キングメーカーになったルペン

九月五日、難航の末、マクロン大統領は新首相にミシェル・バルニエを指名した。保守派共和党出身のバルニエは、環境相、欧州問題担当相、外相、農業・漁業相、欧州委員会委員を歴任し、英国のEU離脱交渉の際の欧州委員会主席交渉官を務めて国際的に名前が知られるようになった七三歳の古参の保守政治家だ。七月の国民議会選挙でマクロン派与党が大きく勢力を後退させたことを受けて、アタル首相が早々に辞任を表明、二カ月余りにわたる実質的な政府不在という前代未聞の混迷した政局はひと段落した。

しかしバルニエ政府誕生には、最終的にマリーヌ・ルペンの意向が大きく作用した。当初左翼メランション自身が議会第一党代表として首相候補に名乗り出たが、一徹で強引な性格の同氏には左翼内部でも反発が大きく、三つ巴の最大勢力の代表であるメランションは立候補を断念、その後左翼連合「新しい人民戦線（NFP）」のルシー・カステット（LFI）やオリヴィエ・フォール社会党第一書記長、マクロン第一次政権のフィリップ首相（共和党、現在「ホライゾン」党首）などの名前が出ていたが、決まらなかった。九月三日にマクロンとルペンの話し合いがもたれ、その他の候補の名前も俎上に上った。大統領はベルナール・カズヌーブ元社会党首相、経済社会環境評議会議長のティエリ・ボーデ、サルコジ大統領時代の保守派の重鎮グザヴィエ・ベルトランなどを提案したが、いずれもルペンは拒否、最後にバルニエをルペンは承諾した。

これに対して自勢力候補カステットが拒否されたこともあり、左翼「新しい人民戦線（NFP）」は、議会開催冒頭で内閣不信任案決議を提案する予定であると言明した。つまり自分たちは議会第一のグループで

あるが、その勢力から首相が出ないというのはデモクラシーの論理に悖るというのがメランションらの言い分だ。不信任案が決議されれば、マクロン政権そのものの崩壊の可能性があった。三つ巴状況でその可能性が出てきたのだ。

ルペンはこれに巧みに応じた。RNは反与党の急先鋒の立場からこれまでにも首相不信任決議を支持してきた。二〇二二年七月エリザベス・ボルヌ首相指名、アタル首相指名時にはRNも内閣不信任案を支持した。しかし今回RNは方針転換した。二二年マクロン第二期政権になってから、RNは是非論から大統領支持に回る機会もたびたびあった。マリーヌは内閣不信任案については条件付きの態度を示したのである。つまり所信声明をし、活動を始めるのを待つこともなく、政府不信任決議を支持することはないという方針を示したのだ。与党懐柔政策ともいえる曖昧路線だ。新首相の政権の中身を確認した上で不信任するか否かを判断する、という方針だ。いかにも是々非々論の主張だが、マクロン大統領の窮地に恩を売る一方で、生殺与奪の鍵は自分の手から離さないという巧者の立場だ。「国民議会の流れは自分たちがつくる」という発想だ。移民取り締まり・治安対策強化、購買力向上などでRNの意に反した政策が実現しないようにRNは圧力を強めることが予想された。新政府不信任案決議をめぐる議論を政府との交渉カードに使ったのだ。そこにはルペンの深謀遠慮があった。

一転、内閣不信任案支持

しかし二〇二四年一二月初め次年度予算案をめぐって紛糾した末、再びNFPが国民議会で内閣不信任動議を提出、今度はルペンがこれを支持した。不信任動議は過半数を大きく上回る三三一票の支持を得て決議され、九月に発足したばかりのミシェル・バルニエ内閣は発足後三カ月を経ずして倒壊した。翌日マクロン大統領はテレビ演説で、近日中に次期首相を任命すること、自分は二〇二七年まで大統領任期を全うするつもりであることを明言したが、次期内閣の行く末も、自身の任期全うも疑念視する声が大きくなっていた。大統領支持中道派「民主運動」の古参政治家バイルー代表が首相についた。しかし絶対過半数が存在しない「宙づり議会」の今後の運営は多難だ。ＲＮの動向が政局を大きく左右する事態は変わらない。

「二つの顔」の均衡

マリーヌは共和主義を新たに強調し、女性の社会的役割と自立を強調した。マリーヌ党首の下での穏健路線が女性党員の増加にともなう党勢拡大に成功した理由であった。

しかし同時に移民・外国人をスケープゴートとする排外主義の看板と完全に決別することはできない。マリーヌ自身はその方面での発言をできるだけ抑制することに努めているが、それはこの党が自身のアイデンティティを維持しようとする限り背負わねばならない十字架でもある。マリーヌの穏健路線が日の当たる部分とすれば、この党の本質そのものはこの影の部分にある。

実は影の部分を担い続けたのが、父ジャン・マリ・ルペンだった。父娘は表向き路線対立でいがみ合い、対立していたが、この負の部分の支持者を父が確保していた上に、マリーヌの穏健路線を支持する層が上乗せされてきたのが党勢拡大の実態だったと、もともと筆者はみていた。逆説的だが、党の路線が分立したことによって党勢は拡大したということになる。しかし娘が主役になり、父ルペンが二〇二五年一月に死亡した後、「アウトサイダー」を標榜し、ＲＮ本来の主張である排外主義を盾に極端な形で人心を籠絡した父ルペンの役割を誰が担えるのか。

「同族経営」の家産政党であるRNはその点では結束力は強い。マリーヌを中心に、現在の党首、ジョルダン・バルデラはジャン・マリ・ルペンの長女カロリーヌの娘婿だ。マリオン・マレシャル・ルペンは次女ヤンの娘だ。ゼムールがルペン家族の外から極右排外主義の主張を標榜し、それを父ルペンの人望を継承するようにマレシャルが支持する。

世代交代を通して「脱悪魔化」と「悪魔性の継承」の両翼、二つの顔をルペン家族が担っているのだ。RNの存続力はそこにある。

第Ⅷ章　マリーヌ・ルペン、半生・価値観・組織

一　マリーヌ・ルペンの生い立ち

爆弾テロ事件とルペン家の娘であること

それではジャン・マリ・ルペンの末娘、マリーヌとはどんな人物なのか。

マリーヌ・ルペンは一九六九年、パリ郊外の裕福なヌイイ市の産院で父ジャン・マリ・ルペンの三女、三人姉妹の末っ子として生まれた、時あたかも「一九六八危機」の翌年であり、父ジャン・マリ・ルペンは議員の職もなく（六二年総選挙で敗退）、政治的には不遇な「砂漠の行進」の時代だった。

マリーヌの名付け親アンリ・ボーテイは「ムッシュ・エリック（エリック氏）」とルペン家では呼ばれていた。彼はもともと母ピエレットの知り合いだったが、彼女もその職業については深く知らなかった。パリのいかがわしい界隈として有名なピガール街でいくつものバーやホテルを経営していたが、売春斡旋と不正会計で罪を問われたこともある人物だ。マリーヌはフランス社会の闇の部分を背負って生まれた女だったのかもしれない。

しかしマリーヌという女性自身が闇の世界の人間であったわけでは決してない。父ルペンは感情の起伏の激しい野心家としての一面はあっても当時としては高学歴者だ。ただ、その生きざまは尋常ではないし、反社会的な行動に出ることも多くあった人物だ。敵も多い。そうした特殊な家庭で育った人間が社会の歪みと全く無縁であるともまた思えない。特殊な環境の中で紆余曲折を経た歪んだ性格形成が行われていったことも想像に難くない。

なかでも少女のマリーヌに大きな影響を与えた事件があった。一九七六年一一月二日、パリ一五区ヴィラ・ポワリエのルペン家自宅アパートの爆弾テロ事件だ。アパートが崩壊するほどの大量の爆弾が仕掛けられていた。当時大きな話題となった事件で、新聞紙上でも大きく写真入りで取り扱われた。両親は五階で寝泊まりし、その階はルペンの政治活動の集会所でもあった。三人の娘たちはその上の階を寝所としていた。この日の早朝四時ごろ大爆発があった。そのとき三人の娘たちはぐっすり眠っていた。

三十年後になって、マリーヌはそのときのことを、騒音もなく、ただ大きな突風の記憶があるだけだと答えた。

「私を目覚めさせたのは寒気（恐怖）だわ。それが静粛さ（死の意味）でなければのことだけれど。死の恐怖からの静粛は耳をつんざくほどの大きな音で（ショックで）、八歳の少女を（人生）最初の眠りから目覚めさせたのよ」と語っていた。彼女の寝室はガラスの破片で埋めつくされてしまった。煙幕で何もみえなかったが、次女ヤンの声がかろうじて聞こえた。彼女は「動かないで」と叫んでいた。階段は崩壊して二十メートルほどの穴が開いてしまった。両親の部屋がある階に設置された二〇キログラム（警察発表では五キログラム）のダイナマイトの爆発の傷跡だ。

「（その後）私たち三人はヤンのベッドの上にそろって、跪き、震えながら、手を取り合って、絶望の中で必死の気持ちで祈ったわ」

と少女の時に経験した恐怖を語った。しばらくすると、下の階から父の声がした。

「娘たち、生きているか」と。

幸い彼女たちはかすり傷だけで、身体的には大きな被害を受けなかった。奇跡としか言いようがなかった。テロ事件が起こるたびに、マリーヌは自分こそこの時の爆弾テロ事件、二〇キロのダイナマイト・テロの犠牲者だと後々繰り返して述懐する。実はルペン家に爆弾がしかけられたのはこのときだけではなかった。爆弾騒ぎはそれまでにも一九六一年と七五年にもあったが、この時ほど大きな爆発ではなかった。

この騒ぎはルペン家にとっては生死を分けた大事件だったが、警察当局は当時極右勢力間の抗争事件としかみなさなかった。犯人逮捕のため警察当局がどこまで本気で事件解決に向けた捜査をしたのか、マリーヌに確信はなかった。警察当局は、容疑者二人を一旦は逮捕したが、その後証拠不十分で容疑を取り消し、そこで捜査は打ち切られた――「自分たちは軽く扱われている、社会の片隅の存在に過ぎない」、子供心にマリーヌ・ルペンはそうした思いを持ったに違いなかったと、彼女の伝記を書いたフレストとヴネは語る。そして彼女はこの事件で、自分の父親は普通の人ではないことを強く自覚した。「父を守る」――幼いマリーヌの決断だった。自分の父は普通の人ではない。極右はしばしば暴力集団のように語られるが、自分たちこそテロの犠牲者だ。マリーヌの偽らざる本音だった。この事件は後々まで彼女の治安問題の発言の根源に沈殿した記憶となった（Marine Le Pen）。

この事件直後、ルペンの家族はランベールのサンクルー市の屋敷に移った。セメント財閥ランベール家の邸宅は広大なナポレオン三世時代の建築物だった（第Ⅳ章）。サンクルーはパリ郊外の高級住宅地、オード・セーヌ県の「ビバリー・ヒルズ」と呼ばれた。そしてこの屋敷はパリを見下ろす高台に位置し、そこからエッフェル塔が見えた。そしてこのランベール家の屋敷は、当時華やかなパリ社交界の一翼も担っていた。父ルペンはここで著名人との親交を育んだ。世界的な美男の映画スター、アラン・ドロンやブルボン王家の末裔の人々との交際だった（Fourest, Caroline et Venner）。

しかし父ジャン・マリ・ルペンはお金に厳しい人だった。雇用人の電話の明細にまで直接目を通したという。そして父は決して娘たちを甘やかそうとはしなかった。特殊な家庭に育った娘たちは、普通の家庭とは異なった環境や周囲の目にさらされているので自力で活路を開いていかねばならなかった。ルペンという特殊な名前、世情をにぎわす父ルペンの言動は、ルペンの娘たちを自分たちが特別な家族の一員であること、普通の家庭の子供ではないことを否応なく自覚させるものだった。父ルペンは、彼女たちをカトリックの私立学校には行かせず、公立の学校に行かせた。当然その名前から、サンクルーの初等・中等教育の期間、娘たちは学校でのいじめの対象とならないはずはなかった。しかし、子供たちに対するいじめに対して、父ルペンは娘たちの精神的な支えになろうとは決してしなかったようだ。彼女たちの父ジャン・マリ・ルペンはその名前からくる宿命に子供たちを慣れさせようとした。娘たちは過保護に育てられたわけでは決してなかった。

マリーヌが聖処女のペンダントをかけているとセーターの下に隠すように教師に指示された。フランスの公立学校では世俗主義、政教分離の原則から宗教的衣装や装飾的表象の着用は禁止されているからであった。長女マリ・カロリーヌは個人調書に「ファシストが父」と担当の教員に書き込まれた。姉妹たちは思春期の学校生活を「牢獄の囚人」のように過ごしたと、次女のヤンは語ったことがある（*Le monde*, 22 novembre 2002）。

しかし中学生のマリーヌはその苗字からくるハンディにもかかわらず、健気にも明るい少女であろうと努めたようである。人気者でもあった。落ち着きのない娘であったが、級友たちと冗談を交わし、教室に入るときには両手をVの字にかざした。「勝利」の「V」だったが、幼いころから父に対する世間の風評を気にかけて育った少女の無意識の自己防衛的なパフォーマンスのひとつであったのかもしれない。政治家の家に生まれた子供の宿命でもあるが、一一歳のときには早くも父親の率いるデモ行進に参加した。一九八四年二月一三日、父ルペンが初めてテレビ出演した対話番組『真実の瞬間』の撮影の際には、ルペンのブロンドの三人娘が最前列に座り、華を添えた。先にも述べたようにこれを契機にルペンは全国的に名前が知られる政治家となった。筆者もこの番組の録画を見たことがあるが、フランスの極右というのはずいぶんと華やかだと感心し、躍進する理由はそんなところにもあるのかと思った。実はマリーヌは「砂漠の行進」、父の苦節の時代を本当には知らないはずだ。そのころはまだ幼かったからだ。ルペンの政党の大躍進のきっかけのひとつとなったドゥルー市選挙でのＦＮの勝利は一九八三年だったから、マリーヌの政治体験は「党の生みの苦しみの時代」ではなく、その後のＦＮの「華々しい」躍進の時期と重なっていた。マリーヌはこの時のテレビ出演を父親の仕事の誇らしさとして語っている（Marine Le Pen）。

その後マリーヌが思春期を過ぎて成人となる時期はメグレとの亀裂で党が分裂し、勢力が後退した時期だった。しかしそうした時期にもかかわらず二〇〇二年の大統領選挙で父ルペンは決選投票まで残った。全体的にはＦＮが上り調子の時代にマリーヌは人として政治家として成長した。一九八四年の欧州議会選挙戦の最中FNの集会で支持者たちが「ルペン！　ルペン！」と歓呼の声で父の名前を連呼した時には、マリーヌは感極まって涙ぐんだ。「これしかないわ。これこそ何もかも掻き消してしまうわ」と、大群衆の支持を前に思わず、彼女は口ずさんだ。「これこそすべての犠牲の明白な結果なのだ」（Marine Le Pen）と。

両親の離婚――母への侮蔑と父への敬意

一九八四年、母親のピエレットの家出とその後の離婚騒動はマリーヌにとって精神的に大きなダメージだった。政治家の家庭には私生活がない。それにいつもあわただしい。ピエレットの結婚生活は彼女にとって我慢の連続だったようだ。彼女はメディアを通じて夫を誹謗・中傷した。ルペン自身はそれには目立った反応をすることはなく、威厳を保っていたが、この離婚に際して娘たちは全員父親の味方だった。そのための声明すら公表した。父ルペンとの舌戦でピエレットがメディアの挑発に応じて『プレーボーイ』誌（一九八七年七月号）に小間使いの格好で裸体をさらした時には、一九歳のマリーヌはさすがに恥ずかしさから二週間も学校に行くことができなかった。彼女は『パリマッチ』誌（一九八七年七月三日）で「一人の母、それは秘密の庭のようなものですよ。社会の捌け口ではありません」と厳しい表現で語った。マリーヌは両親の離婚騒ぎでは全面的に父の擁護者だった。子供を置き去りにして去った母への恨みと悲しみを自伝のなかで綴っている（Marine Le Pen）。

そうしたなかでピエレットは先に述べたルペンのスイスの秘密資金についても暴露し、その後もピエレットの罵詈雑言は続くが、娘たちは彼女から離れていった。ピエレットは娘たちにずっと後になって謝罪するが、モントルトゥウの小さな家に住む零落した女性の孤独な余生を送ることになる。ジャン・マリ・ルペンは一九九一年に少し年下のジャニ・パショと再婚した。

母親への軽蔑に対して、マリーヌは父親を尊敬していた。マリーヌが一七歳の時に『リベラシオン』紙が父ルペンのアルジェリア戦争従軍の際に拷問の挙句殺人を犯したという記事を発表して大スキャンダルとなった。それは彼女にとって大変ショックな出来事だったはずだが、それでもマリーヌの父に対する敬意は不動だった。爆弾事件以来、自分の父が特別な人間であること、世間の誹謗中傷から擁護すべき存在であると彼女は信じて疑わなかった。彼女は父に対する暗いイメージは政敵のでっち上げだと考えた。先に述べたルペンのテープ編集販売会社ＳＥＲＰはヒトラーやアルジェリアの右翼の肉声ばかりを売っていたわけではなく、スターリン、ドゴール、アンドレ・マルローの演説や肉声、「インターナショナル（国際共産主義運動歌）」や人民戦線の歌なども販売した。「ＳＥＲＰの販売カタログには《ソヴィエト赤軍》の合唱もあります。父はそのおかげで三つ賞を受賞しています」と、マリーヌは父の仕事を誇らしげに語っている。

その半生をつづった自伝でマリーヌは随所で父ジャン・マリを意識した発言をしている。末娘として育ったマリーヌは父ルペンに比べると、鷹揚で剽軽なところがある。自分でもその自伝で述懐しているが、「少し間抜けなお馬鹿さん」のイメージで自分がみられているのではないかという劣等感にも似た思いがうかがえる。それは読書家であった父親に対して彼女は本をあまり読まなかった。昔ながらの教養教育を受けた父親は原稿なしで、即興で二時間でも三時間でも語り、その講演会はいやおうなく盛り上がることが常だったが、娘はそのようなタイプではなかった。アメリカのテレビ伝導者として有名なビル・グラハムをモデルにしたといわれているが、父親は演説の巧みな第四共和制下の伝統的な人文教養主義の政治家だった。

若きマリーヌの人物像

学生時代の仲間内の評判では、マリーヌはお祭り好きの闊達で人を惹きつける、振る舞いに気を遣う女性であったようだ。それは先天的なものでもあり、意識的なものでもあった。ルペンという名前を背負った家族の宿命であるともいえた。「メディア向き」、「目立ち方の上手な」、「テレビ向けで」、「時代の直観力に優れた」才能の片鱗が随所に現れていたことは確かだ。ただ筆者の感想としては、九〇年代、次第にメディアに出演し始めたころのマリーヌの印象は、父親のコピーで、若いだけに言葉遣いにも余裕がなく、体格の良い分だけ存在感と押しの強さはあっても、その分粗野で暴力的な風貌のイメージであったように思う。父ルペンのイメージに多くの有権者は重ねてマリーヌを見ていたのではなかったか。

しかし時に下品な言葉を使い、放送禁止用語ではないか、と思うぐらいの言葉を用いて持ち時間を超過しても喋り捲っている父ルペンは実際には彼なりのこまやかな心遣いで有権者を惹きつけていた。一見厚顔無恥で破廉恥な言動を弄しているように見えたが、支持者にはフランス社会の負の真実を鋭くえぐった皮肉に聞こえる表現も多かった。父ルペンは極端で辛辣、無作法な言葉を聴衆に愛嬌たっぷりに伝える話術の素養と語彙力の持ち主だった。明らかに故意の曲解や誇張もあったが、その話しぶりの中には読書家ルペンの博識ぶりの片鱗が随所にうかがえた。しかし若く落ち着きのない勢いばかりが前面に出て粗野な風貌のマリーヌは、ときに下劣ではあってもユーモラスな印象を与える父ルペンとは比較すべくもなかった。父ルペンの政治スタイルを礼賛するつもりはないが、典型的な、エリート主導のフランス社会に対する不満を抱く一部庶民たちには父ルペンが自分たちの頼りになる味方、それも「弱者」の味方に見えたのはやむをえざることだった。まさにポピュリズムの真骨頂だった。

二〇一一年にマリーヌはFNの党首に選出されるが、この年の『世界のショー番組』誌三月号のルペンに関する記事のタイトルは、「マリーヌ・ルペン――弾む意志」だった。マリーヌには父親ほどの言葉の巧みさも知力にも欠ける。若き日のマリーヌは父ルペンのダイナミックな風貌だけを引き継いでいたとみられていたのである。因みにマリーヌは二〇一一年四月の『タイムマガジン』誌でその年最も影響力のある人物一〇〇人のうち七一番目に選ばれた（オバマ大統領は彼女の後で七二番目だった）。

学生時代の評判、弁護士時代（Marine Le Pen）

マリーヌは写真家か、刑事になりたかったという。しかしその名前が普通の職業に就くことを困難にしていた。結果的に父同様に弁護士を目指し、法学部に入学、法学部学生組合の代表になることでリーダーとしての頭角を現していった。右翼の運動「西欧（オクシダン）」の活動家たちによって一九六八年に設立された「GUD」の友人たちと深酒をする関係であったが、彼らはときどき暴力沙汰を起こし、活動停止処分を食らっていた。しかし彼女は気持ちの上では意気投合することはあっても、彼らのファシストとしての発想や行動とは一線を画していた。

パリ全国学生サークル（CNEP）の名簿に名を連ねることを彼女は了承し、FN青年支部は一九九一年学生生活協同組合（CROUS）の選挙に彼女を代表として送った。しかしマリーヌ自身は政治活動に関わることに当時あまり関心はなかった。むしろ「弁護士」の肩書を持つことで「ルペン」という家名から逃れたいというのが本心であったようだ。一九九一年に大学院博士論文提出資格（DEA）を取得し、マリーヌは将来を嘱望された青年弁護士の一群の中で「感じのいい」、「勇気ある」仲間の一人と身内ではみられていた。しかし「ルペン家」の人間として周囲の先入観に満ちたまなざしや不愉快な斟酌から逃れることはできなかった。カフェで遠巻きに人々が座ることにも慣れねばならなかった。

学生時代からマリーヌの弁才については周囲も認めるところだった。一九六五年の大統領選挙で右翼ポピュリスト、ティクシェ・ヴィニャンクール候補を支持した極右系のスュル弁護士はマリーヌが法廷弁護士になることに期待していたので、彼女が政界に進んだことを残念がったという。政治の世界から離れれば、ルペンという「悪名」を人々の心から切り離すことも難しいことではないと周囲の人々はマリーヌを説得しようとしたが、彼女はそうした進言には従わなかった。そして結果的に彼女は自分の運命に立ち向かっていく道を選んだ。

したがって若き弁護士の登竜門である弁論大会も最終的には出場を辞退、「ルペンの娘」が法曹界の華々しい舞台に立つことが物議をかもすことを懸念したからだった。マリーヌはパリ大審裁判所第一二分室で研修生となり、未成年者対象の検察官の任務に就いたが、彼女自身は未成年者の非行には厳しい態度であったようである。社会秩序を乱す行為に対して容赦はしないという立場でもあった。他方で、勾留条件の改善や刑務所の増設などの刑事司法業務の近代化には積極的であった。しかしそうした実務的経験を通して、父ルペンの助言もあり、博士論文を提出することもせず、研究よりも早く実社会で自立する道を選んだ。

そうして法廷弁護士となることなく、彼女は極右系のG・P・ワグナー弁護士事務所で働くことになったが、当時基本的に生活費は父ルペンの支援に頼っていた。彼女が本当の意味で自立するのは、九八年になってからのことだった。このときマリーヌはFNの内部に法律部門の設置を提案し、自らがそのポストに就いたのである。このとき初めて三万フランの月給を手にすることになった。

本人の弁ではこのころマリーヌは法律がいかに国家の道具にしか過ぎないかということを痛恨の思いをもって学んだと述懐している。ミッテラン時代ファビウス社会党首相はエイズウイルス感染血液の輸血事件で罪に問われなかった。この事件は、フランスからアフリカにエイズ感染の血清が送付され、輸血した人々が感染したという痛ましい事件だ。当時血清を高温処理する知識がなかったためだったが、当時のファビウス首相とロワイヤル厚相が罪に問われた。しかし最終的には二人は無罪となった。高位の政治家がその責任を問われることなく、他方で現場の医師たちは有罪となった。この事件の記憶はマリーヌのなかで終始鮮明だった。

また意外なことでもあるが、当時彼女は不法移民の強制退去を必ずしも完全に支持していたわけではなかった。ケースバイケースで時には不法移民の滞在を支持することもあったという。デモクラシーのルールは尊重すべきだという是々非々の姿勢がマリーヌにはあったという見方もある。しかしマリーヌには大きな訴訟や誇れる仕事は結局巡ってこなかった。

三姉妹の波乱万丈の結婚劇と婿たちの摩擦

ルペンの三人娘はいずれもFN／RNの活動家の男たちと結婚した。極右政党という特殊な小さな「対抗社会」の中で育った人たちの宿命でもある。恐らくその世界観は大きく制約されたミクロコスモスの中のものだ。

長女マリ・カロリーヌは『フィガロ・マガジン』誌と『パリ日刊紙（クォティディオン・ド・パリ）』のジャーナリストの経験を持つ。一人目も二人目の夫も党の活動家であったが、二番目のフィリップ・オリヴィエはメグレ派の重鎮で当初はマリーヌに反発していた。

次女のヤンは繊細な神経の持ち主で三姉妹の中で最も精神的にもろい娘だった。モリス諸島の「地中海クラブ」に勤めていたこともあったが、ルペンという名前は彼女にはつらいことばかりであった。結局家族の元に戻り、FNの世話になるが、そこで牧師の息子である活動家サムエル・マレシャルと出会い結婚、マレシャルは党内で頭角を現し、重鎮となった。その娘がマリオン・マレシャルでルペンの孫にあたるが、大学生の時から国会議員となり、すでにマリーヌの後継者として呼び声が高く、マリーヌよりもタカ派で二〇二二年の大統領選挙後にはマリーヌよりも急進的な右翼の対立候補ゼムール派に所属した。すでに彼女は極右勢力のもう一枚の看板でもある。

マリーヌ自身も二回離婚を経験しており、最初の結婚生活は一九九七年からわずか二年で破局を迎えた。このとき三人の子供をもうけている。第一子を産んだ三カ月後には懐妊したが、その子たち（双子）の出産は離婚後になった。波乱の出産となった。党活動家で最初の夫クリスティアン・シャンボーとの離婚騒動は市当局の手も煩わせる暴力沙汰の大騒ぎとなり、発砲事件となった。二番目の夫エリック・イオリオもやはり党活動家でポスター貼りだったが、事務局長選挙のときに活躍、二〇〇六年に離婚している。そして一〇年間事実婚のパートナーであったルイ・アリオは党の重鎮としてマリーヌを支えたが、彼とも二〇二〇年には別れている。

したがって後述する創立者ジャン・マリの後継をめぐる議論では女系家族特有の特徴を引き摺った。それぞれの夫たちが自分の妻を介して党内権力闘争の主役を果たすことになったのである。

選挙戦の傷害事件と長女の離反

父ルペンの政敵となったメグレ派（MNR国民共和派運動）に夫が属し、彼女自身もメグレ派に与した長女マリ・カロリーヌと父ルペンの軋轢はその後決定的となった。一九九七年の国民議会総選挙にマント・ラ・ジョリから立候補した彼女は第一回投票で優勢に立った。しかし決選投票に備えてルペン党首が選挙区入りして、FNの勢いは一気にしぼんでしまった。応援演説に駆け付けたルペン党首が選挙戦をぶち壊してしまったのだ。

ジャン・マリ・ルペンの選挙区入りは当然反対派の激しい抗議に見舞われた。ルペンを非難する反FNデモが起こった。予想以上の選挙区での反発を眼前にして父ルペンは激高した。キャンペーン中「沢山よ（あきあきだわ）」とルペンを非難中傷した対立陣営のアネット・プルヴァスト・ベルジェ社会党女性候補をルペンは壁に押し付け、胸に引っかき傷を負わせてしまった。ただでさえ、暴力的なイメージが定着しているFNである。感情の起伏の激しい持ち主であるルペンの蛮行は、瞬時にして大スキャンダルとなり、長女マリ・カロリーヌの決選投票の選挙運動は実質的にそこで終わってしまった。

プルヴァスト・ベルジェ候補は「ルペン氏が私に近づいてきて、つかみかかってきました。私は足を蹴られました」と証言した。この結果ルペンは訴えられて、有罪となり一年間被選挙権を剝奪されて、九九年の欧州議会選挙に立候補できなくなった。ルペンの直情径行的な一面を露呈させた事件だった。この事件でマリ・カロリーヌはすっかり父親への信頼を失い、夫ともどもメグレ派に接近していった。ルペン父娘はTF1のテレビ番組でも激しく論争、父親が娘を激しく非難する場面もあった。

しかしマリーヌは違っていた。彼女は常に父ルペンの側に立った。この時も、「プルヴァスト・ベルジェ候補はブラウスを着ていたし、首にスカーフを巻いていました」とこの女性候補が大袈裟に騒ぎ立てたといわんばかりの発言をしていた（Marine Le Pen）。筆者もこの場面については後に映像を通してみたが、ルペンがこの女性候補に勢いよく近づき、危害を加えるつもりはなかったかもしれないが、広い意味で「暴力的な威嚇」を行ったことは認めざるを得ないであろう。

この長女と父ルペンの親子対立は党内のメグレとの摩擦の延長でもあった。すでに述べたようにこの傷害事件の結果、ルペンは次の欧州議会選挙には出馬できなくなったが、ルペンはそこで後妻のジャニィを自分の代わりに立候補させると主張した。このとき猛然とその提案に反対したのがメグレだった。「党首が自分自身が出馬できないということであれば、党のナンバー2の自分が候補者になるのは当然だ」と主張したのである。しかし彼自身、その当時地盤のヴィトロール市で選挙資金の法定額違反使用の罪で被選挙権を失っていた時であり、その妻のカトリーヌが代理となって市長になっていた。

同じ年の六月、メグレ派の集会でマリ・カロリーヌは「誠実さ、それはメグレです」とメグレ支持を表明し、父ルペンがメグレを排除したこと、ドゴールの孫を候補者としたこと、さらに殺害された「アルキ（アルジェリア独立戦争に際してフランスに協力したアルジェリア系の人たち）」出身の上院市長の息子を立候補リストの一〇位に据えたことを指弾して父親を批判した。しかし逆説的だが、この危機に直面してFN党内部の結束はむしろ強まった。このときジャン・マリ・ルペンの官房長であるルイ・アリオの忠誠的な働きぶりは顕著で、次女ヤンはおとなしい性格であったため、最終的にはルペンは末っ子のマリーヌの働きに期待するようになっていった。

二　マリーヌ世代のFN／RN、「ヤヌス」の二つの顔

新しい国民戦線のシステム――「ルペン世代」と党の近代化

カロリーヌ・モロとアベル・メストルという『ルモンド』紙の「国民戦線FN」を専門に取材してきた二人のジャーナリストは現在のマリーヌに率いられてきた「国民連合RN」はかつてのファシストやナチズムを主張する政党ではないが、かといって彼らが主張するように「もはや極右政党ではない」と言い切ることもできないと述べる。RNはかつての極右でもあり、そうでもない。いずれでもあるが、いずれかどちらかだと言い切れる存在でもない。ではそれはいわば「普通の政党」への進化のプロセスの途次にあるのか。それとも政権奪取のために爪を隠しているだけなのか。それはだれにもわからない。表向きと内向きの二つの顔を持つが、ローマ神話の神「ヤヌス」の身体はひとつなのだ。

しかし明らかなことはこの政党が単に社会的不満分子の捌け口として排外主義を標榜し、支持率獲得に成功した政党ではないことである。単独で第一党と誇るだけの組織力と、論理的矛盾を含みつつも、有権者の要望に応える説明論理を持った政党になっていることは確かであるからだ。

高度経済成長期が終焉し、先進国がインフレと失業の二重苦に喘ぐ中で外国人労働者を雇う力はフランスにはなくなっていた。「失業」の原因を「外国人労働力」の増加に結びつける議論はすでに第一次世界大戦後からあったが、極右の論法は国内社会問題を外国人に転嫁させる排外主義の常套手段であった。しかしそうした排外主義を煽る主張だけでは三割の支持率を維持する有力政党になることはできない。フランスのような多党分立の政治文化を擁する国では、二〇％台の支持率は立派に大政党の証なのである。それには党の

近代化と組織化が不可欠だ。マリーヌが今世紀に入って取り組み、二〇一一年に党首となるための準備をし、今後大統領政党になるためには民主主義と共和制下の合法的政党への「脱皮」のイメージづくりが不可欠であった。

マリーヌ・ルペンの勢力拡大を語るにはその側近の活動家について理解しておく必要があるだろう。父ルペンの世代は第二次世界大戦の経験者とその系列にある人たちが主な支持者であった。彼らはナチス支持者やヴィシー政権のために働いたり、アルジェリア戦争時代に独立反対、「フランスのアルジェリア」のための活躍経験のある人たちであった。したがって、創設当初は不満分子として暴力も辞さぬ「異議申し立て者」の集団の性格が強かったのはやむをえざることだった(Harris, Camus et Monzat)。

彼らはやがて国民戦線FNという雑居集団の政治勢力を受け皿として組織化され、議会政党として選挙に臨むようになる。当然現体制に対する異議申し立て集団が政党政治地図の中で勢力拡大を目指すことは至難である。多くの場合は泡沫政党の域を脱することなく、離合集散を繰り返すのが一般だ。しかしFNはユーロペシミズムの時代、フランス国内経済・社会の疲弊する中で不満分子の糾合に成功する。すでに述べたように、旧ドゴール保守政党シラク派を牽制する手段としてルペンの勢力を利用しようとしたミッテランの狡知にも助けられてFNはその存在感を強めた。ジャン・マリ・ルペンの指導の下にこの政党は七〇年代終盤から勢力を伸ばし、八四年の欧州議会選挙では比例代表制度にも助けられて一躍既存政党の一角に食いこむに至る。しかしその種の政党が個人のカリスマ的魅力に多くを負う限り、政権政党になるには限界があった。

この政党がそれ以上の発展をしていくためには党組織の透明性や近代化が不可欠であった。その第一弾が一九九〇年代のメグレ派の試みであったが、それは結果的には党を分裂させ、逆に内紛を通して極右勢力そのものの後退を導くことになった。しかし一旦壊滅するかに見えたFNは二〇〇二年ルペンが大統領選挙第二回投票に残ったことで、生きながらえることになった。こうして父ルペンはかろうじて名誉を挽回し、極右は壊滅を免れた。

しかしメグレ派が唱えた党の改革は不可避であった。組織の近代化と政権奪取のための戦略を本格的に構想することが党の命運を左右する。そうした危機感を若い世代は共有していたのである。こうしてその後再び党の近代化と思想・戦略面の緻密な政策化を進めていったのが、ジャン・マリ・ルペン党首の愛娘であるマリーヌであり、その仲間たちだった。したがって彼らの多くはかつて二〇世紀末に党の近代化の旗手となったメグレ派の影響を強く受けていた。すでに述べたが、長女カロリーヌは夫とともにメグレ派に走っていった。

まさにそのプロセスを本格的に進めることに成功したのがマリーヌを中心にしたグループ、つまり新しい「ルペン世代」と呼ばれる人々であった。この言葉はもともと父ルペンが国民戦線を立ち上げた当時に使われた言葉であった。その意味ではこの言葉そのものに革新的な意味が込められていた。しかし彼らは父親世代に反対して急に誕生した人たちではない。彼らは一定の土台を基礎として、その近代化をめぐる論争の中で育った人たちであった。極右政党の本質である「革命的ナショナリズム」の理念を洗練させていきながら、安定した組織化をいかに進めていくかという命題をめぐる論争の結果だった。

新しい体制の特徴は、ジャン・マリ・ルペンの巧みな党運営とカリスマ的なリーダーシップとは異なり、どんな分野にも共通な「進化」する第二世代特有の発想の柔軟さや広がりがあった。マリーヌの生まれた年（一九六九年）に近い「五月革命」にちなんで「六八年世代」と呼ばれた一群の青年たちは新しい価値観に育まれた自由で開かれた考え方を持った人たちであった。カトリックの伝統的価値観が基層にはあったが、そうした開かれた傾向は国民戦線第二世代の言動にも反映していた。戦中・戦後の貧しく荒んだ生活の中で、その分戦闘的で、排他的な父親世代とは様変わりし、この世代の人々は総じて学歴の高い、「豊かな社会」を享受するモダンで洒脱な性格の持ち主たちだった。

マリーヌの党基盤「ナイトクラバー」たちの改革――組織・戦略・思想（Monnot）

国民戦線マリーヌ世代・第二世代は「ナイトクラバー」と綽名された三十人ほどの野心的な青年たちのグループを形成した。この俗称の由来は、ルペンの私邸であり、実質的な党本部であるサンクルーの元ランベール家の広大な屋敷（「パックボート（大型客船）」と呼ばれてもいた）に夜遅くまで集まって議論したからである。フランス社会の大きな潮流とは一線を画した小さな「対抗社会」の中の内輪の集団であった。したがって結局は狭隘な視野の同族集団であったが、マリーヌはそこで政治家としてそれなりに切磋琢磨していった。父のときと同様に「ルペン世代」と呼ばれたこの集まりには、マレシャルやオリヴィエ、ロレーヌ・ド・サンタフリックら後の第二世代の重鎮たちで構成されていた。彼らは新世代のルペン家の取り巻きだ。「ナイトクラバー」と呼ばれたこのグループの主だった面々はFNの青年組織である「青年国民戦線（FNJ）」の活動家と「欧州文明研究集団（GRECE）」のマリーヌに親しい人たちだ。

彼らの立場の共通するところは、第一に党の近代化であった。第二は、父ルペン世代の時代に達成した安定勢力としての地位を政権獲得につないでいくための具体的政策目標を定め、実行していくことであった。そして第三に、その思想の整備であった。

マリーヌたちの若い世代は戦争世代の父親世代とは異なり、伝統的な家産主義と縁故主義・ネポティズムの政党（小商店主経営型の家族主義的人脈集団）から脱して、透明性の高い合理的な党運営による近代的な政党を目指していた。父ルペン世代の党運営は、党人事から資金調達・配分に至るまでたいていの判断はルペンの個人的裁量によるものであった。

その終局的な行き着く先は、この政党の「非ルペン化」のはずだ。つまり真にこの種の政党が近代組織政党に生まれ変わるとしたらルペン一族の党運営からの離脱がその到着点であろう。論理的にはマリーヌもこの政党が彼女への個人的求心力を支えにする政党にとどまろうとする限り、党首への権力集中の構造を変えることはできない。その近代的構造変化はマリーヌ指導体制そのものの自壊につながるからである。しかし今の段階では、マリーヌの党内求心力は安泰である。それには彼女の性格とともに女性党首による党内摩擦の緩和効果があることは否定できないであろう。対外的な柔軟なイメージとやはりこの種の政党支持者特有の熱血漢の活動家たちの関係調整に女性指導者の柔軟なバランス感覚が今のところ成功していることも確かであろう。

マリーヌ世代の第二の共通認識は、父ルペン世代の時代に達成した安定勢力としての地位を政権獲得につないでいくための具体的政策目標を定め、実行していくことであった。不満分子による泡沫政党としてナショナリズムのアイデンティティを誇示するレベルの政党にとどまるだけでなくなってきたことである。FN土台に権力のトップを求めたメグレのようなエリート官僚が党員に加わってきたことは政権を狙える既成政党としてFNが成長してきたことを意味した。マリーヌ自身大学を修了した弁護士経験を持ち、その周辺で彼女を支える人々の多くは高学歴者である。

三人娘の夫とパートナーたち――マレシャル、アリオ、オリヴィエ

二〇一一年一月にマリーヌがFN党首に選出されたことによって、世代交代は形となって実現した。このときの党の幹部は、ルイ・アリオ副党首、エマヌエル・ルロワ事務局長、エドワール・フェラン国際交流担当といったマリーヌの側近たちの面々で占められた。この三人は「青年国民戦線（FNJ）」出身者たちだった。FNJは次女ヤンの夫サムエル・マレシャルの指導の下に党内有力なグループに成長していた。一九九二年当時マレシャルはFNJの代表を務めていた。後にマリーヌもこのグループの代表になる（Mannot, Marine Le Pen）。

しかし彼らのうちでかつて最も重要な役割を果たしたマレシャルはこの時にはすでに党を離れていた。彼はヤンとの離婚を機にFNからは身を引き、ビジネスマンに転身していた。マレシャルは伝統的極右政党から脱して、マリーヌが抱くFNの原型を型づくっていった人物だといわれる。一九九〇年代後半の父ルペンが率いるFN主流派が造反分子メグレと熾烈な路線闘争をしていた時分、マレシャルは反メグレで主流派に与していた。そこで父ルペンにも見覚えがよく、党内でスピード出世した。しかし彼が目指したのは、伝統的極右、旧世代の国民戦線からの脱却であった。

父ルペンたちは六八年世代左翼に反発してFNを立ち上げ、ミッテラン社会党政権への不満分子の声を吸い上げる形で党勢力の拡大に成功した。その延長にこの新しい「ルペン世代」もいた。社会党政権は九五年まで続いたが、その間経済的リベラリズム・グローバリゼーションはフランスを活力の失われた国にしてしまった。失業者は三〇〇万人に達し、移民第二世代の非行なども顕在化した。社会党に近い市民運動「SO

Sラシズム」は移民・外国人の人権擁護・反人種差別主義を標榜するが、そのリーダーであるハーレム・デジールはFNにとってリクルーターだ、という皮肉がこのマリーヌやマレシャルの周辺ではささやかれていた。つまりデジールらが人種差別を非難すればするほど、逆に彼らに対する反発は増幅され、政治的に真反対の存在であるFNへの共感者が増えるという解釈だ。彼らの間ではこんな国民感情を逆手にとった議論がまことしやかに流布した。

マレシャルの目的は、FNの近代化と政権を担うに足りうる国民の信頼を獲得する政党にすることだった。そのためにFNが攪乱分子ではなく、社会統合と秩序維持重視の立場の政党であることをアピールしようとした。マレシャル自身は思想的には、ネオファシストともいわれたが、革命的ナショナリストだった。彼は階級闘争を金科玉条とする共産党とは異なるナショナリスト的な反資本主義、つまり反共だが、同時に反米、「コスモポリタニズム」の否定の立場であった。いわば右でも左でもない「第三の道」を目指すというものだった。FNではこの第三の立場は折あるごとに強調される。一九三〇年代にフランスで極右勢力が勢いを急速に増大させた時期があったが、この立場は共産党員から極右に転じ、左右いずれでもない第三の道を標榜したジャック・ドリオに擬えられる。

マレシャルは「左翼ルペン」と呼ばれた系列の指導者だった。しかしアルジェリア独立の英断を下したドゴールに対する反発は依然として強く、それはFN父ルペンの時代の「第一世代」の立場を踏襲していた。しかしルペンのナチスの人道的罪、つまりホロコーストを歴史の些細な出来事と揶揄した歴史認識については、さしものルペンびいきのマレシャルもそれを支持することはできなかった。

マリーヌとの事実婚を一〇年間続けたルイ・アリオもマレシャルとその思想文化的立場を同じくした。

ミッテラン・シラク時代の保革共存政権（コアビタシオン）の時代に政治が停滞していたことに対する不満をアリオもマレシャルと共有していた。

アリオの母方の祖父はアルジェリアのユダヤ人、母親はアルジェリアの「ピエノワール」、つまりアルジェリア国籍を持つヨーロッパ系引揚者で、独立反対派のFN党員だ。したがってアリオは引揚者たちには同情的で、欧州極右の思想的起源である反ユダヤ主義には無関心だ。父方は祖父の代からの塗装工で祖父はルペンが政界進出の出発点とした極右直接行動派「プジャード運動」のシンパだった。アリオもフランス植民地帝国の放棄には反対で、全国引揚者団体やピエノワール協会の代表者でもあった。しかし父ジャン・マリ・ルペンの第二次世界大戦時のナチスの人種差別政策を軽視する発言には否定的だ。歴史修正主義には反対だ。

アリオは学生時代ラガーマンであり、その後公法の博士号を取得して、パリ裁判所の弁護士となった。一九九〇年入党、二〇〇五年から五年間事務局長、その後副党首、党執行役員を務め、二〇一一年には引揚者の多いペルピニオンで市会議員、二〇年には市長に、さらに二〇一四年には欧州議員、一七年から三年間は国民議会議員に選出された。組織活動にも才能を発揮し「FN＝ポリス（警察）」の組織にも貢献した。またFNの学生組合結成にも尽力した。シンクタンク「民族思想」を設立、このシンクタンクが二〇一二年大統領選挙の公約を準備した。

アリオは性格的にはやや直情径行型の人物とみられている。二〇一一年マリーヌが党首と決まった党大会の折にマリーヌを批判する発言者に対しては力づくで応じようとして周囲に止められたというエピソードもある。マリーヌ時代になって事務局長の立場から反対者をパージした。

長女マリ・カロリーヌの夫、フィリップ・オリヴィエもマリーヌの支援者の一人だった。正確には支援者に転身したといった方がいいだろう。オリヴィエの党とのかかわりは単純ではなく、紆余曲折を経たものだった。おそらくはその政治的野心の強さが逆にこの人間を日和見的な行動に結果として駆り立てたのであろう。オリヴィエのもともとの出発点はＧＲＥＣＥであり、すでに述べたようにメグレの副官的存在で、メグレ派分裂の時のいわば「主犯」であった。したがってジャン・マリ・ルペンがマリ・カロリーヌを批判した時にも強く反発、長女であるからカロリーヌこそ父ルペンの後継者であるべきだと強く主張し、食い下がったのもオリヴィエだった。

しかし変わり身の早さもこの人物の天性なのか。メグレ派衰退後の二〇〇二年大統領選挙では父ルペンの支持に署名し、姉妹の和解後二〇〇七年エナン・ボーモン市の選挙ではマリーヌの選挙参謀として手腕を発揮する。当時官房的組織を有していなかったマリーヌの官房役を果たしたのもオリヴィエだった。この人物はＦＮＪでも党員でもなかった。途中から入ってきた伝統的極右運動家であったが、組織力に優れ、警察やＲＡＴＰ（パリ地下鉄公団）、刑務所などでＦＮ系列の労組を組織することに成功したという実績を持つ。マリーヌ同様に、法曹界の出身者で「脱悪魔化」そのものには無関心だが、「ダーウィニズム／進化論」を信奉し、社会の右傾化を強く支持した白人主義者でもあった。当然二〇〇七年の大統領選挙時にマグレブ系の娘のポスターが話題となったが、このポスター作成には強く反発、既成政党は同化政策・ライシテ（政教分離）政策などを通してむしろ社会全体の破壊に寄与したと主張した。

新しいイデオローグたち

マリーヌを囲むイデオローグたちは父の時代から代替わりしていた。過激な右翼思想の伝統は受け継ぎつつも、父ルペンの時代よりはまとまりははるかによくなっている。それはイデオローグたちの出自や学歴が初期の時代よりも一定化してきたことを示していた。アリオやオリヴィエは法曹界出身であったが、高学歴者たちが中心となった。

エナン・ボーモン市でオリヴィエとともに活躍したGRECEのイデオローグのエマヌエル・ルロワはネオナチで、元武装親衛隊員だった。ルロワはカトリック伝統主義者、反ユダヤ主義、歴史修正主義者で、ロシア主義急進派の地政学者アレクサンドル・ドゥーギンの影響を受けていた（プーチンもドゥーギンの世界観の支持者）。ユーラシア主義者で再婚の相手はロシア人である（ルロワは後に極右系のセキュリティ企業に転向）。GRECEは、①エスプリ（社会精神）の支配、②人を殺してしまうグローバリズムへの反対、ナショナルアイデンティティ支持、③分断はいまや左右の対立という構図ではない、④移民は排外主義によって打ち負かされるのではなく、世界の財政金融メガ組織（国際財政金融機構）による社会ダンピングを通して破壊される、すなわち移民は自壊する、⑤反EU、ユーロからの離脱、⑥ロシアのような主権主義を擁護する諸国家との同盟（主権主義同盟）をかかげた。

GRECE出身者でマリーヌの周辺の第四番目の人物は、ローラン・オゾンだった。パリ消防士訓練教官でFNの政治局員、党員養成担当の幹部として一時期権勢を誇った。FNを離れた後実業家に転身したが、環境問題を任された。オゾンは九〇年代前半期には「欧州環境・緑」に三年ほど所属していたこともある。欧州では環境派は左派系の市民団体を中心とする運動である。

ここでもFN特有の逆説なのだが、環境重視は彼ら特有の論法では、FNの排外主義的な主張に合致するのである。文化・生物・アイデンティティの多様性の保護という新たなテーマに、人種間の優越性の議論が加わると、差別主義の肯定に一気につながる。多文化主義は本来単純な異民族の「共生」ではないが、この論法では結局共生にすら反対という極端な主張の説明論理となる（Monnot 45-67）。

三　マリーヌ・ルペンの価値観——曖昧な排外主義とフェミニズム、反クローバリズム

マリーヌの思想

マリーヌ・ルペンの思想については、その本音のところはよくわからない。父ルペンは直情径行の性格がみられた。しかし実際には当初から党内では父ルペンは急進的ではなかった。むしろ統合（制）派、調整的な役割を果たす中で党首としての存在感を示した。マリーヌ体制になっても反イスラム主義については根強い支持者がいるし、マリーヌが和解したことになっている反ユダヤ主義についても同様だ。姪のマレシャルや二二年大統領選挙で一躍極右勢力の一角を制したゼムールもそうした勢力のリーダーだ。当然党首としてのマリーヌの立場は諸勢力間の均衡を図ったものになりがちだ。

人種差別主義については父ジャン・マリとの葛藤が続いた。父ルペンの数々の舌禍事件は、マリーヌの政治活動の妨げとなった。二〇〇五年『*Rivarol*』誌で父ルペンが、「少なくともフランスではドイツの占領はとりわけて非人道的ということではなかった」と発言をした時には、それまで父に敬意を示してきたさしものマリーヌも父との決別を決意した。彼女はSNSを使って、「(父さんには) 賛成できないわ。でも悪口を言い合う必要はないと思うけれど」と忠告を発した。父ルペンはこれに応えてマリーヌに電話をしてきた。その数年前であったら、考えられなかったことだが、ルペンも娘マリーヌの党内での影響力の高まりを受け

入れつつあった。マリーヌは「私たちの愛情はずっと維持しましょう。どんなことがあっても私のお父さんなんだから」と、父ジャン・マリに言葉を返したというが、このときマリーヌはＦＮの党首として父を継承する意思を固めたと、後に述懐している。先にも述べたように、父ジャン・マリが一九八七年ＲＴＬでナチスのガス室を「歴史上の些事」と述べたことはＦＮの穏健派にとって差別主義の呪縛となっていた。マリーヌ自身はその自伝の中で、父ジャン・マリは相対化して物事を話す癖があるので、その癖が出たのであろうと述べているが、マリーヌ自身後々この父親の発言に拘束された（Marine Le Pen）。

マリーヌは人種問題では父ルペンと立場を異にした。「ガス室」発言についてそれは歴史の「些細な事件」ではないと述べている。しかしその後も父ルペンは先に述べたように、再三人種差別的発言を繰り返し、ＦＮの勢力伸長を妨げた。彼女は少なくとも「反ユダヤ主義」の顔はかなぐり捨てたようだ。二〇一一年三月三〇日のイスラエル・ラジオ放送『90ＦＭ』で、マリーヌは反ユダヤ主義を明確に否定した。彼女は、「フランスのユダヤ人はフランス人です。彼らは、ここフランス、自分のうちにいます。彼らはここに住むべきなのです。移民する必要はありません。国家は急進的イスラム主義がはびこっていることで問題化している地域のための解決策を見つけなくてはいけません」と語ってユダヤ人の容認とイスラム教徒への排外的な姿勢を区別した（Fourest）。

他方でマリーヌが反イスラム主義であることは確かだ。「ライシテ（政教分離）」を扱った第Ⅸ章で詳しく述べるが、彼女は共和主義政党としてＦＮ／ＲＮを政権奪取可能な政党にしたいと考えている。それには政教分離は不可欠だが、それはイスラム教徒には当てはまらないと指摘する。フランスの多数派であるカトリックは政教分離を受け入れて、共和主義と和解した。しかるにイスラム教徒は、フランス政治・社会に大きな存在感を示そうとして「侵略」している。しかもその教義では、女性は公共の場で顔や肌をさらすこともできない。これこそ共和制度に背く教えであるとマリーヌは説く。共和政党としての自己正当化の論法は、そのままイスラム教徒への攻撃に転化されるのである。

二〇〇七年大統領選挙のポスター——白人主義

二〇〇七年大統領選挙時の選挙ポスターの一枚は人々を驚かせ、父ルペン以来の支持者の顰蹙を買った。マリーヌのイニシアティブで作成されたポスターの主役はアラブ系とのハーフの娘だったからである。

マリーヌの主張はこうだ。「国籍、同化主義、社会的昇進、ライシテ（政教分離）、どれも左右の既成政党がぶち壊した」。既存の大政党を批判し、自分たちこそそうしたこれまでの政党にはない、第三の道を歩む新たな政党だということにある。それは同時に別のポスターを作製したことにも明らかだ。そちらの方では、「フランス人とともに、フランスの生産」というキャプションが大きく書かれ、白人の精悍な、好感の持てる労働者姿のハンサムな青年たちが笑いかけている。マリーヌはイスラム教徒たちの「共同生活社会」、宗教的コミュニティを認めない立場だが、このように他方で暗に白人主義を標榜することで多様性の主張を意図していることは確かだ。

しかしその狙いには限界がある。ハーフのアラブ系の娘はFNの看板娘とすることはできない。古参の活動家や支持者にはとてもそれは受け入れ難い。他方で白人主義の標榜だけでは、イメージの刷新は難しく党勢拡大は望めない。ここにこの政党が根本的に有しているジレンマがある。

曖昧な性差別・ジェンダー論

マリーヌがフェミニスト（女権主義者）であることは明らかだが、そのＬＧＢＴＱや同性愛主義に対する姿勢はＦＮ／ＲＮ党内の一般の意見とは微妙なずれがある。二〇一三年に同性婚反対の数百万人デモには彼女は参加しなかったし、一七年の時もそれは同様だった。

マリーヌは自ら働く女性で子供も育てたことを政治家としての売りにしているが、自身の女性観はカトリックの伝統的な考え方であるといわれる（Fourest）。父親のジャン・マリは男尊女卑の代表のようにみられているのに対して、娘マリーヌは女性の権利を強く主張する。しかしそのフェミニズムには限界があるともいわれる。いわば「曖昧なフェミニズム」だ。

その女性像は旧套墨守の伝統的価値観を根拠とするのは確かだ。ＦＮが目の敵にする強者＝エリートの論理であるグローバリズムへの反発と女性の権利が奇妙な論法で結び付けられる。つまりグローバリゼーションによる貧富の格差は女性の幸福を脅かす、という論理だ。マリーヌの主張では、「経済危機による第一の犠牲者」は女性である。本来穏やかに家庭で子育てに専心しなければならない女性が自宅にいられず、家庭を犠牲にせざるを得ない。女性は経済危機の中で本来あるべき姿の生活を営むことができない。生活が安定し、向上すれば女性は家に戻ることができる。

強者と弱者の対比の論理だが、この「弱者」の側の代表である女性はあくまでも受け身の女性だ。つまり女性の社会進出は前提とされていない。伝統的な良妻賢母型の家庭を守ることを第一義とする女性の理想像がそこにはある。

しかし他方でこれに矛盾する主張も披瀝する。マリーヌ自身は子供の時から、父ジャン・マリに、「誰にも頼るな、働きなさい」と躾けられてきたと語る。自立した女性になる教育を受けてきたのである。そこでよく彼女が語るのは自らのことだ。自分は弁護士の職を持つ女性であること、そしてシングルマザーであり、三人の子供を育てた。女性が外で働き社会に貢献することは当然だ。しかるにイスラム教徒は女性を家に閉じ込めようとする。外出時には髪の毛や顔を隠し、女性の自由な生活空間を家の中だけに制約しようとする。マリーヌはこれを厳しく弾劾する。おそらく彼女にとって経験的にはどちらも女性の理想ではあるのだろうが、感情と論理が時々のご都合主義で使い分けられる極右ポピュリズム特有の大衆迎合主義がそこには垣間見える。

親露／反米・ユーラシア主義――反グローバル主義

ルペンとロシアの結び付きは公然の事実だ。これまでもRNとプーチン政権との癒着は再三俎上に上っていた。この党へのロシアン・マネーの流入はかねがねスキャンダルにもなっていた。この資金的つながりは、ロシアの対外工作とも結び付いている。プーチン政権は、欧州の反体制派や、NATO・米国に批判的な極右・極左勢力への資金供与に積極的だ。最近の言葉で言えば「ハイブリッド戦略」の一環だ。かつての戦略用語では、内部攪乱のための「間接的侵略」と同じ意味だが、その対象としてRNとその前身の国民戦線FNに対する資金提供がなされたとみなされている。RN内のコトレックという資金団体がその受け皿・管理をしている。二〇一四年だけで三回も資金提供を受けたという話もある。二〇一七年大統領選の前にも、ルペンはロシアを訪問、プーチン大統領と直接面談した。マリーヌ・ルペンがお金を無心に行ったとまことしやかに伝えられ、時期が時期だけに大いに話題となった。ルペンが二〇一四年九月にプーチンと近しい「第一チェコ・ロシア銀行」から九〇〇万ユーロ借りたことも論議を呼んだ。当時、プーチン政権はマクロン大統領候補のスキャンダルを広めていた。

二〇一七年の仏大統領選決選投票四日前のマクロンとのテレビ討論会で、マリーヌは居直ったかのように、「自分たちのような政党にはフランスの銀行がお金を貸してくれず、外国の銀行にすがるしかなかった。全額ではないが、きちんと返済し続けている」と反論した。二〇一七年の大統領選までに二〇〇万ユーロを返却したといわれている。この議論が投票でルペンに不利に働いたのは間違いない。

FNを率いた父ジャン・マリ・ルペンは一九九六年、ナショナリスト政党「ロシア自由民主政党」のウラジミール・ジリノフスキーの結婚式のために訪露し、その後も二〇〇五年にはFNの活動家二〇〇人をともなってロシアを訪問している。娘マリーヌの代になった二〇一一年からはロシアとの関係は一層緊密となり、二〇一三年に初めて公式訪問して、モスクワで要人と会見している。在仏ロシア大使や政党問題顧問らと定期的にFNは意見交換していたといわれる。

FN／RNが親露的である背景には、価値観の共有意識がある。「聖なるロシア」を信奉するギリシャ正教とカトリック的伝統を大切にするFN／RNとの価値観の共有がある。中絶や同性婚に反対なのはその代表的な共通の主張だ。そして宗教と同時に、この政党がフランス・ナショナリズムや「欧州文化至上主義者」の系譜に位置付けられる政治勢力であるという点も大きい。外交的な世界観の共有である。RNはむしろ歴史的なユーラシア大陸諸国との関係を重視し、米国主流のグローバリズムとリベラリズムに反対。そうしたグローバリズムとエリート主義の産物であるEU統合には当然否定的だ。

ルペンの反グローバリズムと対欧州政策は表裏一体の関係となって、文化的なアイデンティティを中心とする「ヨーロッパ・ナショナリズム」(ある種白人主義的なヨーロッパ中心史観)に至る。その点については第X章で、ヨーロッパ・ポピュリズムの将来的な行方として改めて論じるが、この反グローバリズムは資本主義的市場経済への反対の主張の延長にあるマルクス主義、左翼の主張とも異なる。国民戦線の場合には、「人民」=「庶民」の生活擁護という立場からの「反エリート主義」、グローバル・リベラリズムの原点としての「弱肉強食」的発想に対する反発だ。つまり弱い庶民の生活を守るための反グローバリズムだ。しかし結果的には、それは対外政策において「反米主義の姿勢」となる(Eltchaninoff、X章参照)。

父ルペンの時代からの「ブレスト(大西洋岸ブルターニュの都市)からウラジオストク」までというスローガンによる「大欧州ナショナリズム=広汎なユーラシア大陸の統合」は、マリーヌ・ルペンの主張ともなっていた。ユーラシア大陸全体を包摂する「大空間アウタルキー(自給自足)」、つまり欧州を中心とするユーラシア全体の自給自足社会を達成することによって生活水準の向上や実質雇用増などが期待される。フランスの未来はEU統合によってではないという論法だ。

そのユーラシアにロシアは当然含まれる。ルペンはパリ・モスクワ同盟の影響力を中東・中国にまで及ばせることを提唱する。ルペンは、ウクライナの事態が一段落したらNATOはロシアと平和のための交渉をする必要があるとして、ロシア・プーチンの侵略行為を情状酌量するような発言を先の選挙期間中に行っている。また、ルペンがロシアを支持するのは、台頭する中国とロシアが一層結び付いて中露同盟が強固になることは世界の脅威になるという理屈からでもある(Monnot)。

こうして見るとRNなどの一部のフランス人の対露認識は米国とは大きく違う。彼らはロシアを基本的には敵とみていない。思いおこせば冷戦が終結する前、一九八五年にゴルバチョフ大統領が冷戦終結に至る道筋を付けた時の標語は、「欧州共通の家」だった。ロシアを含む欧州全体の安全保障こそが冷戦の終結の真意だった。文字通り東と西の対立の解消の意味だった。二〇一九年にマクロン大統領が「欧州安全保障共通機構」を提唱し、ロシアとの安全保障協力を提案したことにもそれは表れている（拙著二〇一九）。

四　FN／RNを支えるメディア――ソーシャル・ネットワークによる拡大

極右を支持する媒体

マリーヌを中心とするナイトクラバー、その延長といってもよいFNJの面々の主張は彼らの親しい雑誌・メディアで伝えられた。カトリック系日刊紙『プレザン』、週刊誌『ミヌット』、『ナショナル・エブド』、隔週発行の『フラッシュ』などだが、『ミヌット』は一九六二年に創刊された右翼系の反ドゴール派だったが、七二年以後は結党後のFNの支配下となり、七四年の大統領選挙では反ドゴール中道保守派のジスカール大統領候補を支持した。『ナショナル・エブド』は、七九年以来『ミヌット』の編集長をしていたセルジュ・ド・ベケットにルペンが命じて八六年に発刊したが、本部をルペンの邸宅「パックボート」に置く、ルペンと国民戦線のための週刊誌だった。その論調は次第にルペン個人の主張から離れ、右翼全体の代弁者となり、九一年ごろからは全国的な情報週刊誌になっていった。二〇〇七年国民議会選挙で大敗北を喫し、財政危機に陥ったFNは翌年この週刊誌を廃刊せざるを得なくなった。これらの雑誌の寄稿者として、アラン・ド・ブノワ（新右翼理論家）、クリスティアン・ブーシェ（革命的ナショナリスト）、アラン・ソラル（『フラッシュ』の編集者）らがいた（Fourest）。

FNのビラやポスターの印刷デザインを行った広告代理店「リヴァル（Riwal）」社の代表であるフレデリック・シャティヨンは、GUD（防衛連合グループ）の代表も務めたマリーヌの親しい仲間の一人だった。そしてこの企業はFNの財源のひとつでもあった。彼はムッソリーニのイタリア社会運動を支持、親シリア・アサド派で、マリーヌの子供時代からの友人マリ・デルビの夫でもあった（Monnot）。

『シガル』というフリーペーパーの誌名の発音は少しなまったドイツ語の発音にすると『ジーグハイル』。一種の地口で、その意味は言わずと知れたナチスの「勝利への敬礼」だ。編集社名は「タリエシン」。軽井沢の総合リゾート施設「タリアセン」の言葉の由来、ケルト語で「輝ける額」という意味があるといわれるが、タリエシンという社名はケルトの叙事詩人の名前からきているという。つまり西欧というアイデンティティの象徴だ。「タリエシン」社の大株主がフィリップ・ペニンク、そして先に述べたリヴァル社代表のシャティヨンも株主の一人だ。そして彼らはGUDの仲間でもある。ペニングは政治学院出身の秀才で、弁護士、マリーヌの親友という触れ込みで自己紹介していた。議会外の極右の実力行動を担っていたが、二〇〇〇年にいったん政界を引退。〇七年の大統領選挙で復活した。一五年間弁護士をしていたため裕福だったが、いくつかの金銭スキャンダルの当事者でもあった。スイス・パナマ・米国のトンネル会社を通してロス五輪ボクシング競技銅メダリストのクリストフ・ティオゾのマネーロンダリングに加担した。当時ボクサーの税率は七〇％だったので高額所得者の代表だった。麻薬密売でも執行猶予付き二年の禁固刑と二万五〇〇〇フランの罰金刑を受けている。このペニングが支援した団体のひとつが「平等と和解」という結社で〇七年に『フラッシュ』の編集者のソラルの配下にあった。ソラルもFNの論客のひとりだったが、この男はもともと共産主義者で反ユダヤ主義だったが親イスラエルという矛盾したスタンスをとり、さらにイスラムのマグレブ青年たちに接近し、移民第二世代は文字通りフランス人とみなす立場を誇示した。

ネット社会の政治活動

実はRNの本音の部分を党外から離れて支えている集団がいる。かつて新しい右翼（極右）運動を思想的に支えた知的集団「GRECE」と同じような存在の集団がいる。ネット時代を反映してソーシャルメディアによる政治活動は二一世紀に入って急速に高まってきた。フランスでは、サルコジ元大統領とセゴネル・ロワイヤル社会党大統領候補（オランド大統領の事実婚のパートナー）の一騎打ちとなった二〇〇七年の大統領選がその嚆矢となった。このときソーシャルメディアでロワイヤルの人気が急速に高まったからである。

とくに諸政党と比べると、ソーシャルメディアによる政治活動によるメリットを最も享受しているのはフランスではルペンの勢力であるといわれる（Mannot）。FNのソーシャル・ネットワークの使用が顕著となったのは、二〇一七年大統領選挙のころからだった。この時すべての立候補者はフェースブック・ツイッター・ユーチューブをその情報宣伝活動のために利用した。とくに左右のポピュリストはいずれもその使用回数を大幅に増やした。

二〇一七年四月、極左「不服従のフランス」メランション陣営とマリーヌ・ルペンの陣営では、それぞれフェースブックのフォロワーは一三〇万人と八五万五〇〇〇人、ツイッターでは一四〇万人と一〇〇万人のフォロワーがいた。他方で、当初大統領候補最有力とみなされていたフランソワ・フィヨン保守派候補とマクロン候補陣営はそれぞれフェースブックとツイッターいずれも三〇―五〇万人程度のフォロワー数だった。当時、最もウェブメディアを多用したのはメランション陣営で、パリにいながら南仏の選挙演説会場でホログラフィーによる光の立体像となって、さながら現場で演説しているかのようなパフォーマンスを試み、大きな話題となった。こうした手段によって各候補はデジタル情報宣伝費を軽減することができたが（前回の二〇一二年大統領選挙と比べて一七年には、メランション陣営で予算全体の七・五％から一％未満へ、フィヨン陣営で前回のサルコジ候補五・二％から二・七％へ、ほかの候補も同様）、ルペン陣営だけがインターネット関連費用を三％から四％へと増加させた（拙著二〇二二）。

WEB「ライシテの（世俗的）反撃」

ニルソンはFN／RNの正式な下部組織ではないが、ライシテに特化する形でイスラム攻撃を理論化していき、FN／RNの飛躍に大きな影響を与えたと思われるネットメディアについて精緻な分析を行っている。彼が研究対象としたネットメディア（ウェブジャーナル）の「ライシテの反撃（RL）」はイスラム排外主義を正当化し、普及させている新たなメディア媒体である。二〇〇七年に設立され、一七年にはフェースブック三万人、ツイッター一万二〇〇〇人、最も人気のある動画再生回数は二〇〇万人を超えた。

この媒体の設立者ピエール・カサンは、実は元極左のトロツキスト「革命的共産主義者連盟（LCR）」の活動家で、共和主義左派のオンラインジャーナル「共和国」の編集者、そして「ライシテ運動のための同盟」の全国スポークスマンだった。彼は左翼はイスラム教徒のフランスへの進出を軽視しているという認識を強めるなかで、極右的な排外主義へと傾斜し、メディアの主宰者となった（Nilson）。

二〇一〇年にカサンは「わが国のイスラム化に反対する会議」をパリの一二区で主催することに成功した。RLに加えて、「アイデンティティブロック」「Novopress」「イスラム化オプセルヴトゥール」「無辜（Innocence）

の政党」「フランス防衛連盟」などのグループが参集した。海外からもスイス中央民主同盟や英国防衛連盟、オランダ防衛連盟、「ヨーロッパのイスラムストップ」などをはじめ様々な国から急進ナショナリスト、ポピュリスト、アイデンティティ擁護者などのグループが参加した。集まった人々は多種多様な人々で、かつてドゴールが掲げた反独抵抗運動の象徴である「ロレーヌ十字旗」がたなびき用意された二〇〇席は満席となった。政教分離とモスク・イスラムの祈禱集会などの映像が映し出された。それぞれ内容や比重などは異なっていたが（Asprem 2011, Nilson）、ニルソンは新たな極右運動の社会ネットワークの普及の背景となる共通の思想について三点指摘している。第一に、イスラム教は新たな形の全体主義的イデオロギーであり、ヨーロッパ文明に対する大きな脅威とみなされた。第二に、腐敗した政治文化権力（既存の体制）にはヨーロッパのイスラム化を進行させた責任がある。第三に、ヨーロッパ文明とヨーロッパ国民国家は二つの敵に直面している。すなわちイスラム教徒と腐敗した政治文化権力である、という政治社会の現実認識だ。そこにはFN／RNの「反エリート主義」と「排外主義」の二つの大きな方向性は明らかだ。しかもそれは密接に結び付いた不可分の概念を形成していた（Nilson）。

RLはマクロンを厳しく批判してきた。植民地批判やライシテを信仰の自由として単純に理解するマクロン大統領は、イスラム教徒の擁護者であり、彼らの息のかかった政治家、そしてフランス国民と国家を破壊するエリートであると糾弾した。二〇〇〇年から〇九年にかけてオブリー社会党リール市長は、イスラム教徒の女性のために市民プールを週に一時間開放した。人前で肌をさらすことを宗教的に禁じられた彼女たちのための特別なはからいであったが、RL支持者にはイスラム教徒への政府の譲歩に見えた。これこそ第二次大戦前のナチス・ドイツに対する英米の宥和政策に酷似する行為だと彼らは批判した。オランド社会党大統領も「多文化主義」を標榜、社会党政権下のエロー首相やヴァイス首相、さらにモロッコ出身の二十代の女性であるベルカッセム教育研究相や仏領ギアナ出身のトビラ法相などもやり玉に挙げられた。ＲＬから見ると、フランス国土を侵食するイスラム教徒の手助けをする政治家こそ裏切り者で、イスラム教徒の「協力者（コラボ、ナチスドイツ協力者）」、エージェントであるということになる。ＦＮ／ＲＮの描く伝統的命題のひとつである人民の敵である「エリート」との対立構図だ（Nilson）。

カサンの親しい友人のクリスティーヌ・タシンは二〇一〇年にカサンの協力の下にＲＬの姉妹機関である「共和国レジスタンス（ＲＲ）」を組織した。タシンもカサン同様に、共和主義左派で社会党や、強い介入主義国家を支持する欧州に懐疑的な社会党である「共和派運動と市民（ＭＲＣ）」などに所属していたが、地方選挙で失敗し、「泣くマリアンヌ（「マリアンヌ」はフランスの擬人化的象徴）」というブログを主宰した。ＲＲは評論記事やビデオを出版し、ラジオショーを放送した。よりグラスルーツ的な媒体であり、フランスや欧州の直接行動主義運動を組織した。

カサンとタシンの二人は全国講演ツアーなどを頻繁に行ったが、ＲＬとＲＲはデモや先に述べた二〇一〇年パリ一二区で行ったような大規模な討論会のような企画も行った。その年には「ソーセージと安ワインの大食会」を企画、それはメディアでも大きく取り上げられた（Fourest）。彼らは当初この企画をパリ一八区の「黄金の味」として知られるフランス植民地出身者の居住地域、そしてイスラム教徒の路上祈禱地域で実施しようとしたが、混乱を懸念したパリ警察はこれを中止させた。結果的に彼らはパリのど真ん中のシャルル・ドゴール広場でこのイベントを実施、注目を浴びた。過激派の抗議運動のような企画ではなかったが、街頭行動はかれらの得意とするところだった。

第Ⅸ章　「ライシテ」という逆説の「脱悪魔化」――「体制化」する革命的ナショナリズム

一　共和主義精神「ライシテ」容認――「逆説の論法」

「アウトサイダー」から共和主義派の政党へ

今世紀に入ってさらなる極右の躍進を支えたのが、「ライシテ（政教分離）」の概念だ。とくにマリーヌ時代の「国民連合（RN、旧国民戦線〈FN〉）」の勢いが強まったのは、この概念を提唱し始めたからだ。よく女性特有のソフトムードによる穏健なイメージがこの党の拡大を促進したかのようにいわれる。たしかにマリーヌ自身のイメージチェンジも加わってそうした側面があったことは否定できない。しかし思想面できちんとしたそれなりの論拠がこの政党をいかにも合法的な共和主義者の政治勢力に仕立て上げたというのが真相だ。その論理が「ライシテ」の援用だ。マリーヌ・ルペンの時代になってこのスタンスは大きく強化されることになった。

マリーヌ・ルペンはすでに二〇〇九年末ごろからライシテ擁護を訴え始めていたが、このライシテを盾に「共和主義宣言」を公式に行ったのは彼女が党首に選出されてから二年たった二〇一三年五月一日であった。

思想・信条・宗教の平等を主張する「ライシテ」という共和派的な原則を肯定しつつ、イスラム教徒に対する攻撃を正当化する。後述するようにそれはアクロバティックな論理だ。結局は支持者の中に多いカトリックに受け入れやすい論法を用いた「ライシテ」という言葉の「論理と意味のすり替え」なのだが、それが新しい国民戦線の主張だった。すでに述べたように、ルペンの取り巻きには高学歴の野心家も多い。創設時の「あふれ者」を多く含むアウトサイダーの集団とは単純には言えなくなっている。極右のこうしたエリートたちは知恵が回る。正面から反論するのではなく、一見正攻法の主張をしつつ、議論の隙間や時間軸をずらした解釈による反論を正当化するための論理的思考力を持っている人たちだ。逆説の論法にも余念がない。一見正しい議論を展開しつつ、その場の都合に応じて主張の立脚点を巧みに動かしていく。そしてその立脚点は身近で馴染みのある周辺環境への素直な庶民感情だ。よく言えばわかりやすい。しかしその場の情緒的な議論でもあることが多い。文字通り「ポピュリズム」の真骨頂だ。

すでに見てきたように、FN／RNの最大の特徴は「機会主義《オポルチョニズム》」にある。主意主義で「ご都合主義的」な「大衆迎合」の主張と変わり身の速さにある。この政治勢力の軽さであるが、同時にそれこそ極右勢力に対する憂慮すべき一面だ。思想・信条の雑多な野合集団である極右勢力は、現状への不満分子、「抵抗する人々」に対であることは確かだが、彼らがよく使う「反体制（アンチ・システム）」についてもどの点でどれだけの合意点があるのかも明確ではない。統一的などんな将来のヴィジョンがあるのかどうか。すでに見てきたように「直接行動的右翼」にありがちなこうした点を克服しようとしたのが、「新しい右翼」の思想運動であった。しかしそれもまた見てきたように依然として矛盾と機会主義に満ちた理論であるように筆者には思われる。

ただ父ルペン世代に比べると、マリーヌ・ルペン時代になって、その外見と表現上のパフォーマンスの変化は明らかだ。RNの演説会場や党大会は、かつての粗野で屈強な男性たちの集会、疑似的な危機感をかもした父ルペンの時代の緊迫感に満ちたものではもはやない。マリーヌ・ルペンの演説会場ではラフな格好の男女カップルの出席者が大多数を占め、威圧的なかつてのイメージとは大きく様変わりである。マリーヌ時代の党集会では「共和国、共和主義」が連呼される。自分たちこそフランス共和制の主役だ、といわんばかりの気分がみなぎっている。そこでは共和的で民主主義的な平等を否定する排外主義者たちはどこに行ったのかと疑うばかりだ。

それではマリーヌ・ルペン時代のFN/RNはどのようにして「共和主義者」に変化していくことに成功したのか。いや自分たちはイスラム教徒たちとどこが違うのか。その問いへの答えは単純化して言うと、自分たちはフランス共和制の基本的理念である「ライシテ」を受け入れた。しかしイスラム教徒たちはそれを受け入れない。したがって自分たちがイスラム教徒たちをフランスから排斥しようというのは、フランスの共和制度、ひいてはフランス国民とそのアイデンティティを防衛するためである、という共和主義と一体化した自己正当化の議論だ。すでに第Ⅵ章で指摘したように、そうした説明論理はテロ・治安の悪化・失業など社会不安感が増幅する日常生活に直面する人々の眼には、実に単純明快な説明に映る。「ライシテ（共和主義）」を受け入れることによってFN/RNは「普通の政党化（＝脱悪魔化）」した。少なくとも既成の他政党と同列にある。アウトサイダーではない、というイメージ戦略だ。

それがマリーヌ時代の新しいFN/RNの主張だ。父ルペンの時代のように正面からイスラム教徒を批判し、排外主義を前面に出すのではなく、言葉は控えめに一見排外主義の片鱗すら見せない共和主義者の風貌を誇示するようになった。父ルペン世代の感情的で粗野な議論に比べると、マリーヌ世代の穏健化された主張や思想にはその論法の巧みさによる「洗練さ」が顕著だ。しかしその真意のほどは測り知れない。「ライシテ」を隠れ蓑にして、実際には宗教的差別観、キリスト教優位の世界観、欧州文明優越主義という伝統的極右の立場から人種・排外主義を結局は肯定する。平等と自由を基礎とする共和主義の「唯一にして不可分の共和国」、すなわち「包摂の原則」を逆手にとって「排除の論理」を正当化する。イスラム教徒は自ら共和主義の包摂を拒否しているという見方だ。原則論（正攻法）を盾にした主張の偏狭さの隠蔽だ。いわば「逆説の論法」としての「ライシテ擁護論」だ。ＲＮの排外感情を強調する「戦闘的ライシテ」という見方もある（ヨプケ）。

それはマリーヌが実質的にリーダーシップを発揮し始めた二〇〇〇年代終盤ごろからの「穏健化路線」の一環のひとつでもあった。二〇一〇年春にマリーヌはスキンヘッドの頭目、ウェイトリフティングの選手、ハンガリー系で親ナチの入れ墨もあるといわれたセルジュ・アユブと会食している。そしてその年の恒例の五月一日の「ジャンヌ・ダルク祭」（ＦＮが全国的支持集会と位置付ける年次大会）では原則的に民族衣装の着用やスキンヘッドは禁止、地方からの動員に際しても個人の自動車での乗り付けは禁止、バス旅行は原則として車内での飲酒禁止、乗車登録の事前面談を義務化した。実際にはスキンヘッド支持者も混じっていたが、一九八〇年代までの戦闘服やレンジャーの格好はみられず、ポロシャツやジーンズといういで立ちに統一された。暴力的なイメージをマリーヌは払拭したかったのである。

先にも述べたように、マリーヌは新しい世代のグループＦＮＪ（青年ＦＮ）の代表となり、この団体を党内基盤のひとつとしたが、新旧世代交代劇は父ルペンの側近を長く務めた忠臣ゴルニュシュ副代表のかつての仲間を要職から外し、パージ（粛清）したことに明らかだった。旧世代の重鎮たちは「フランス的活動・

仕事（ＯＦ）」というグループの名のもとにゴルニッシュ派を形成していたが、彼らは党活動の主流から駆逐された。

党首に選出される三年前の二〇〇八年当時、マリーヌの主張は先に述べた新しい右翼の重鎮ルロワの影響を受けた民族的主権主義、革命的ナショナリズム、そして反グローバリズムの立場だった。とくにリーマンショックによるサブプライム危機が欧州にも波及して経済的危機感が増す中で、既成政党に対抗する極右の主張は支持者を増やしやすい。マリーヌの主張は従来のＦＮの主張である、①国家主義経済、②通貨主権、フランへの回帰・ユーロからの離脱（これは二〇〇二年から一七年の大統領選挙までのマリーヌの主張）、③保護主義、④反グローバリズム、ＣＡＣ４０（フランスの代表的な株価指数、パリ市場上位四〇銘柄）に代表される大企業の寡占支配に対する反対、⑤戦略的手段としてのテレコムなどのメディア独占への反発などだった（Monnot）。そしてその後の「マリーヌ時代」には「ライシテ（政教分離）」の容認が加わる。これこそマリーヌ時代の大きな変化だった。いや彼らのいうところの「共和主義」への大転換だった。「治安」「失業」と「反移民・反イスラム」「イスラム移民規制」の連結をさらに「ライシテ（政教分離）」と結び付けた論理は新たな展開であった。

政治と宗教は切り離されるべきであるから、公共の場でのスカーフ着用もイスラム系移民の犯罪行為も厳しく取り締まるべきである。イスラム教徒を特別待遇する必要はない、という論法である。ＦＮはライシテの原理をすでに一九九〇年代には表面上受け入れるポーズを示し始めていたが、二〇〇九年からライシテの理念を本格的な党の政策の柱とするようになった。ＦＮはカトリック政党であるにもかかわらず、「政教分離・世俗分離（ライシテ）」を提唱した。これは画期的な路線変更を意味し、早速二〇一〇年三月地域圏（州）

議会選挙においてその成果がみられた。サルコジの政策に失望した保守派の不満票を結集させることにFNは成功したからだ。このころから風向きが次第に変わり始め（Igounet 2016）、この選挙でFNは一七％の支持率を獲得し、フランス経済の低迷と社会不安を梃子に息を吹き返す形となった。新しい戦術は功を奏し、マリーヌは従来の極右支持者に加えて、保守派の支持層を拡大していく。つまり「アウトサイダー（既成大政党政治への不満表明者）」から共和派保守層へと支持層を増やすことに成功する。彼女は後になって、二〇〇七年大統領選挙と総選挙後にとった自分たちの戦略が正しかったと自画自賛した。

「ライシテ」とは何か

排外主義、そして貧しい層のための社会保障重視＝反エリートというFN／RNの論理そのものは単純なのだが、そんな簡単なことでこれほど多くの人々が極右＝排外主義を支持するのだろうか。フランス革命の国、世界で最も早くデモクラシーを標榜した国のひとつであるフランスで、共和主義の肯定と排外主義がどうしてひとつの政党の中で合体することができるのか。そうした疑問が出てくるのはもっともである。しかし現実には極右の論法や言説が、今日の不安定な社会・政治的状況を目前にする人々の心に響き、欧州特有の政治風土・政治文化復権の期待に応えているからだ。第Ⅵ章でみたように社会・経済・治安への不安は、多くの人々がイスラム教（正確には原理主義・聖戦主義）に対する脅威を抱く方向に向かわせている。今世紀に入ってサルコジ政権以後の移民取り締まり強化策を多くのフランス国民は受け入れている。

その思考・説明回路の要にあるのが、この「ライシテ」という概念の導入だ。そもそも「ライシテ」とは一体何なのか。まずそのことを考えてみたい。実は筆者はこの表現の歴史的背景をまずよく理解する必要があると考えている。ライシテは共和主義の理想の理念のひとつだが、多文化共生という近年の概念がこの言葉をめぐる議論に新しい性格をもたらしたのである。

改めて「ライシテ」とは何か(Beaubero)。歴史的に「ライシテ(政教分離・世俗化)」は自由・平等・博愛に次ぐ、フランス共和制の四番目の柱だ。そしてこの概念はフランスで始まり、一九〇五年に制度化され、その後西欧諸国で受け入れられてきた。フランス共和主義や西欧諸国の民主主義を語る上で重要な発想のひとつである。単純化していえば、政治や公共の場から宗教色を排除する。宗教を公の場では中立化するということに尽きる。つまりフランス大革命は「王権＝カトリック的権威」という図式を否定した。しかし人々の日常生活の中でカトリック的宗教色を完全に払拭することは容易ではない。ようやく法制度上、それが確立するのが一九世紀終盤から二〇世紀初めのころだった。

しかしこの法律の意味は当然時代の変化とともに多面化していく。この法律が導入された当時の実情に即した狭義の意味としてはカトリック教徒という政治・社会の多数派を政治世界から排除することにこの法律の大きな意味はあった。筆者の世代にとって政治外交史研究の中で「ライシテ」とはまずそういう意味として教えられた。イスラム移民がまだ今ほど大きな社会問題となっていない時代だ。別言すると、「ライシテ」とはカトリックと共和主義の「和解」だ。他方で共和主義精神を基礎にした広義の意味では、個人生活の面での宗教・信仰の自由を意味するし、また少数派の平等権の擁護という意味ともなる。今日的な意味では多文化主義的な社会統合の概念と表裏の関係にもある。

そうした意味からは、筆者は今日このテーマを議論する際には、政治史的観点と多文化主義的社会統合・異文化接触の二つの観点から整理して考える必要があると思っている。つまり前者は近代政治、前近代的な宗教性から解放された共和政治を定義することであり、後者は多文化共生の今日の時代における宗教文化的自由を重視する立場から見た社会統合の在り方という対照的な立場からの政治と宗教の関係ということになる。両者は根のところでは宗教や信条の自由という共和主義を共通のよりどころとしながら、歴史的にはカトリック教徒の政治的世界からの「排除」を意味するが（一九〇五年政教分離の実態）、今日的には多文化主義の立場からイスラム教徒など少数派の「包摂（社会統合）」を肯定する意味となる。

しかし一般にはこの二つの観点が混乱した議論が多い。そこにルペンの議論が入り込むすきがある。狭義の意味と広義の意味をご都合主義的につないで、「ライシテ」を言葉巧みに排外主義正統化の論法に粉飾しているのがマリーヌ・ルペンの論法だ。

歴史的「ライシテ」＝共和主義の原理としての政教分離と今日

第一にフランス政治史の中での位置付けである。近代デモクラシーは宗教支配から切り離されなければならない。政治は宗教に支配されない。ということは政治は宗教的多数派（カトリック）支配から自立していなければならない。それこそ共和制の統治の原理だ。それではこの概念＝法律が生まれてきた二〇世紀初頭のフランス社会はどのようなものだったか。

当時フランス第三共和制は、フランス資本主義の発達と植民地帝国主義時代の最盛期にあたった。パリ・コミューンで有名な共産主義・無政府主義者も加わった革命劇の挫折のあとに生まれた第三共和制下では、産業は活気を帯びフランス資本主義は未曾有の発展を記録、その一方で緒についたばかりの社会主義運動も大きな盛り上がりを見せていた。形式的にはこの第三共和制は第二次世界大戦終了後の一九四六年第四共和制の発足まで存続する。歴代もっとも長期の政治体制として有名だ。

この体制下で政治参加の枠組みは拡大して、最も古い政党である急進社会党がジョルジュ・クレマンソーによって創立され、ジャン・ジョレスによって社会主義諸派や多様な組合労働運動が社会党(正確にはＳＦＩＯ(国際労働者組織〈第二インター〉フランス支部))という形で統一されたのは二〇世紀初めのライシテの法制化と軌を一にした。そしてこの第三共和制の政治を担ったのは「権力の座についたブルジョワジー」(ロム)と「社会主義者」たちだった。つまり市民革命後に成長する資本家・中産階級、そして彼らに反旗を翻す労働者・職人組合運動家たちが名実ともに政治舞台の主役として躍り出てきた時代である。しかし現実には依然としてカトリックの隠然たる影響力が政財界では根強かった。また庶民の中にもカトリック的な教えは政治的判断の際にも大きな影響力を持った。ユダヤ人将校のスパイ容疑事件で国論が二分された「ドレフュス事件」はその最たる例だ。

当時の人々の心理のひとつの代表的な例は実はドゴールだった。第二次世界大戦中のドイツの占領からフランスを解放し、英雄となったドゴールはまさにこうした時代の申し子であった。彼は一八九〇年に敬虔なカトリック教徒の家庭で生まれている。そして慈悲や社会奉仕・犠牲に大きな価値を見出し、祖国と伝統文化に誇りを持ち、自由と平等を求める共和主義者として育った――「自分は決して封建的な主従関係の支持者ではないし、労働者を搾取する利己的利益に凝り固まった大資本主義者を支持することはできない。まごうことなきヒューマニズムの民主主義者だ。しかし平等の行き過ぎから社会秩序を破壊することも辞さない「社会主義者・共産主義者」ではない」(拙著 二〇一三)――そうした保守派の平均的共和主義と社会秩序観の精神は今日に至るも、フランス人や欧州諸国の先進国の人々の主流となる社会通念ではないだろうか。

この社会通念こそ、後に述べるようにルペンの論法の鍵となる。ルペンの語る言葉が、その真意を覆い隠して、「伝統的な共和主義者」のこうした社会通念に共鳴するのである。「普通」の言葉で語られた論法が説得力を持つことがルペンの躍進につながっているからだ。もちろんその背景には時代的要件も重なる。それは「社会不安」だ。

少し先走ったので、話を第三共和制に戻すと、産業化時代の共和主義的な新たな近代国民国家の形成を模索し始めた産業ブルジョワジーと労働者にとって、目の上のたん瘤、障害となったのが、隠然として政治社会の奥底で影響力を持ち続けていたカトリック勢力だった。第三共和制の新たな政治の担い手たちにとって、この勢力は共和制建設の妨げとなる。であるならば、この体制の下で近代的民主政治を成長させるには宗教勢力、とくにカトリック勢力の影響力を弱めていく必要があった。こうしてカトリック教徒をターゲットとした政教分離は二〇世紀初頭の新たな共和制建設と社会統合には不可欠であった。まだカトリック教徒が支配的であった第三共和制のこの時代に、ライシテとはもともと旧勢力の復権を恐れた共和派と新教徒による政治舞台からのカトリック排除の論理だったのである。他方で共和派の立場からすると、共和主義とカトリックの「和解」であった。当時影響力を強める共和派の多くは宗教的にはカトリックなのであるが、宗教的権威・儀礼・秩序は経済・社会活動の自由の妨げになる。政治・社会の表舞台からは宗教的しきたりはできるだけ減じていこう。それがこの時代のライシテの実際的、政治史的な第一の意味だった。

したがって今日でもフランスの学会ではライシテ研究の出発は宗教的少数派プロテスタントであるという見方も強い。極端な言い方をすれば、ライシテを「反カトリック」と捉えれば、親プロテスタントという意味にもなりかねない。筆者自身ライシテ研究の中心である（パリ）高等研究院に客員教授として招かれ、ソルボンヌの講座で連続講義を行ったことがあるが、筆者の旧知のソルボンヌ大学のロベール・フランク名誉教授らは、二一世紀初頭当時の研究部長、後に同研究院長となるジャン・ボベロ名誉教授をむしろプロテスタント研究者として記憶していた。その後筆者は同院長の招きでサンジェルマン・オクセールの毎年恒例の秋の知的交流イベントで「世界のライシテ」をテーマとするシンポジウムでも招待講演を行ったことがあるが（Watanabe 2004）、その時には筆者には日本の「神道」についての発表が求められた。キリスト教に限らず、比較宗教・政治体制研究がこのグループの目指す方向性だ（Watanabe）。

ライシテ研究の射程について一言触れると、筆者が高等研究院に招聘されていたころのライシテ研究グループはもっと広がりのある、いわば「近代化」研究と言ってもよいほど幅広い研究領域の活動を実際には行っていた。社会意識の民主化研究といってもよい。勿論もともと「政教分離」を意味するので、宗教関係の視座が強いのは確かだが、あらためて世俗化《ライシテ》を広義に考え、宗教的拘束からの解放を第一義だとすると、「ライシテ」とは現代社会の活動全般に適応できる論理でもある。とくに政治学では、民主主義研究、比較民主主義体制論のような分野の研究が、筆者が滞在した時には多かった。ボベロ教授が中心になって組織・編集した「ライシテ宣言」には筆者も署名した、二十年ほども前のことである。

「フランス大革命はカトリックの精神」という逆転の論理

いずれにせよ、本来ライシテとは心情的には「カトリック離れ」を意味したが、ルペンが強調するのはフランス共和主義を象徴する「ライシテ」の概念を、この第一の狭い意味での伝統的歴史的観点にだけ結び付けた立場だ。しかもルペンは「ライシテ」をカトリックの排除とはみなさず、むしろカトリックの主体的意志と置き換えるのである。そこに逆転の発想があった。それは政治舞台からカトリック的宗教色を法制度的には排除したが、実社会の担い手はカトリックであったという点にあった。つまり宗教的に中立化された(信仰の自由・平等あるいは多文化主義)共和主義は制度的論理ではあったが、共和主義の多数派は実際には依然としてカトリックであったのである。それは政治の現実と個人の信条の自由の妥協点なのだが、ルペンの論法はここに食い込んだのであった。しかもそれは一定層には容易に納得可能な論理であり、現実だからだ。

マリーヌの論法の特徴は、ライシテはフランス大革命以来の共和国の大原則だが、それはキリスト教の歴史的遺産であるという点だ。一般的には絶対王政を否定し、宗教(カトリック)を排して「理性」を重んじた近代市民革命というのがフランス大革命の解釈だ。その代表的理念が、自由・平等・博愛である。しかしマリーヌによると、大革命はむしろカトリック精神の表現となる。キリスト教の発展の賜物であるという歴史解釈の「歪曲」がある。

あらためていわれてみると、自由・平等・博愛はいずれもキリスト教の教えであると言えなくもない。慈悲の立場から自ずと革命の大原則は多くの人々に受け入れられてしかるべきだ。先のドゴールの共和制とカトリックのゆるやかな精神的合一性の信条だ。文字通り「妥協」であり、「和解」だ。しかしルペンの場合そこには恣意的な飛躍と歴史の無理解がある。多くの読者はこの論法のまやかし、故意の言い落としに気が付いているであろう。近代の自由・平等・博愛は人間理性に基づいた「理性の法」によって正当化されるものであるという点だ。「神の法」ではない。後者の論法でいえば、イスラム法という宗教的戒律が社会の平和と安定と秩序を決めるというイスラム原理主義とルペンの論法は同じものになってしまう。神の法と人間理性の法の区別をつけないまま、上辺の平等や慈悲の論理だけをデモクラシーと置き換えようというのがマリーヌの論法だ。しかし慈悲の精神は理想としては共和主義的なデモクラシーと同じだと考える熱狂的な信者がいてもおかしくない。とくに今日の欧州のように貧富格差が進み、社会生活が厳しい時代の中で近代的な進歩主義こそ自分たちの生活を圧迫するという感覚を抱く人たちには、マリーヌ・ルペンの主張は論理的矛盾を乗り越えて、デモクラシーの実態が一部のエリート指導層の支配でしかないとみえても無理もない。

ルペンによると、共和国のデモクラシーの大原則は大革命による直接の産物ではなく、キリスト教の長年の主張だったということになる。共和主義の本流はもともとキリスト教・カトリック精神にある。近代市民革命、つまり理性の革命こそ近代を導いたとする歴史通念の逆転の解釈だ。自由・平等・博愛はもともと歴史的にキリスト教精神の源にあった。キリスト教史の中では革命の三つのスローガン・精神は宗教的価値だったものが世俗的権威に移譲されたのであり、その三つの価値原則を革命前史の中で等閑視することこそもともと誤りだった。三一二年のコンスタンティヌス帝のキリスト教への改宗以来、キリスト教界はこれら三つの精神原則を自分たちのものとして真剣に考えてこなかった。これらの価値観は宗教・政治的圧迫に対する抵抗として芽生えたのだ。今こそシーザーの時代（ローマ帝国がキリスト教を受け入れる前の時代）に戻らねばならない。こうマリーヌは時代錯誤の議論を主張する (Fourest, Piña-Ruiz, Henii)。

こうした議論はとりわけカトリックには説得力のある理屈でもある。つまりその伝統的なカトリックの妥協としての「ライシテ（政教分離）」の解釈はいまでもフランス国民の間に根深く浸透しているからだ。その証拠は図表8に見てとれる。国民全体では六九％が公共の場での宗教的表象を誇示すること（宗教的な衣服・装束などの着用）に反対している。これはあらゆる宗教に共通のことでイスラム教徒にだけ限定された議論ではない。なかでもＲＮ支持者の八五％、共和党（保守派）八〇％がこれを支持し、マクロン派も六六

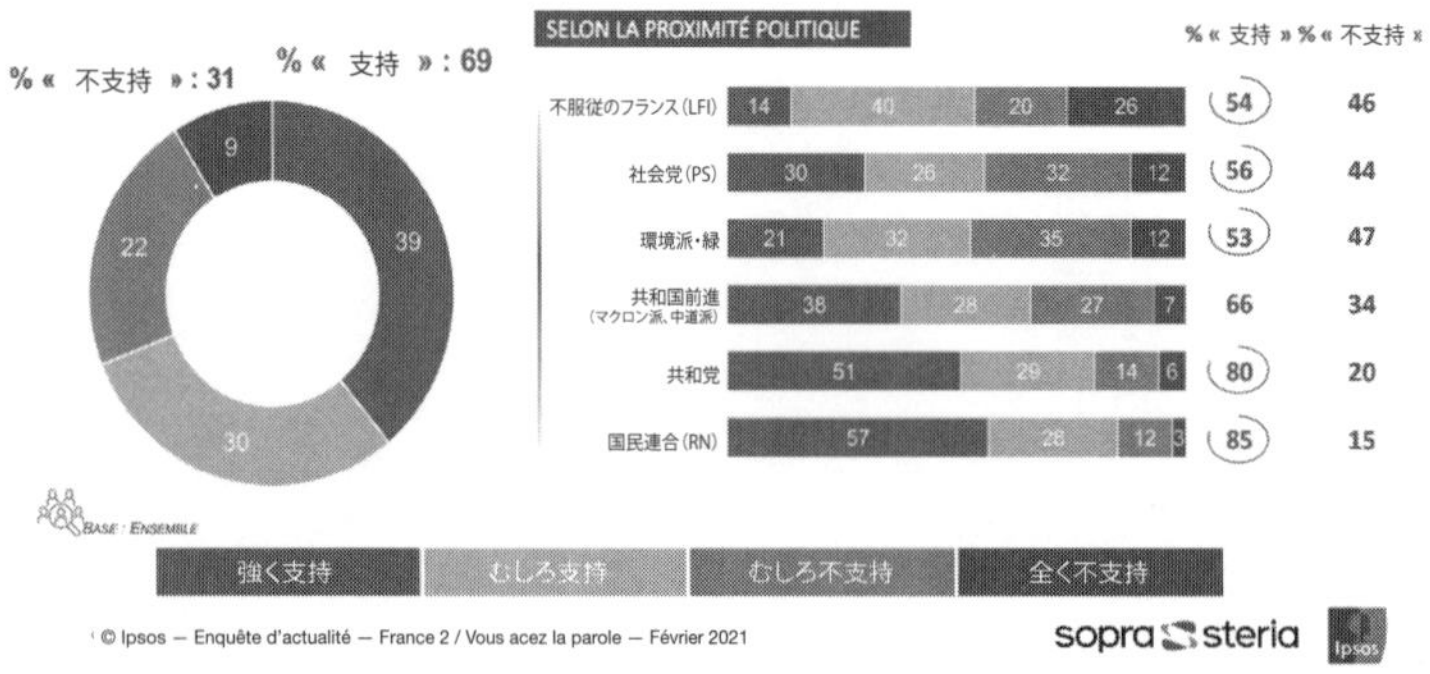

図表8　「公共の場での宗教を誇示するための表象の着用禁止」に関する意見

%がこの姿勢を支持する。とくにRNと保守派にはカトリックが多いにもかかわらず、多数派の支持を得られている。「ライシテ」が国民に定着している証拠であり、社会不安がそれを後押ししている。そしてRNにとっては共和主義を尊重しながら移民排斥の論理を正当化する一石二鳥の論理となる。カトリック教徒を基盤としながら機会主義的な政策を進めるこの政党の危うさの一面でもある。

多文化社会統合と「ライシテ」の今日的意味

第二に、多文化社会統合の観点からのライシテの今日的意味である。「ライシテ」の議論を多文化主義の新たな段階に向かわせたのは、一九八九年のイスラム教徒女子中学生のスカーフ着用をめぐる事件だった。フランス国民の多数派は、歴史的なライシテ（政教分離）の論理から公教育の場でのスカーフ着用を拒絶したが、マイノリティ擁護の立場からはこれを政教分離として簡単に割り切るべきではないという意見が上がった。ミッテラン大統領夫人と社会党の一部幹部のイスラム女子中学生擁護の発言だったが、それが「ライシテた。

（政教分離）」論争に火を付けた。スカーフ着用擁護派の立場は多文化主義の中の少数者保護の議論と重なった。

近代国民国家としてのフランス第三共和制の「ライシテ」＝「政教分離」とは、先に述べたようにカトリック教徒から見ると自分たちの排除の論理であった。それは宗教的多数派であるカトリック教徒の専横を妨げるための「（宗教的）多数派の政治からの排除」を意味した。それが最も緊要な意味であったが、翻って考えてみると、それは「少数派（当初プロテスタント・ユダヤ教徒）擁護」の論理でもあった。その意味では、「ライシテ」とは政治的多数派に支配されない「信仰の自由」という意味でもある。

それこそ「ライシテ」の第二の意味、今日的意味である。少数派を多数派の文化・社会論理で統合する同化政策の時代とはその解釈は変化して、最近では「ライシテ」は多文化主義的な「社会統合」の原理のひとつとしての意味が大きい。つまり同化政策による文化的アイデンティティ一元化の時代には、「ライシテ」は政治・社会の非宗教化の意味を第一義とした。これに対して多文化共生の時代には「ライシテ」の政教分離は、政治とは切り離された宗教・信仰の自由としての意味を強めている。とすると「宗教的・文化的少数者擁護」とライシテは近い意味になる。先に紹介したボベロ教授は、筆者との対談で「ライシテ研究はデモクラシー発展の研究と言い換えてもよい」と述べたほどだった。これは同研究院の数々の会合に出席していた筆者の印象でもあった。今日のイスラム教徒排除をめぐる論争の論点は「少数派の排除」を意味する。が、この時に狭義のライシテでこれを説明するなら、ライシテは、反デモクラティックな論理となる。「ライシテ」という言葉の過去と現在の意味付けの落差だ。ルペンの狙いはまさにそこにあった。

「ライシテ」論争の焦点

ルペンや極右の主張は歴史的「ライシテ」の説明としては一見理にかなっている。フランス国民の多くは共和国の原理としての歴史的意味での「ライシテ」を受け入れてきた。ライシテとは単純化していえば、公教育と宗教を切り離す、ということをカトリックが受け入れたことを意味する。多文化主義的な社会統合という発想がなかった時代の議論だ。実際にそれは今でも有効である。宗教的自由を認めたからといって、宗教的な衣装を公教育の現場で認めるとすれば、キリスト教徒の装いをする人々の方が多数派となり、そうしたなかでイスラム教徒は少数派としてこれまで以上にその存在は差別的扱いを受けかねない。それを認めることは、むしろ社会統合の失敗ということにもなる。少数民族の保護政策が改善されないという議論の蒸し返しになりはしないか。

そうしたライシテをめぐる両義的な議論の中でのひとつのスタンスが二〇〇三年スタジ委員会とその報告、そして二〇〇四年三月「宗教的標章禁止」法の成立だった。同報告は、ライシテは「多元主義を尊重する」としつつ、社会を断片化する「共同体主義を志向する過度の感情」を否定するという立場だった。人権とともに不可分の共和国の国民統合の秩序維持にも重きをおいた折衷的な提言だった。

日本での議論は「ライシテ」を多文化主義・信仰の自由という論点に集中して捉えがちだ。したがってフランスで相次いで「公共の場でのイスラム教的な着衣の禁止」のための法律が成立したことは素直に政教分離とは受け入れられず、むしろフランス社会の狭隘で保守的な差別主義という風に解釈されることも多い。そのため移民政策の厳格化が「ライシテ（信仰の自由・多文化主義）」の原理に悖るものと考えられがちである。つまりスカーフ着用のようなこの程度の宗教的外見が受け入れられないのは、イスラム教に対する差別、ないしキリスト教的な欧州文化偏重主義の表れということになる。実際筆者のフランスに関する講演会においても、この種の質問はよく出る。ある時などは大手のテレビ局の記者が、「ライシテの原理（おそらく多文化主義という観点）」からすると、フランス政府のイスラム教徒取り締まり強化政策は矛盾しているという意見を述べられたので、筆者が多くのフランス人は厳密な共和制政治の中での非宗教性と少数民族の擁護の問題を分けて考えているといった方が良い、と自分の意見を述べたところ、筆者の発言が終わる前に、その方はもう席を立って出て行かれていた。筆者はフランス社会の現状をありのままに語ったつもりであったが、その答えはその記者の意にそぐわなかったようであった。フランスでは人種排外主義が跋扈しており、筆者がそれを支持しているというようにこの方は考えられたのであろうか。

だとすれば、日本におけるそのような極端な理解と誤解はどこから来るのであろうか。それはフランスの「理想デモクラシー神話」のようなものから来ている。日本では、フランスは思想・信条の自由を謳った先駆的理想主義国家と考えられがちであるだけに、フランス人が少しでも狭隘な道徳観を持っていると考えることを受け入れがたい人がいるのである。しかしやはり政治・社会的議論は時代に即して考えていかねばならない。その点でいえば筆者には、我が国ではイスラム教徒女子中学生のスカーフ問題はマイノリティ擁護と多文化共生主義とを混同して議論している向きもあるように見える。

先に述べたように、歴史的な本来の意味では、「ライシテ」はアファーマティブアクション（少数派擁護政策）とは違う。同化主義の時代はそうした発想そのものがなかった。しかし「ライシテ」の今日的意味では、それは多文化主義・多文化共生型の社会統合の重要な理念である。宗教と政治の関係だけを問題としている概念ではない。しかしこの社会全般に及ぶ多文化主義的な社会統合のアプローチは、「ライシテ」という論理に頼らなくとも、大学や高等教育学校の入学や特別な就職教育などの形で別途（少数派保護政策として）とられている。一九八一年に誕生した社会党ミッテラン大統領時代に発足したZEP（教育特区）などでは、移民・外国人の二世・三世に対して職業訓練などの教育優遇措置がとられている。しかし不平等な社会構造全体の改革、つまり社会統合はそう簡単には前進しない。実態は彼ら自身がそうした優遇措置を有効に利用できていないし、多くの場合には大都市郊外の中高教育は青少年の非行の温床ともなっている（拙著 一九九一、二〇〇五、二〇〇六、二〇一五）。

そうした社会統合が進まぬ理由のひとつとして、人種的・宗教的偏見がその根底にあるというのも否定しがたい事実だ。それは歴史的「ライシテ」、同化政策時代の宗教の排除の論理の名残である。ライシテとは、平等な多文化社会統合という発想がなかった時代における「政治の（宗教からの）自立」を第一義とした。当時の多数派の論理、つまり支配者側の論理による「同化政策」による国民統合が底流となっていた時代の理念だった。

二　逆説の論理（論理のすり替え）――共和主義だから「反イスラム」

多文化主義の否定・政治勢力としての「イスラムの侵略」

マリーヌ・ルペンはこの「ライシテ」の歴史的論法を今日のフランスに当てはめようとする。それは歴史的には正当な議論であり、外国人・移民による社会不安を前にして多くの国民にいかにも説得力ある議論に聞こえる。

サルコジ大統領時代に成立したブルカ（眼以外は全身を蔽ってしまう女性用上掛け）着用禁止のための法律制定やロマ人の追放などの政策もそうした文脈の中で捉えられる。この法律では「公共の場での宗教的な《これ見よがし》の服装」は罰金の対象となった。二〇一〇年九月に成立したブルカの禁止を定めた法律は、六カ月の「教育期間」を経て一一年四月から実施された。ブルカを着用している女性たちにはまず公共の場で着用を続ければ身柄を拘束される。この禁止法に従わない時には、一五〇ユーロ（約二万二千五百円）の罰金または市民権講座の受講が義務付けられる。女性にブルカ着用を強要した男性には、三万ユーロ（約四五〇万円）の罰金と禁固刑が科されるという内容である。

しかし実際には、一一年末までに監視対象となった件数は三百件以下、罰金件数は六件にとどまったが、世論でも八九%がこの法律を支持した（拙書二〇一五）。一般にフランス人の過半数は治安維持の立場から外国人・移民取り締まり強化を支持している。そしてそれは文字通り、歴史的「ライシテ」尊重の立場の表明でもある。「共和主義原理としてのライシテ（政教分離）」という切り口からは、原理原則的にはカトリックもイスラム教もともに政治の世界から除外されるべきである。しかし今日的にはその主張はイスラム移民排外主義を意味する。ルペンの主張はそれを十分に意識した発言、いやまさにそれが目的なのである。現実にフランス社会におけるこの二つの宗教の在り方は異なっている。歴史的「ライシテ」の論法で宗教を一元的に論じる風を装って、実は両者のフランス社会での位置付けが全く異なっていることを故意に無視した主張なのである。そこが大きなポイントだ。

ルペンによると、カトリックは歴史的「ライシテ」を順守し、政治に控えめな姿勢を示すことによって共和主義にうまく溶け込んできた。これに対して、イスラム教徒は宗教勢力でありながらフランス政治・社会

写真６　イスラム教徒の「占領」（路上集団祈禱）

を「侵略」しようとしている。カトリックたちには、自分たちは歴史的に政治の世界から身を引いていったのに、イスラム教徒はフランスの政治社会で自分たちの主張を通そうとしているように見える。イスラム教徒は宗教勢力であるばかりか、「政治勢力」であり、「侵略者」である。これがマリーヌの時代になってより先鋭化された論法だ（例えばNilson）。先に述べたように、ヨプケはこれを「戦闘的」と呼んだ。

宗教勢力が政治・社会的脅威という発想はヨーロッパの歴史そのものである。そしてそのことは、イメージ的に庶民感覚ではわかりやすい。日常的に目にする光景でもあるからだ。パリ郊外サンドニ市などでの集団路上祈禱の映像を見たことのある読者もいるだろう。道路いっぱいに広がって、イスラム教徒が集団祈禱する光景は異様だ。自動車も通れないし、歩行すらままならない。イスラム教徒には神聖な祈禱の時間であるが、一般の人々には特定集団の単なる道路の占拠でしかない。極右勢力はナチスのフランス支配の時代に例えて、「占領（occupation）」という言葉を使うが、保守的なフランス人には感覚的に理解しやすい表現だ。この発言はジャン・マリ・ルペン引退後のＦＮ党首選さなかの二〇一〇年一二月一〇日、マリーヌ候補がリヨンでのメディアとの会見中に出た表現だった。

彼女は「今日、十から十五の街区では一定の人々が定期的に占有するために集合してきます。それは領土、街の「占領（occupation）」です。そこでは宗教法が適用されています。それこそ占領です」と語った。

翌日、彼女はこの言葉はドイツの占領だけを言いたかったのではないと、弁明するかのように、「私は第二次世界大戦時のドイツのフランス占領に言及しようとしたのではありません。あらゆる占領のことを言いたかったのです。私はジャンヌ・ダルク時代（百年戦争時）の英国の占領についても話したつもりです」と述べていた（*Le Monde* le 13 décembre）。

そして彼女は続ける。「侵略された私たちの国フランスを取り戻そう」と。そのとき「私たち」とはだれのことか。それはフランスという国に住むにふさわしい権利を持つ「真のフランス人」のことである。しかし、それは一体誰のことなのか。

「真のフランス人」の国の防衛

「真の国民（ドイツ人、オランダ人など）」という言葉は右翼ポピュリスト、革命的ナショナリストのよく用いる表現だ。それでは「真のフランス人」とはどんな人たちなのか。

すでに述べたが、マリーヌ時代の思想宣伝はソーシャル・メディアでも相当な部分が支えられている。そのうち「ライシテ」の視点からＳＮＳで大きな影響力を持つといわれるウェブジャーナル「ライシテの反撃

（RL）」では、「真のフランス人」の定義を以下のように捉えている（Nilson）。「雑音騒音を立てない人、騒ぎを嫌う教育レベルの高いフランス人、文句を言わずに働き、納税する人、時間をかけても行儀正しく列につく人、どんな犯罪も犯したことがない人、公共交通機関で席を譲る人、電車の中で老齢の夫人がその荷物を運ぶのを手伝ってあげる人」、さらに「役に立つ、物静かで、平穏な人生を求めている人」、「ニュースの話題とされない人々」、「その子供は麻薬取引に関与しない、車に火をつけない、自分の教師をぶたない」と、平凡だが、善良な普通の市民こそ「真のフランス人」だ。だとすると、それは自分だと多くの人々は思うのではないか。「普通の人々」と「外国人・イスラム教徒」の対立は歴然たる事実だという論法だ。

ＲＬ主筆ペンネーム「シラノ」は、かれらの考え方では「フランス国籍を持つから「フランス人」なので、人種的な差異化の意味ではない」、「ルールは簡単である。受け入れ国のルールを尊重すること、他の人々と同様に同じ権利を持ち、義務を果たすことによって市民権を得ることだ」と述べるが、これこそ「同化政策」そのものでもある。多数派フランス人の生活・思考様式と価値観が中心であることは既定の事実であることから議論は始まっているからである。

マリーヌ自身はこれを愛国主義とだぶらせて論じる。二〇一五年には、「私の目的はＦＮをもっと愛国主義者のために効果的で有益な装置にすることです」（Nilson）と述べ、自分たちを排外主義と批判する主流メディアを論駁しようとした――「ノン、違います。紳士、淑女の皆さん、「ここは私たちの土地だ」という私の訴えは排外主義からのものではありません。これは愛の叫びです。なぜなら私たちはこの国に所属しているからです。その通り。ここは私たちの土地です」、「あなた方はフランスの土地所有者なのです。それを人に貸しているわけではありません。あなた方は権利も資格もなく、土地を占有しているわけではないのです」（*L'Express*, le 17 février, 2017）。

そこに歴史的ライシテを現在の社会統合にそのまま適用しようというルペンの「ライシテ」議論のすり替えがあった。いや人種・多文化摩擦の中で社会統合の現実と理想の乖離に悩む多くのフランス国民・欧州人の心には言葉巧みなルペンの説明は心地よく響く。それは現状を過去の論理で説明しようとした「逆説の論理」なのだが、情緒的に人々の心を摑んでいったのである。その論法の鍵は、イスラム教徒は宗教勢力というだけではなく、むしろ「政治勢力（政教不分離）だ」として、イスラム教徒による「侵略・占拠」の脅威を強調する主張にあった。そして彼らは擁護されすぎており、治安の原因となっている。そこに現実には「少数者の排除」の正当化の論拠が据えられているのである。そしてその矛盾する政策を担ってきたのが既成大政党とそのリーダーたち、つまりエリートだ。すでに述べてきたことだが、FN／RNがその活動の歴史で積み上げてきた「反エリート主義」を掲げ、自分たちこそこのエリートたちの政治に「真の人民（庶民）」として抗議するという勇ましいポーズを有権者の前で演じるマリーヌ・ルペン——それは支持者にとって救国のヒロインの姿とも映っているのではないか。

「反ユダヤ」の放棄

一連のマリーヌの発言は「共和主義」や「愛国主義」を標榜しつつ、移民・外国人をターゲットとしている点は明らかであり、その意味では「排外主義」であることは自明だ。しかしその点が巧みに人心をくすぐるような表現で隠蔽される。

ＦＮの主張は父ルペンの時代のユダヤ教徒に対する攻撃から始まった。そしてそれはイスラム教徒に対する排外的主張に次第に傾斜した。その意味では排外主義はこの政党の一貫した主張だ。すでに述べてきたように、弱者にすべての責任を押し付ける「生贄の子羊（スケープゴート）」の論法こそが父の代からのこの政党のむしろ「存在理由」であった。「庶民＝真の人民」の味方というスタンスは自分たちの主張を正当化するための敵を必要とする。その敵とは、ひとつには外国から入ってきた「悪しき弱者（＝移民）」であり、もうひとつはその増長を公認してきた広義の「エリート（富裕層・官僚だけではなく、既成大政党の政治家）」＝「勝ち組」の人たちである。それは普通の人々である自分たち「真のフランス人」のアイデンティティ擁護の立場である。

ここで注意しなければならないのは、マリーヌがフランスのアイデンティティと指摘する時に、キリスト教的文化的価値観とともに、ユダヤ教的価値観も含まれていることだ。すでに述べたように父ルペン時代には、カルパントラのユダヤ人の墓に対する冒瀆的行為の嫌疑をかけられたりしたＦＮだが、マリーヌは反ユダヤ主義の看板をあっさり降ろし、ユダヤ教は欧州文化に吸収された。

かつてユダヤ教は極右の敵だった。第五列、国際資本主義グループとそれに対抗するマルクス主義者はいずれもユダヤ主義からきているが、マリーヌはそれはもうすでに歴史的過去だとみることにした。マリーヌ時代の転換だ。ユダヤ人との共生の歴史は宗教・文化的対立を緩和させた。経験的には受け入れやすい議論だ。父の時代のユダヤ教徒との対立はもういいではないか。それが彼女の本音かどうかはわからないが、政権を目指す政党にはそうした差別主義は邪魔だ。

そうして二〇〇六年、マリーヌは欧州議員代表団の一員としてイスラエルを訪問している。二〇一一年三月三〇日のRTLラジオに出演した彼女は、「FNは反ユダヤ主義ではない」と言明、これは八七年に父ルペンがナチスのユダヤ人迫害を「第二次世界大戦の歴史上の些事」と語り、FNに対する批判が沸騰した事件を多分に意識した発言だった。新党首はこの問題では新しい機軸に立つという宣言でもあった。

ライシテと「反イスラム」――「国家の中の国家」とそれを育てたエリート

ユダヤ教徒よりも喫緊の敵は別にいる。反ユダヤ主義を放棄したマリーヌは、FNはむしろ郊外の治安と秩序維持のために尽力する党であることを印象付けようとした。イスラム系移民第二世代の社会統合できない青年たちの非行やテロ行為に対する防止政策の強調だ。そして世俗化されたキリスト教的価値観を象徴する共和制にとって危険な勢力は、そしてライシテや自由・平等の共和的価値観に対抗するのは「イスラム共同体主義」であると断言した。イスラム教徒はフランスという国家の中に別の国家を作り上げようとしているという主張だ。イスラム教という宗教そのものよりも、イスラム教徒が営み形成する社会の在り方が危険なのである。つまりイスラム移民とその家族は本来の西欧文化とは異なる価値観に立った生活基盤を形成し、欧州社会に別の共同体（コミュニティ）を構築しようとする。それは貧困やテロの温床となって社会不安の大きな要因となる。そしてイスラム教徒たちの社会はいまや「(フランスという) 国家のなかの国家」を形成し、西欧文化の敵となった。マリーヌはそうした意味から、FNへの投票は「文明の投票」だとまで言い切っている。その立場からすると、自分たちは排外主義ではなく、むしろ「野蛮人」の侵略に対する防衛者であるという論法だ。西欧社会全体がいま問われている「社会統合」という広く平等な概念ではなく、「敵・味方」の二項対立の論法の中の二者択一的な問題提起に単純化された議論だ。「対抗社会」論特有の論理だ。

そうしたなかでマリーヌが主張するのは、宗教としてのイスラム教と、政治としてのイスラム教徒の発想を区別し、前者は宗教の自由から認めるが、後者はフランス政治、つまりライシテの政治とは相容れないという立場（*Le system*）だ。その意味ではマリーヌに言わせると、右であれ、左であれ、歴代政権はイスラム教徒を懐柔し、次第にフランス社会・政治における存在感を高めることに貢献してきた。つまり本来の政教分離「ライシテ」を厳密に実践してきたわけではなかった。むしろフランス共和制の本質である「ライシテ」を一貫して主張してきた唯一の勢力はＦＮであった。これがマリーヌの論法だ。極右の排外主義の主張はこうした逆説的論法によって見事に正当化され、ルペンの世界の中ではＦＮ／ＲＮこそ共和主義を代表する政党としてよみがえってくるのであった。

マリーヌ自身はイスラム教徒とイスラム原理主義者を区別する姿勢については次第に明示的ではなくなっている。最近では本人からイスラム排除の言葉は発せられない。彼女自身はイスラムとフランス共和国は共存しうると宣言はしたが、イスラム教は依然として啓蒙化によるライシテ（世俗化・政教分離）とは無縁でアルカイックで前近代的宗教だと捉えている。排外的極右の真の論点はここにある。極右に限らず、保守層全体にそうした見方が広がっていると見た方が良い。マリーヌ時代に入って選挙のたびにＲＮの得票率が伸びているのはその所作だ。それは欧州全体での極右勢力拡大の背景にある歴史的文明観だ。

マリーヌ自身は人種・宗教的排外主義者の印象を与える言質を弄することには控えめである。しかし彼女自身は自分がシングルマザーで三人もの子育てをした職業婦人であることを強調する。女性は家庭に閉じこもっているのがその正しい生き方だとするような考えには表面的には反対する（他方で〝良妻賢母〟を尊重。

第Ⅷ章参照)。これはフェミニズムの立場の主張であり、近代社会の通念だ。しかし返す刀で、こうした自分の生活・思考とは対極的に女性を宗教的な戒律で縛っている人たちがいると指摘する時には、多くの人は彼女が反イスラムの主張者だということはすぐに理解できる。

しかし彼女の真意はともかく、党内の反イスラム感情は強く、マリーヌもその圧力を大きく受けた言動を強いられていることも確かなようである。いずれにせよ、マリーヌ自身のイスラム主義に対する発言は曖昧な点があるが、移民に対する批判的な立場では党内は一致している。二〇一五年の政治パンフレットには「移民爆発、行動すべき緊急事態」とポスターには喧伝されていた。

第X章　欧州ポピュリズムの将来

一　ポピュリズムの本質

ポピュリズムの多様性

歴史的に「ポピュリズム」と呼びうる社会運動が形となったのは、一九世紀末のころといわれる。その最初の現象は、ロシアにおけるナロードニキの運動であった。それは一八四〇年代から八〇年代にかけて「ヴ・ナロード（人民の方へ）」というスローガンの下に教師・公務員・ジャーナリストら知的プチ・ブルジョワたちの農民層に対する教育・啓蒙活動を発源としたが、後々のロシア社会主義運動の母体となり、一九一七年のロシア革命への道のりの出発点となった。

第二の事例は一八八〇年代のフランスのブーランジスム運動だった。ブーランジェ将軍による王党派主体の反共和主義の主張であった。第三共和制下の男子普選による議会制度を肯定しつつ、「解散・改正・憲政」をスローガンとしてカリスマ的指導者ブーランジェの下に結集した人々が腐敗し、機能不全に陥った当時のブルジョワ政治体制の転換を求めた運動であった。ボナパルティスト・君主制主義者・反世俗的カトリック・

た。

ブランキスト（社会主義者）などほとんどすべての反議会制共和主義勢力がブーランジェを支持した。つまり人々は様々な不満の捌け口としてこの運動の発展を支持した。資本主義化による社会の歪みや貧富・格差の拡大、都市と労働者の文化格差、伝統社会生活の消滅、当時大きな課題となっていたイタリアからの大量の移民など今日的な課題を対象とする点で、このブーランジェ運動は現代のポピュリスト運動と酷似していた。

そして第三は同じく一八八〇年代アメリカ南西部の小農民を中心に大きく広がった「人民党」の抗議行動だった。彼らは入植に際しての土地購入代金の銀行への返済と物流手段としての高額の鉄道輸送費に苦しみ、大銀行・金融機関や独占的な鉄道企業に対して金利引き下げと輸送費の引き下げを求めた抗議活動を展開した。そして彼らは鉄道・電信・資源企業の国営化を求め、銀行の規制を強く主張した。それは「反エスタブリッシュメント（反エリート）」という点では同じでも、国家の役割を減らすことを主張するアメリカのティーパーティー運動のような現代のポピュリストとは異なっている。

こうした歴史的事例と比較しつつ、今日のポピュリズムをどのように性格付けるかは容易ではない。それはきわめて多様な側面を擁しているからだ。ポピュリストをその主張の左右を問わず定義付けるならば、社会不満に対する抵抗運動であることでは大きな一致をみている。本書で指摘した「抗議する人々」の風貌だ。しかしひところ大きな注目を集めた、北欧や中欧諸国の真のフィンランド人、ノルウェー進歩党、スウェーデン民主党、デンマーク人民党、スイス中央民主連合、オーストリア自由党などの勢力伸長は必ずしも経済的不平等に対する不満だけが背景にあるとはいいがたい。むしろイスラム教徒に対する宗教文化的懸念が大きい。ナショナル・アイデンティティが中心課題だ。

ポピュリズムの正当化の論理――「新しいポピュリズム」

ポピュリズムの定義であるが、ここではまずいくつかの共通の要素を取り上げる形で理解する。共通の方向性としては、外国人嫌い・排外主義、権威主義、道徳放任・移民・多文化主義への嫌悪、反知性主義、超国家主義反対＝主権主義、反グローバリズム・反EU、ナショナリズム、労働者・下級階層に対する社会保障の重視などである。これらの方向性の中には矛盾も含まれるが、こうした諸要素を含む運動が、今日ヨーロッパで「ポピュリズム」と呼ばれている。多岐にわたり、一つひとつの関連性が説明しにくい点もあり、ポピュリズムとは思想ではなく、スタイルや行動様式という見方をする人もいる。本書では、一九六〇―七〇年代に誕生した「新しい右翼」の運動をFNの思想的母体と考えることにした。その思想は「ご都合主義」「機会主義的な論法」による「寄木細工」であり、一貫性と正しい意味での整合性のある主張とはいいがたい。本書でも再三指摘したが、それは情緒的で不安定なその場しのぎの主張であることもしばしばだ。

例えばポピュリズムは語源的にも想像できるように、その発想の原点には、「反エリート主義」がある。右のポピュリズムと左のポピュリズム（イタリアの「五つ星運動」やフランスの「不服従のフランス」などの左翼出身者による運動）を分ける見方もある。その場合、左のポピュリズムが排外主義ではないという点が違いとして指摘できるが、広義に言えば、「反エリート主義」、そして直接行動主義を重視する点が共通だ。その意味では反権力を基本とする弱者の論法のはずである。しかし先に触れたように「権威主義的」でもある。こうした矛盾がポピュリズムにはある。

この点について、その邦訳が話題となったミュラーのポピュリズムの定義は、この分野の嚆矢であるマーガレット・カノヴァンの一九八一年の業績における指摘以来の伝統的な「人民・庶民VSエリート」という構図の延長にある。ミュラーによれば、ポピュリズムとは、「特定の政治の道徳主義的な想像であり、道徳的に純粋で完全に統一された人民」と、「腐敗しているか……道徳的に劣っているエリート」とを対置する政治世界の認識である。

その上で、先の矛盾は以下のような論法で克服される。つまりポピュリズムの正当化の議論には、民主主義的手続きの枠外でエリートに対抗する「真の人民」という、実態は不確だが、善なる概念のフィクションがある。したがってこの「人民」は本質的には権力に対する「抗議者」だが、道徳的正当化の衣をまとって独断的な行動をとることを許されるという。国家機構を独占し、大衆恩顧主義を用い、自分たちだけが法による保護を受けることができるという「差別的法治主義」を標榜する。

筆者はミュラーが朝日新聞社の招聘で来日した際に、フランス人研究者ペリノー政治学院教授とともに会食したが、その際にミュラー自身は欧州ポピュリズムの将来について強い懸念を持っているわけではない様子だった。ペリノーはルペンの勢力が大きくなるのはずっと以前からの持論ではあった。その発展の将来像については明確にはしなかったが、彼は早い時期から経済・社会不満を意識的に集約していこうとしたFNの運動姿勢にその発展の第一の根拠を見出していた。これに対して社会思想を専門とするタギエフは（右翼）ポピュリズムの発展の理由をナショナル・アイデンティティの葛藤に重きを置いた見方をしていた（Taguief）。社会経済格差に対する不満と文化的アイデンティティという大きな二つの方向性の中にポピュリズム運動の発展の要因がある。本書も大きな枠組みとしてこのような二つのベクトルの中でFN／RNの発展を説明してきた。

最近ではこうした大枠は踏襲しながらも、筆者の旧知でもあるレニエ（ＦＯＮＤＡＰＯＬ（フランス政治刷新研究財団）所長、パリ政治学院教授）は経済・社会の格差とナショナリズムの浮沈という二つの既成概念にとらわれた見方をすることに疑問を投げかけている。おそらくは現代社会はもっと柔軟で幅広い概念枠組みで考えた方が現実的だという発想だ。別な言い方をすると、若い支持者たちにはかつての人種差別的な意識が薄いのではないか。レニエの主張にはそういう視点が背景にあるのではないかと思う。経済格差とアイデンティティという差別意識は極右ポピュリズム支持者の間でも薄れている。支持者はもっと不分明で感覚的な気持ちから極右に一票を投じているのではないか。それをレニエは、「生活水準」と「ライフスタイル」という今日的な判断基準を提示することで説明しようとする（Reynié）。それこそ「新しいポピュリズム」だというわけだ。一定の生活水準に達しているかどうか、政治がそれを実現しているのかどうか。必ずしも格差による不満からの厳しい政府への指弾ではない。他方で共和主義的立場から多文化社会について理解はしているが、イスラム教徒のライフスタイルは到底西欧近代文明的な日常生活様式とは相いれることはない。非宗教的で、伝統的価値観にとらわれない若い世代の極右支持層の分析だ。

こうした見方は今日の現実を反映した見方だと筆者は考える。ライフスタイルに注目した点は時宜にかなった新しい視点を提示している。また同時に思想性は薄らいでいるが、政教分離（ライシテ）という共和国原理による安定したフランス社会が、不安に直面し、その外的要因としてのイスラム教徒の行為が歴史的意味のライシテ原理に背くものであるという説明にも一理ある。本書で再三指摘したように、ライシテが今日流の「多文化主義」と切り離した論法からすると、そうしたライシテの歴史的解釈に同調する人が多くなることも自然だ。

しかし筆者のように一九六〇年代-七〇年代のファシズム研究と大衆社会・大衆国家論研究の洗礼を受けた世代からすると、無意識に先進社会の文化発展の陰に秘められた闇の部分に注目が行きがちだ。かつて自分でも一次資料を手繰って調べた一九二〇年代から三〇年代の西欧の政治・社会は、第一次世界大戦後の産業・大衆社会の誕生の中で輝いて見えた。しかしその一方でコミュニズムやスターリン主義も、それに対抗したファシズムやナチズムも、人間本性の闇の部分を露呈させた暗い閉鎖社会を顕現させたことでは一致した性格を持っていた。西欧諸国では人々の生活が豊かになり、新たな生活様式が導入されて行く中で、反共思想が広がり、他方でファシズムやナチズムのような運動は近代的進取の気性にあふれた斬新な運動の外観を窶して人々に受け入れられた。しかしその帰結は悲惨なものでしかなかった。それは歴史が証明していた。私たちには何かが足りなかった。私たちが注意しなければならないのはその点だ。

本書ではFN/RNの主張を引きながら、筆者はこうした大衆社会心理を以下のように説明した。つまり、自分は権力エリートに対して人民の弱い立場であるが、弱者である外国人に対しては「真の人民」という立場から道徳的な正当性をもって排外主義を主張することができるという知的アクロバティックな「逆転の論理」が可能となる。FN/RNの場合にこれはよく当てはまる。「真のフランス人」というスローガンはかつて父ジャン・マリ・ルペンがよく使った言葉である。エルチャニノフの説明では、FNの場合とくに道徳的論理は、伝統的な歴史的テーマである、「大地、人民、生命、神話」というノスタルジックな四つの言説に集約される。それこそ保守主義者・ナショナリストが曳きこまれやすい知的落とし穴である。伝統文化の美徳への擁護を否定することはできない。しかしそれは異文化に対する拒絶反応を導きやすい(Eltcharinof)。

「不完全なデモクラシー」としてのポピュリズム

その際に問われるのが、ポピュリズムとは民主的なものなのか、否かである。ポピュリズムというからには邦語でいえば「人民」「庶民」という下からの概念になる。したがって基本的にはデモクラシーの概念でいえば、善なる思考様式であるはずだ。「弱者」の側の発想と行為であるからだ。しかし問題や事情によってその対象は変わる。人民・庶民の立場が上になったり、下になったりするのである。エリートに対する中小店主や豊かでない農民、労働者などは弱者の立場であるが、国民アイデンティティ擁護のために排外主義を主張する時には少数の外国人に対して、彼らはむしろ「強者」＝「多数派」の立場に立つ。平等と弱者の権利保護というデモクラシーの概念に矛盾する。そこにミュラーの言う「真の人民」というフィクションが介在する理由がある。

そこでポピュリズムには「良いポピュリズム」も「悪いポピュリズム」もある、という見方が生まれる。しかし筆者はそうした区分は概念の混乱になるのではないかと思う。「良い」「悪い」という概念はきわめて主観的であり、学術的ではない。「良いポピュリズム」ならことさらに問題とする必要はなく、「よく機能しているデモクラシー」として扱えばよい。それを私たちは「デモクラシー」と呼んできたはずだ。一見デモクラシーの外見を装ったり、庶民の立場を強調しながら実体が非民主的な差別主義である場合に、「ポピュリズム」と言ってきたのであり、それでよいと思う。つまり「大衆迎合主義」という訳に近い意味である。「悪いポピュリズム」とあえていう必要はない。その意味ではデモクラシーを理想とみる立場から言えば、ポピュリズムとは「もともと不完全なデモクラシー」ということになる。

ポピュリズムの将来とRNの行方

ポピュリズムは「不完全なデモクラシー」であるがゆえに、今後どうなるのかわからない。良い方向に向かって本来あるべきデモクラシーの枠のなかに吸収されていくのか。それとも政治的な混乱の要因になり続けていくのであろうか。この表現自体が「不安定」を意味する。

その答えとして、筆者は二〇一七年大統領選挙前に、ヨーロッパのポピュリズムは長続きしないと述べたことがある（Web Ronza）。オランダでもフランスでもポピュリズム派が選挙で勝利する可能性は少ないと考えていたからである。基本的に不満の捌け口と人間の本性である差別意識を克服しないまま、情緒的に動揺を繰り返すのがこれまでのFN／RNのような政党の実態だ。その意味ではRNは多くの国民の信頼感をまだ勝ち得ていないし、そうなることもない。それこそその年の大統領選挙の結果だった。加えて党運営の不透明性や不正を受け入れる体質からもなかなか脱し切れていない。このような政党がこのまま長続きすることはない。そんなものが長続きするはずがない。そう考えたからである。しかし現実にはいったん沈みかけたRNは、二〇二二年大統領選挙で再び息を吹き返した。

改めて振り返ってみると、今後のポピュリズム政党の将来を考えるならば、その外的要因と内的要因について考えてみなくてはならない。

外的要因についていえば、本書で縷々述べてきたように、ポピュリズムは既成政党の政治に対する反感を大前提にしている。民主的ガバナンスがうまく機能していればこの勢力が伸びることはなかった。既存の大政党の政治の行き詰まりであり、それに対する反発はポピュリズム隆盛の大きな要因のひとつだ。今後もそれはしばらく続きそうだ。宗教・社会習慣・個人的事情から一部の差別主義はどこにでも、またいつの時代でもある。それはむしろ人間の持つ反知性的な本性の一部である。それが度を越さないようにするにはどうするのか、というのが、実はポピュリズム隆盛が提起した問いだ。それはデモクラシーとは何か、デモクラシーとは理想社会であるが、それにどのようにチャレンジしていくのか、という永遠の問いかけでもある。

また政党力学から見た極右勢力の相対的な位置付け、不安定な立ち位置と既成政党勢力との相関関係も考えなければならない。本書第V章で述べたように保守派のサルコジ大統領が保守派の治安体側を強化して極右を切り崩していったとするならば、今度は「脱悪魔化」する極右への票田の流れをどのようにして止めるのか。これは全政党が協力して考えなくてはならない問題だ。社会党が分裂し、極左が野放しになって、今日、仏大統領選挙第二回投票のたびにその支持層がRNに流れるのではないかという不安もささやかれる。それでは既存の議会体制が「体制批判」という点からは、極右も極左も軌を同じくする部分があるからだ。それでは既存の議会体制がポピュリズムを掣肘することはできないであろう。

他方で内的要因として、その政党の体質がどこまでデモクラティックなものに変わっていけるのか。フェアで社会の信頼感を勝ちうるものになっていけるのか。少しレトリカルな説明になるが、しばしば混乱をともなって用いられる「極右」、「急進右派」、「(ウルトラ)ナショナリスト」などの表現は民主化の程度の問題として整理できる。カミュはこの点について、ナショナル・ポピュリズムとしての極右運動は議会デモクラシーの投票の洗礼を受け入れることを通して「急進右派」へと体質を変えていくと説明する。まさに「脱悪魔化」のことである。

フランスの近代政治では「せりあげ現象」と呼ばれた現象があった。急進党というのはクレマンソーが二〇世紀の初めに創設したフランスで最も古い政党であるが、この政党は当初文字通り最も急進的で「内閣（倒閣）のトラ」と呼ばれ、クレマンソーは過激な発言でいくつも内閣を崩壊に陥れた。しかし次第に時がたつにつれて穏健化し、体制化していった。もちろんその左に社会党や共産党が現れたからであるが、この現象をフランスでは「せりあげ」と呼ぶ。つまり新しい政党は政治的スペクトラムの中で次第に中央にせりあげられていく、という説明である。RNの政権への接近が続くとするのなら、右からの「せりあげ」現象ということになるのだろうか。

ジャン・マリ・ルペンの死

二〇二五年一月七日、ジャン・マリ・ルペンが心臓発作による合併症で九六歳の寿命を全うした。極端な差別的発言でしばしば世間を騒がせた極右の大物政治家の大往生だった。

すでに述べたように、二〇一一年にマリーヌ・ルペンが党代表となり、女性党首による党イメージの穏健化の一方で、「ライシテ（政教分離）」の原理を前面に打ち出すことを通じて、反社会的対抗勢力「アウトサイダー」から「共和主義政党」への衣替えを推し進めていった。

それにもかかわらず、父ジャン・マリは反ユダヤ・排外主義を標榜し、マリーヌ・ルペンとの軋轢を大きくしていく中で党内での影響力を後退させ、次第に政治舞台の後景に退いて行った。一〇年に引退後名誉党首の称号を受けたが、一四年にFNを批判したユダヤ人歌手パトリック・ブリュレルに対して「窯に入れてやる」と反論、その表現がアウシュヴィッツ収容所を連想させる表現だったために、物議を醸した。娘のマリーヌ党首は翌年父ルペンの党員資格を停止・除名、一八年には名誉党首の職も剝奪したことから、裁判沙汰にもなった。そして数年前には大部の自伝を刊行するなど次第に隠遁した政治家の面持ちを強めていた。

「ヤヌス」の二つの顔とRNの将来

ヤヌスはローマ神話の二つの顔を持つ扉の神だ。本体はひとつだが、入ってくる人と出ていく人にそれぞれの顔を向けている双面神だ。

本書で繰り返したように、ルペンの勢力が拡大したのはフランス・西欧社会の後退と庶民生活が厳しくなっていく中で、治安の悪化と結び付けて外国人・移民排除を訴えたからだ。しかしそれには限界がある。その主張は自分たちが「共和政治のアウトサイダー」であると誇示することになるからだ。そこで「脱悪魔」と称する妥協的姿勢へと傾斜するプロセスが今日のマリーヌの時代により顕著となってきた。「共和主義政党」としての顔だ。マリーヌの言葉でいえばもはや自分たちはアウトサイダーではないし、「極右」でもない。時流に合わせてマリーヌの穏健化を単純に「普通の政党化」と半ば好意的に受け止める見方も多分にある。しかしそれこそマリーヌたちの思うつぼではないのか。本書で述べてきた「ライシテ」による「逆転の発想（歴史的・原理的ライシテ理解の現代社会の適用）」こそ、その本質を暴露した証拠ではないのか。

その根源には、一見違う方向を向いているようで本質的に共通の極端なナショナリズムが据えられている。あえて言えば光の部分と影の部分だが、筆者は、その影の部分を長い間担い続けたのが、父ジャン・マリ・ルペンだったと思う。父娘は表向き路線対立でいがみ合い、対立していたが、父が育成してきたこの負の部分の支持層の上に、マリーヌの「脱悪魔化路線」がある。いわば党の路線が分立したように見えて、党勢は拡大したのである。

しかしそれが可能となるには、もうひとつ重要な鍵が必要だった。二〇世紀末の父ルペンとメグレの摩擦は党の勢力を大きく後退させた。しかし父と娘の間の摩擦であれば、「ルペン支持者」にとってそれは克服可能だった。あえて言えば「同族政党」「家産政党」としての結束力だった。議論や論理ではなく、「カリスマ」性による「FNのレジェンド」、その威光が団結の推進力だ（Ⅶ章参照）。それでは、父ルペンが二〇二五年一月に死亡した後、「アウトサイダー」を標榜し、RN本来の主張である排外主義の役割を誰が担えるのか。世代交代を通して「脱悪魔化」と「悪魔性の継承」の両翼、二つの顔をルペン家族が担っている。父ルペンの顔を継ぐのは、ゼムールとマレシャルの勢力だ。おそらくRNの将来図として二つの顔をひとつのものとして一体化する戦略は現実になり始めている。

「右翼ポピュリズム」隆盛の脅威

FN／RNが、今後さらに伸びる可能性は否定できない。すでに述べたように筆者は欧州ポピュリズムは一定以上には拡大できない体質を持っており、一過性の現象にとどまる可能性が高いとずっと思ってきた。実際、北欧のポピュリズムは浮沈を繰り返しているが、ここにきて独仏伊の極右ポピュリズムの台頭が長期化している現象は軽視できない。フランスでは二二年大統領選挙では息を吹き返し、国民議会ではそれまでにない議席数を得て、その後二四年国民議会選挙では一四〇議席を上回る躍進ぶりを見せた。

そうした中で「脱悪魔化」は本質的な点で進んでいるのかどうか。筆者はFN／RNが勢力を拡張して政権を取るようになるとしたら、それはこの政党が真に穏健化すること、「普通の政党化」することであると考えていた。あるいはデモクラシー政党としての要件をもっと確立させることである。しかし今日のRNの勢力拡大はそれが重要な要件ではもはやないように思われてきた。

確かに社会福祉や購買力を重視する左翼的な姿勢には強く傾斜しており、有権者の関心の高い分野での大衆迎合的な路線を強く打ち出しているが、RNの伸長にはそうした左翼ポピュリズムとも共有する点だけが重要な条件ではなくなってきたようにも思われる。その社会不満はメランション率いる極左とされる「不服従のフランス」の勢力拡大にもみられるからだ。不満分子が左翼ではなく、極右ルペン支持にも流れていく。アクロバティックのすり替えの論法やイメージづくりの中で庶民層の支持率を伸ばしている。そうした支持者の心理的根底には、あくなきナショナリズムへの執着が垣間見えるように思う。それはもはや「普通の人々」の心に無意識的に潜在化する心理ではないか。恐るべきは、歴史的に繰り返してきた「欧州第一主義」「白人優越主義」の勢いが欧州諸国の一般の人々の間で看過できなくなりつつあることではないか。それが異常なことではなくなってきたことだ。今から二十年ほど前であれば、フランス人の間で極右支持者が自分の政治的立場を人前で明示的に語ることはなかった。しかし今は公然と「私はこの国に住み、ルペンの支持者だ」といってはばからない風潮が大きくなっている。それはこの十数年前から筆者が気になっていたことだ。それは筆者の表現でいえば欧州文化偏重の「ヨーロッパ・ナショナリズム」への拡大の懸念だ。

二　RNの世界秩序観——左のポピュリズムとの違い

二つの全体主義への反発——反グローバリズム・反イスラム主義

こうした極右勢力の世界観はどのようなものであろうか。政権に近づいていくにつれて、彼らもその対外姿勢を明示的にしていかなくてはならない。漠然としたウルトラナショナリズムでは有権者を説得できなくなるからだ。マリーヌによると、FN／RNは二つの「全体主義」に反対する。ひとつはグローバリズムで、もうひとつは「イスラム主義」だ。本書のポピュリズムの概念規定のための二重の枠組みだ。それらはいずれもフランス文化の利益に反する。フランスのアイデンティティに反するのである（Eltchaninof）。

しかしFN／RNの反グローバリゼーションの主張は左翼の反グローバリズムとは違う。左翼の批判は第一に資本主義システムという経済制度そのものへの批判だが、極右の批判はむしろ主権の喪失への懸念に重点がある。つまりそのグローバリズム批判は資本主義制度を批判したものではない。市場経済と利益競争は肯定しつつ、その国際的画一化とその受益者であるエリートへの批判だ。第二に、左翼の反資本主義はインターナショナリズムと結び付いているが、極右の主張は「国境なき」資本主義に対抗して、国境を閉鎖させる動きと結び付いている。労働者のための社会を第一とするのではなく、ナショナリズムの立場だ。そこからマルクス主義とは真反対の主張として、資本の国外流失を阻止するため高額所得層擁護と優遇措置を模索する。

したがって本書の第Ⅱ章、第Ⅳ章、第Ⅸ章で述べたように、彼らはご都合主義の近代化を演じつつ、伝統的かつ独自で多様なヨーロッパの土着の民俗《フォークロリック》的価値観を大切にする。しかしそれは欧州の伝統的なキリスト教という指導者による「保守的な」一元化された文化ではない。ヨーロッパには百を超える多様な地域に個別な伝承文化が存在し、そうした多様性を取り入れ、豊かな包括的文化こそがヨーロッパ的価値観である、という主張だ。いわゆる多元的民族主義のヨーロッパだ。

しかしこの新しい右翼は、結局一貫した理論化の説明に成功したとは言えない。近代的であれ前近代的であれ、自分の主張に都合の良い説明論理を寄せ集めて、その論法の矛盾をものともせず響きの良い言葉で粉飾して情緒的・感情的なナショナリズムを喚起して人心を掌握しようとする。そこに極右ポピュリズムの真骨頂がある。簡単な例では、イスラム移民たちが路上で集団祈禱する場面をとらえて、これは交通妨害であり、彼らは善良な普通の庶民（＝真の欧州人）の日常生活を脅かしている。それはナチスのフランス「占領」と同じだ。被害者は私たち善良な庶民なのだ。「政教分離」という共和主義の原則を守れないイスラム教徒は出て行ってもらわねばならない。自分たちは排外主義という攻撃的な意図はなく、共和国を防衛しようとしているのだ（第Ⅸ章）。そこには共和国原理が一方的な時代錯誤の用法で用いられ、言葉が矮小化されて、結局はヨーロッパ文化の正当化の主張のみが明確となっている。

そこには新しいヨーロッパ像が生まれる。まだ明確な形を整えているものではないが、それは筆者の表現では「ヨーロッパ・ナショナリズム」とでも呼ぶべき独自の価値観を打ち出そうとする運動だ。

「経済合理主義の統合」と「ヨーロッパ・ナショナリズム」――ユーラシア主義ともうひとつの欧州統合

欧州各国の極右勢力はいずれも反EUだ。彼らはEU統合をアングロサクソン流のグローバリゼーションによる市場競争原理を発想の基礎とする「経済合理主義」の賜物とみなす。それは結局格差を構造化し、それで優位となるのはアメリカであり、「エリート」たちの欧州統合はその世界的システムに組み込まれているると主張する。それに対して彼らが主張するヨーロッパとは、土着の民族文化的価値やローカルなより庶民の日常的なナショナリズムの擁護なのだ。「文化的アイデンティティ」の擁護だ。そして彼らは「国境なき資本主義的市場の拡大」＝「国境を越えたリストラ」（筆者）に対抗して、民族の「主権主義」を主張する。

その意味では経済合理主義的な「EU統合」と文化的アイデンティティによる「欧州統合」は別のものだ。

それでは彼らの考える「ヨーロッパ統合」とは何か。

グローバリズムとリベラリズムの一体化の中でしばしば議論される欧州統合については、第Ⅷ章で述べたようにグローバリズム的な統合を否定、その一方で広汎なユーラシア大陸の統合という意味で「大欧州ナショナリズム」を提案する。

したがって米国一辺倒の欧州統合に警鐘を鳴らし、対米関係に偏った大西洋主義（米関係重視）を否定、「広汎なユーラシア大陸」の統合を模索、パリ・モスクワ同盟を中東・中国にまで拡大し、その影響力を行使することを提唱する。欧州の自給自足社会において生活水準の向上、実質雇用増などが期待された。本書第Ⅱ章で触れたように、「新しい右翼」の目指す「ヨーロッパ」とは米国や中国に対抗するために結集し、複数国家が制度的にひとつに統合された経済合理主義的な意味での統一ヨーロッパを意味するのではない。かれらの「ヨーロッパ」とは文化的・歴史的なアイデンティティであり、百以上の民族的に多様な生活様式・言語・地域的な習俗や宗教を持つ庶民的な日常生活における多様な集団のまとまりである。多様ではあるが、それはアジア・アフリカ・中東の様々な慣習や宗教とは大きく異なっている。その差異はとりわけイスラム教徒とは大きい。

その「ヨーロッパ」にロシアは含まれる。グローバリズムが米国の巨大資本の世界的支配の手段だとする左派や反エリート派の議論は欧州市場統合反対の主張とも結び付いている。その意味で反米の議論とも接点がある。であれば、FN／RNが親露派に傾くのも道理だ。マリーヌは二〇一三年にロシアを訪問しているが、二〇一七年大統領選挙の前にも訪問、プーチン大統領と直接面談し、時期が時期だけに大いに話題となった。

この選挙では極右大統領の誕生か、と世界のマスコミが騒いだ。FNの政治資金不足は慢性化している。このときもマリーヌはプーチンに無心に行ったとまことしやかに伝えられた。当時、プーチン政府はマクロン大統領候補のスキャンダルを広めていた。マクロンがホモセクシャルであるという噂も当時流布し、マクロンが激怒する一幕もあった。しかし、RNは冷戦的な東西対立的な思考からは距離を置く姿勢を示しており、「非同盟（米露いずれの側でもない）」という外交スタンスを誇示する。白人主義・ヨーロッパ中心主義という古典的な欧州右翼勢力に典型的な立ち位置であるといってよい。親露的ということを踏まえると、あえて言えば「ユーラシア主義」とでもいうことができようか（第Ⅷ章）。

ウクライナ危機に関してルペンの対応は、西側諸国への配慮から曖昧さが特徴だ。二〇二二年二月のロシアのウクライナ侵攻直後にはその攻撃を非難したが、対露経済制裁には反対、二〇二四年マクロン大統領がロシア攻撃の強い構えを示すと、それが第三次世界大戦への口火となり、フランスを戦争に巻き込むとルペンは批判した。白人主義・ヨーロッパ中心主義であり、親露的という点を踏まえると、間違いなく「ユーラシア主義」といえる。

その意味では彼らはむしろ今日のEUの欧州統合とは別の「もうひとつの欧州統合」を頭に描いている。EUからは離脱しない、むしろEUの在り方を変えていく。気候変動から移民政策まで広範にわたるEUの政策変更を目指すという新しいやり方である。二〇二四年後半のEU議長で、ハンガリーのオルバーン首相はその立場を鮮明にした。その象徴は、ハンガリーが二〇二一年ブリュッセルに購入した元ベルギー財務省であった一八世紀の大規模建造物だ。オルバーン政府は、この建物を大改築し、「ハンガリーハウス」として大規模な文化行事会場として使用する。子供の保守的思想教育活動を活性化させ、多分野での次世代リーダーの育成を目指す。EU環境保護政策に反対する農民の抵抗運動を支持し、LGBTQに対する反対を表明して、今のEUではなく、別な意図を持った「欧州統合」の構築を目的としている（拙著二〇二四）。最後に、ポピュリズムをめぐる議論の最大のテーマは、人間の差別への情念という反知性主義的な本性であり、それを道徳や理性でどこまで抑えられるのかということにあると筆者は考える。だからこそ自制心に欠ける人民の暴走が脅威なのだ。インターネットをはじめとする情報氾濫の時代、「ポスト・トゥルース」と呼ばれる現象が拡大している。結果が真実を捏造する。そこには民主主義の原点である信頼関係と誠実さの役割は希薄となる。説明責任の欠如である。その場しのぎの発言を繰り返したルペン候補が決選投票に残った真の危険はそこにあった。それは為政者だけの問題ではなく、有権者も共有する問題である。

そうした危険な事態をいかにして作らないようにするのか。それは社会全体にかかわる問題である。

ポピュリズムは一般的に、ファシズムとは根本的に違うことが議論の前提となっている。時代的背景や社会・政治の実態の違いは言うまでもない。ただ、かつて「ファシズム論」華やかしきころ「思想・運動・体制」という三つの枠組みでファシズムがしばしば議論された（山口）。問題は「体制」になった時に、人間の本性のひとつである反知性主義が露見し、支配的となることである。もともとポピュリズムには意識的な嘘や欺瞞がさりげなく刷り込まれている。それは民衆心理・大衆心理に潜む集団的で無自覚的な理性からの逸脱である。そうならないという保証はどこにもない。しかもFN／RNの選挙政策の中には明らかな排外主義が含まれている。それはこの政党の存在意義でもある。「思想」としての本質は不変だ。先に指摘したように知的アクロバティックな「逆説の論理」の見せかけだ。そう考えると、マリーヌ時代になって主張されるようになった「共和主義」はこの政党の根本的変化というよりも、「運動」面での外観的な穏健化、「普通の政党化」を意味するに過ぎないと筆者は考える。

いずれの場合も、民主的な社会統合とその実現という観点から不可欠なのは手段や制度の有効性を担保できる理性であり、差別の欲望をどこまで抑えることができるのか、ということに尽きるのである。フロイトの「攻撃的欲動」、それこそがデモクラシー社会に託された最大の課題であると、筆者の旧知であり、この研究分野の泰斗パスカル・ペリノーは指摘する（Perrineau）。ポピュリズムの高揚がグローバルな広がりを見せている今日、真の論点はそうした人間本性の闇にあると筆者は思う。

あとがき

本書はルペン親子とＦＮ／ＲＮの興亡、そしてその思想的・理論的背景を検証したものである。欧州の政治社会は私たちには理解しにくい。日本が米欧型のデモクラシー国だといっても、その制度を支える精神や歴史経験には大きな隔たりがある。外見は似ていても、日本型のデモクラシーを支える政治文化は西欧型のデモクラシーを支える理想や社会の基層文化とは異なる。したがってそれが思い込みや憧れからくる西欧社会に対する美化や偏見につながっていることも多々ある。

振り返ってみれば夏目漱石が「外発的開化（外からの圧力による強制的近代化）」と呼び、「内発的開化」を提唱した近代化・西欧化の桎梏を、百年の時を経て、私たちはいまだに克服したとはいいがたい。ではそれに代わる新しい独自の世界観を創造しようとしているのか。それについてはもっと事態は深刻だ。西欧化が米国化に変わっただけかもしれない。

こうした思想の閉塞状況の中で、私たちの日常とは大きくかけ離れた社会心理と政治文化を基礎にした国民戦線／国民連合（ＦＮ／ＲＮ）の活動の現実は容易に理解しがたいものだ。上辺の変化を自分に都合よく解釈しようというのは日本の外国理解の伝統だ。翻って言えば、それだけ外交に対する関心が希薄であるということでもある。

西欧政治社会のリアルをいかに理解するのか。それをどう正しく伝えるのか。学生時代から考えると、その課題と私は半世紀近く格闘してきたが、それは今でも続いている。フランス極右の歴史の理解を通してフランスとヨーロッパの現実を一人でも多くの読者に理解してほしい。本書の意図はそれに尽きる。

本書では、多くの人に読んでもらうため、人名や事象の叙述はできるだけあまり専門的にならないように配慮した。当然のことだが、欧州事情はアジアやアメリカの事情に比べると、基礎知識の普及が十分ではないからだ。しかしその一方で、ヨーロッパ的である概念や論理はできるだけ原語の意に即して表記し、説明を試みた。それを妙に日本流に解釈しなおすことはしなかった。少しハードルは高くなるが、彼我の違いは違うものとして理解してほしいと考えたからだ。それは視野と思考の枠組みを広げることでもあるからだ。

例えば「極右」という概念は日本にはない。メディアの方から「極右」は日本語では意味が解らないので、「急進右派」「急進保守」「右翼」などと呼べないか、という質問をしばしば受ける。日本語で「極左」というが、「極右」という言葉は耳馴染まない。「極右」とはなにか。そこで街宣車に乗る直接行動主義者を「右翼」と呼び倣わすことから、それをFN／RNと重ねて論じてみてはどうか。思想的には反共産主義・ナショナリズムのスタンス、そして過激な直接行動による排外主義、アウトサイダーのグループが「右翼」であり、それは欧州の「極右」と同義といってよいのだろうか。あるいは議会勢力として大きくなっているのだから、議会主義勢力として急進保守派、急進右派というのではどうだろうか、という議論になる。

しかしFN／RNの歴史はそうした単なるアウトサイダーの歴史にとどまるものでも議会政治を正しく支持しているものでもない。本書を読み、かれらの思想・信条の試行錯誤の変遷を理解した読者にはそれがわかっていただけたことと思う。だとすれば、彼らの運動と存在を芯の部分で支えている極度に揺れる心情と人間本性の闇の部分が、ここで問われるべき「極右」の本質である。

日本にも伝統的なナショナリズム、戦前のアジア主義者などが理論・思想武装して直接行動に出るような時代があった。しかし終戦後はそうした運動は大きく後退している。そこで、ナショナリズムや右翼というイメージそのものが風化しかけている。それらは当時の日本人には必ずしも「悪の論理」ではなかったはずである。そもそも今日それが「善の論理なのか」、「悪の論理なのか」、われわれはその葛藤からも逃げている。

概念規定もせずに語感のイメージだけで安易な使い方がされても誤解はますます広がるばかりであろう。議会政治に参加し勢力拡大に成功しているからという理由で、極右ではないと決め込んでいる向きすらある。彼らは本当に議会政治を認めているのか。問われるべきはその点だ。それとも、まさか極右が権力を握ることはないという根拠のない奇妙な楽観論がその背景にあるのか。それでは初めから欧州の極右運動とその背景にある現実を正面から捉えようという姿勢を放棄しているのではないか。「なぜ極右と呼ばねばならないのか」、それにたいする答えの試みそのものが欧州理解への挑戦ではないか。本書では、一貫して「極右」という言葉を用いた。したがって双面神「ヤヌス」という二つの顔が一体化した存在になぞらえてＦＮ／ＲＮを本書では論じた。

少し訳語にこだわるようだが、フランス政治で「急進派（ラディカル）」という言葉を使う場合には、単純な語句の言語的意味にとどまらず、歴史的背景にも注意する必要があると思う。ジョルジュ・クレマンソーらが主導したフランスで初めての本格的政党の党名「急進共和主義・急進社会党」がその政治的語源がある。彼らは思想的には左だが、マルクス主義でも社会主義者でもない。支持者にはブルジョワジーも含まれている。「急進主義」はフランス語では、必ずしも「過激派」のイメージとは重ならない。注意して使わなければならない用語のひとつだ。フランスやEUの外交上のautonomyに「自律」という用語を当てるのも、国語的な意味でも、また欧州が目指した現実と歴史的背景から適切な邦訳とはいえない。

八〇年代から私は主だった選挙や政治的事件はできるだけ現場でウォッチしてきた。いわば「ポスト福祉国家」時代の社会保障と財政を基軸としたフランス政治社会の変容については、冒頭のべた拙書『現代フランス』でクロノロジカルに整理し、論じたが、拙書の中からルペンに関係する叙述部分を抽出しただけでも相当の分量となる。ルペンを無視しては今日のフランス政治は理解できないと痛感するようになり、改めてその思想行動の背景を整理する必要があると思い始めた。本書の動機と意義はそこにあると思う。

実は二〇一七年の大統領選挙のころに、史実を整理し、本書の骨格のようなものは大体できあがっていた。しかしファミリービジネスといってもよいような家産的な政党FN／RN内の人間関係を通したその組織・思想形成を統合的に理解するにはその後存外に時間がかかった。この分野でのパイオニア畑山敏夫の研究はその意味ではFNの組織・思想の土台にも光を当てた我が国では先駆的研究だ。本書は畑山の研究を踏まえ、その後に出た英仏語の研究を中心としてあらたに「ルペン時代」を再構築していく中でフランス極右勢力のダイナミズムをより明らかにしようとしたものだ。

実はその点こそが本書の肝心な部分だ。つまり極右のダイナミズムを書くことは、冒頭でも書いたように「成功物語」の叙述でもある。しかしうわべの勢力の拡大と同時に、その背景にある負の潜在要因をしっかりと意識し、論及しない限り、「悪徳の栄え」の本質の喝破にはならないだろう。人の気持ちをとらえ、穏健化していくことで成功した、という説明はわかりやすい。「脱悪魔化」の成果だが、それを指摘することにとどまるとすれば、文字通り彼らの思惑にはまっているに過ぎない。そこには負のゆがんだロジックがある。それはある種普遍的な人間の闇の部分を露見させている。それこそ本書で説明したかったことだ。

そしてその大衆社会的心理状況はいつ私たちの秩序を危機に陥れるかわからない。それは常に私たち一人一人が日々注意していかねばならないことだ。ヒトラーやスターリンの「大衆国家」の群集心理操作とは時代が違うといっても、昨今のSNSを使った「確証バイアス」「エコーチェンバー」「サイバーカスケード」などの用語は多様性を肯定する意味を持つ。しかしその反面、自分たちだけの偏った集団心理を形成する動機付けともなる。それはアカデミックな分野でも例外ではない。それはそうした傾向を制御し、対決しなければならない知の世界においても勢いを増している。「知のポピュリズム」というと、あまりにも形容矛盾になるだろうか。

拙稿の照会を多くしたのは、この四十年以上のフランス政治史は筆者にとって直接間接の「現場体験」であることを示したかったからである。概説書や通史の整理ではない。これらの拙稿は、その時々のメディアの論考や現地での一般人や識者との情報・意見交換などに依拠したものである。したがって筆者の主観的解釈も多々あろうが、時が経つにつれて、都合のいい後日談や解釈を加えて再構成したものではない。そうした筆者の気持ちを読者の方々にはご理解いただけたらと切に望む次第である。また発表年だけ表記したので、同じ年に書いた複数の拙稿のどれを指すのか、わかりにくいかとも思ったが、メディアに掲載したその時々の論考なので、探す手間もそれほどかかるわけではなく、表題でほぼ内容も想像できると思い、煩雑さを回避するために表記は発表年だけにした。

筆者は子供時代から道草の多い子だった。長じて研究者の道に入ってもその癖は取れず、フランス・欧州政治外交史から始めて、欧州現代外交・EU研究、米欧関係論、外交としての文化政策（文化外交論）など手掛けてきた。多領域にまたがる研究といえば聞こえはよいが、要は鈍足の道草スタイルなのでようやく世界が見え始め、その中でのフランスやヨーロッパの全体像のイメージが確信に変わってきたのがこの十五年ほどのことだ。そして今度はそれをどう説明するのか。そのツールを見極めるのにまたしばらく時間がかかった。本書はその遅々とした筆者の研究のそのひとつの里程である。

本書を担当された竹園公一朗氏には丁寧なお仕事をしていただいた。心より感謝の気持ちをお伝えしたい。企画のテーマと概要からその緊急性を理解いただき、素早く出版の準備をされた。もともと日本政治思想を専攻されてきた方なので校正の段階ではノートにメモを取られながら内容をチェックされ、本書には好意的な姿勢で接していただいたことは大きな励みになった。力強い味方を得た思いだった。

最後に、好きで始めた研究者の道だったが、それでも波がある。迷ったときにさり気なく筆者の気持ちを楽にしてくれるのはいつのころからか、妻奈穂子の仕事になっている。記して感謝の意を伝えたい。

二〇二五年二月

著者

*

著者略歴

渡邊啓貴（わたなべ　ひろたか）
一九五四年生まれ。東京外国語大学フランス語学科卒業、慶應義塾大学大学院法学研究科博士課程・パリ第一大学大学院博士課程修了。東京外国語大学大学院総合国際学研究院教授・国際関係研究所所長、高等研究院（パリ）・リヨン高等師範大学院・ボルドー政治学院・ジョージ・ワシントン大学客員教授、日仏政治学会理事長、グローバル・ガバナンス学会会長、国際歴史学委員会（CISH／ICHS）本部理事、在仏日本国大使館公使、外交専門誌『外交』創刊編集委員長などを歴任。現在、帝京大学法学部教授、東京外国語大学名誉教授。フランス政治外交論、国際関係論専攻。著書に『ミッテラン時代のフランス』（芦書房、渋沢・クローデル賞受賞）、『米欧同盟の協調と対立』（有斐閣、吉野作造賞次点）、『シャルル・ドゴール』（慶應義塾大学出版会）、『現代フランス』（岩波書店）他。

ルペンと極右ポピュリズムの時代
〈ヤヌス〉の二つの顔

二〇二五年三月一五日　印刷
二〇二五年四月一〇日　発行

著者 © 渡邊啓貴
発行者　岩堀雅己
印刷所　株式会社　理想社
発行所　株式会社　白水社

東京都千代田区神田小川町三の二四
電話　営業部〇三（三二九一）七八一一
　　　編集部〇三（三二九一）七八二一
振替　〇〇一九〇・五・三三二二八
郵便番号　一〇一・〇〇五二
www.hakusuisha.co.jp
乱丁・落丁本は、送料小社負担にてお取り替えいたします。

誠製本株式会社

ISBN978-4-560-09157-9
Printed in Japan

文　献

拙　著（主要参考文献）

本文に該当する内容を含む論考、また下記の記事・論考と重複する内容のものは割愛した。

『ミッテラン時代のフランス』芦書房 1991 年
『フランス現代史』中央公論新社 1998 年
『シャルル・ドゴール』慶應義塾大学出版会 2013 年
『現代フランス』岩波書店 2015 年
『フランスと世界』（編著）法律文化社 2019 年

「フランスの大統領選挙——過渡期の第五共和制」『世界経済』第 36 巻 7 号、1981 年 7 月
「重大化する移民問題」『世界経済』第 37 巻 5 号、1982 年 5 月
「コアビタシオン——フランス総選挙とその後の展開」『世界経済』第 41 巻 7 号、1986 年 7 月
「コアビタシオンの実験——シラク政権の一年」『世界経済』第 42 巻 6 号、1987 年 6 月
「現代フランス社会構造についての一考察——「高慢な国家」の実態」『世界経済』第 43 巻 9 号、1988 年 9 月
「「ミッテラン時代」とその政治的潮流」『外交時報』1253 号、外交時報社　1988 年 11 月
「ミッテラン時代の終焉を迎えたフランス」『外交フォ－ラム』1993 年 6 月
「試練のシラク政権」『世界週報』時事通信社 1995 年 12 月 19 日
「1995 年フランス大統領選挙の争点」『NIRA』総合研究開発機構 1996 年 8 月 Vol.9
「歴史への挑戦者ミッテラン」『アステイオン』1996 年秋号
「1995 年フランス大統領選挙についての考察」『選挙研究』日本選挙学会 No12 1997 年 3 月
「極右の翻弄に社会党政権の命運は」『改革者』1998 年 4 月
「西欧型国民国家の変容の再検証——〈五月危機〉からユーロへ」『アステイオン』1998 年秋号（9 月）
「ジョスパン社会党政府の政策」『国際問題』1999 年 8 月
「保守派が躍進し、左派はパリ市政奪取」『世界週報』時事通信社 2001 年 4 月 24 日
「フランス「民主主義の実験」の虚実」『フォーサイト』2001 年 4 月
「ファシズムの深淵のぞかせた仏大統領選——辛うじて守った民主主義」『時事トップコンフィデンシャル』2002 年 5 月 17 日
「失われた政治対決——シラク再選の裏舞台」『世界週報』2002 年 5 月 28 日
「仏大統領選「ルペン・ショック」はなぜ起こったか」『フォーサイト』2002 年 6 月
「「政権基盤を確立したシラク大統領」」『世界週報』2002 年 7 月 9 日
「極右シンドロームに揺れたフランス」『世界』2002 年 7 月
「政治のダイナミズムは言葉で勝ち取れ」『中央公論』2002 年 7 月
「与党大敗の背景に社会的格差——フランス地域圏議会選挙」『時事トップコンフィデンシャル』2004 年 4 月 16 日
「フランス燃ゆ——移民青年たちの暴動が意味したもの」『時事トップコンフィデンシャル』2005 年 12 月 16 日

「フランス移民大暴動――格差と貧困に揺れるヨーロッパ」『中央公論』2006年1月
「フランス移民青年の暴動が意味したもの」『改革者』2006年2月
「欧州憲法条約の批准を否決したフランスの国民投票」『日本EU学会年報「EUとガバナンス」』2006年
「進歩と保守の顔を持つサルコジ大統領の誕生――サルコジの圧倒的な勝利」『論座』 2007年7月
「大統領選挙を控えて、動揺するフランス政治――2010年地域圏議会選挙後の揺らぐ政局と勢いを増す「国民戦線」」『海外事情』2011年2月
「フランス極右政党の不気味な足音」『フォーサイト』2011年11月9日
「テロ事件の顚末と仏大統領選への影響」『フォーサイト』2012年4月3日
「テロ事件発生で情勢一変――優勢オランド氏をサルコジ氏が急追」『エコノミスト』2012年4月17日
「フランス社会党の変容と極右の台頭」『フォーサイト』2012年5月1日
「オランド新フランス大統領はEU盟主の存在感を示せるか」『エコノミスト』2012年5月29日
「オランドが仕掛けた「ユーロペシミズム」からの脱出」『中央公論』2012年7月
「欧州議会選挙で右傾化が進む」『エコノミスト』2014年7月1日
「「パリ連続テロ」で浮かび上がった「価値観」の対立」『フォーサイト』2015年1月14日
「「西欧の没落」と社会統合の失敗」『VOICE』2015年3月
「【特集Ⅰ　テロと言論の自由】「ヨーロッパの危機」＝排外主義の台頭か」Janet e-World 2015年2月25日
「「脱悪魔化」した仏極右「国民戦線」の台頭とジレンマ」『フォーサイト』2015年4月6日
「「黄金郷」を目指す難民たち：EU統合「理想と現実」の相克」『フォーサイト』2015年9月1日
「難民問題：「説得する独仏」と「反発する東欧」」『フォーサイト』2015年9月30日
「パリ同時テロ：「治安体制の見直し」も浮上か」『フォーサイト』2015年11月14日
「今、揺らぐフランスの根幹　フランスの同時多発テロはどうしておこったのか理念大国の苦悩」「論座」Web Ronza2015年11月20日
報告書『パリ同時多発テロ後のフランスの対ISIL政策』国際情勢研究所2015年11月24日
「フランス極右「国民戦線」は勝利したのか？：地域圏議会選挙」『フォーサイト』2015年12月18日
「「難民」に揺れる欧州（上）「同時テロ」「婦女暴行」で反転した世論」『フォーサイト』2016年2月18日
「「難民」に揺れる欧州（中）「締め出し」強化と「メルケル」の凋落」『フォーサイト』2016年2月18日
「「難民」に揺れる欧州（下）統合の夢「シェンゲン協定」の行方」『フォーサイト』2016年2月21日
「ブリュッセル・テロ：「人権・自由」と「治安強化」に揺れるヨーロッパ」『フォーサイト』2016年3月26日
「英国「EU離脱」：勢いを増す欧州の「極右勢力」」『フォーサイト』2016年6月28日
「トランプショックに揺れるヨーロッパ：「極右」からは喝采」『フォーサイト』2016年11月15日
「ポピュリズムの寿命は長くはないのではないか「大衆の反乱」をいかに民主主義的な勢力のほうに取り込んでいけるかが問われている」「論座」Web Ronza 2017年1月4日
「「移民」とは誰のことか　日本も欧州の混乱を「対岸の火事」とみるのではなく、問題意識を共有していこう」「論座」Web Ronza 2017年02月13日
「マリーヌ・ルペン仏極右「国民戦線」党首の数奇な人生」『毎日新聞経済プレミア』2017年3月9日

「テロ・難民・移民問題がもたらす欧州統合の危機――仏オランド政権の試練」『法学研究』慶應法学会　2017 年 4 月
「仏大統領選 マクロン・ルペン一騎討ちの裏に政治不信」『毎日新聞経済プレミア』2017 年 4 月 25 日
「「マクロン圧勝」がフランス政局にもたらすもの」『フォーサイト』2017 年 5 月 9 日
報告書『フランス大統領選挙の結果に対する評価』国際情勢研究所　2017 年 5 月 9 日
「フランス社会の深淵に立ち向かう青年大統領　既成政党の政治を見放した仏国民、決戦投票までコマを進めたフランスの極右」「論座」Web Ronza 2017 年 5 月 12 日
「国民の苦悩が生んだ中道派大統領 ポピュリズムの温床払拭できず」『エコノミスト』2017 年 5 月 30 日
「「マクロン大統領」の 150 日（上）独断専行の「革命」に批判噴出」『フォーサイト』2017 年 10 月 4 日
「「マクロン大統領」の 150 日（下）「好景気」で問われる改革の真価」『フォーサイト』2017 年 10 月 4 日
「2017 年フランス大統領選挙――国民戦線（ＦＮ）は「凋落」したのか」『グローバル・ガバナンス研究』第 5 号グローバル・ガバナンス学会 2018 年 3 月
「2017 年フランス大統領選挙、マクロン勝利の背景――既成政党政治体制の停滞とデモクラシーの機能不全」日仏政治学会『日仏研究』2018 年 3 月
「【欧州の国際論調】大衆迎合主義、なお欧州で勢い――伊総選挙が浮き彫りにした根深い欧州危機」Janet e-world 2018 年 3 月 15 日
「欧州の内憂と外患――ポピュリズムとトランプ大統領に翻弄」『金融財政ビジネス』2018 年 6 月 28 日
「革命の旗手から一転、支持率低迷、発足一年マクロン政権の正念場」『エコノミスト』2018 年 5 月 15 日
「暴徒化抗議デモ「黄色いベスト運動」でマクロン政権「危機直面」」『フォーサイト』2018 年 12 月 3 日
「ブレグジットと黄色いベスト運動」『金融財政ビジネス』2019 年 5 月 13 日
「欧州議会選挙に見るデモクラシーの復権（行方）――理想主義的リアリズムの統合」内外ニュース『世界と日本』2019 年 6 月 24 日
「欧州議会選、デモクラシーの「代償」と統合の復権」「論座」WebRonza 2019 年 7 月 12 日
「欧州議会選挙に見るデモクラシーの復権（行方）――理想主義的リアリズムの統合　反 EU ポピュリズムは頭打ち」内外ニュース『世界と日本』2019 年 7 月 25 日
「欧州議会選、デモクラシーの「代償」と統合の復権 「知のポピュリズム」、もうひとつのデモクラシーの危機」「論座」Web Ronza 2019 年 7 月 12 日
「ベルリンの壁崩壊三十年、岐路に立つ欧州」『外交』2019 年 11/12 月
「フランス年金改革抗議行動」『改革者』2020 年 4 月
「40 日以上「年金改革」反対スト・デモ「マクロン大統領」の苦渋」『フォーサイト』2020 年 1 月 20 日
「「黒人暴行」「治安法改正」で大規模過激デモ続くフランスの混迷」『フォーサイト』2020 年 12 月 11 日
「フランスのポピュリズムと治安・安全保障」安全保障学会『国際安全保障』第 48 巻第 4 号 2021 年 3 月
「マクロン再選に厳しさ――仏大統領選、極右も後退か」Janet e-world　2021 年 8 月 2 日
「「欧州の女王」を失った欧州、財政や安全保障に課題が山積み」『エコノミスト』2022 年 1 月 4 日
「「マクロン独走」に暗雲――仏大統領選、不満受け皿のルペン」Janet e-world2022 年 4 月 7 日

「極右ルペン大統領の誕生か？　風雲急を告げるフランス大統領選挙」「論座」Web Ronza 2022 年 4 月 14 日
「マクロン大統領再選も勢いづく極右〜フランスは中道 vs 極右の二大政党制へ移行か　背景にある欧州ポピュリズムの深層をみる」「論座」Web Ronza 2022 年 5 月 4 日
「躍進する極右ポピュリスト——伊仏、「普通の政党化」が奏功」Janet e-world 2022 年 9 月 30 日
「忍び寄る極右の影」『金融財政ビジネス』2022 年 5 月 23 日
「マクロンとルペン　それぞれの勝利」『外交』2022 年 5/6 月
「マクロン政権二期目　女性首相を任命し心機一転　ロシアとの対話路線継続へ」『エコノミスト』2022 年 6 月 8 日
「フランス燃ゆ——マクロン年金改革、最終段階の攻防」Janet e-world2023 年 4 月 7 日
「仏移民射殺事件の背景に潜む排外主義の台頭——社会格差と治安悪化の中で屈折する論争」Janet e-world2023 年 7 月 26 日
「増加する欧州への難民流入——ＥＵを揺るがす宿痾」Janet e-world2023 年 9 月 29 日
「新たな移住協定による EU の連帯強化」『金融財政ビジネス』2023 年 10 月 16 日
「欧州で再燃する北アフリカからの難民・移民問題」『エコノミスト』2023 年 11 月 7 日
「呼応する急進右翼ポピュリズム——欧州の異端児ハンガリーのオルバーン」Janet e-world 2024 年 4 月 30 日
「欧州極右ポピュリズムの波と EU という歯止め」『海外事情』2024 年 5/6 月
「極右、存在感示す——統合派は過半数確保・欧州議会選」Janet e-world2024 年 6 月 14 日
「仏総選挙は反極右の“危機ばね”につながるか、“大統領の火遊び”か」『エコノミスト』2024 年 7 月 9 日
「仏総選挙、「賭け」に負けたマクロン大統領——自陣営の大後退、極右前進、極左躍進」Janet e-world 2024 年 7 月 12 日
「デモクラシーのジレンマに揺れるヨーロッパ——欧州議会と仏国民議会で勢いを増す欧州懐疑派」『海外事情』2024 年 7/8 月
「欧州議会選挙　極右盤石の背景」『VOICE』2024 年 8 月
「欧州政治　議会で極右勢力の伸長顕著　エリートへの不満が温床に」『エコノミスト』2024 年 8 月 20 日
「キングメーカーになったルペン——フランス新首相、ようやく決まる」Janet e-world 2024 年 9 月 9 日
「欧州議会選挙と EU の行方」『公明』2024 年 8 月
「反 EU 極右ポピュリズムにかき回される欧州——もう一つの欧州統合、ヨーロッパ・ナショナリズム」『金融財政ビジネス』2024 年 8 月 22 日
「混迷深まる仏政局——バルニエ内閣不信任、次期首相の選出困難」Janet e-world 2024 年 12 月 9 日
「内憂外患のヨーロッパ——極右ポピュリズムとウクライナ紛争」Janet e-world 2024 年 12 月 23 日
「【ある極右政治家の死】マリーヌ・ルペンの父、ジャンマリー・ルペンが遺したもの、今や大統領の座も狙う極右政党の礎を築いた生き様」Wedge online 2025 年 1 月 16 日
「マリーヌ・ルペンの持つ 2 つの顔、キングメーカーの極右政党 父親から受け継ぎ、変えたもの」Wedge Online 2025 年 1 月 30 日
「極右政治家ジャン・マリ・ルペンの死」『外交』2025 年 1/2 月号

欧文文献

Albertini, Dominique et Diuce, David, *Histoire du Front National*, Tallandier, 2013.

Alduy, Cécile et Wahnich, Stéphane, *Marine Le Pen prise aux mots: Décryptage du nouveau discours frontiste*, Seuil, 2015.

Alidière,Bernard, « Confirmation du recul ou nouvel essor du vote FrontNational — RassemblementNational dans la France demain ?,» *Hérodote* 2018/3 N° 170 | pages 77 à 108 La Découverte.

l'Assemblée nationale, *No 3452 Proposition de Loi relative à la sécurité global*, enrégistré à la Présidence de l'Assemblée nationale le 20 octobre 2020.

Aymard, Jean, *Pourquoi Marine Le Pen mérite confiance, respect et admiration: Analyse politique*, Ultraletter PU,2021.

Bertrand Badie et Dominique Vidal (dir.) *Le Retour des Populismes*, La décourverte, 2018.

Bar-On, Tamir, *Rethinking the French New Right*, Routledge, 2013.

Birnbaume, Pierre, *Genèse du populisme: Le peuple et les gros*, plurielle, 2012.

Bauberot, Jean, *Laïcité 1905-2005, Entre Passion et Raison*, Seuil, 2004.

Bouchery, Dominique, « Les extrêmes droites européennes depuis 1945 dans les fonds de La contemporaine » *Matériaux pour l'histoire de notre temps* 2021/1 (N°139-142), pages 73 à 109 Éditions La contemporaine.

Bourmaud, François-Xavier et Sapin, Charles, *Macron-Le Pen : le tango des fossoyeurs*, L'Archipel, 2021.

Camus, Jean-Yves et Monzat, René, *Les Droites Nationales et Radiacalses en France*, PUF, 1992.

Camus, Jean-Yves, « Montée des populismes et des nationalismes dans le monde : coïncidence ou phénomène global ? » dans *Ibid.*

— « Droites extrêmes, droites radicales en Europe : continuité et mutatuions » dans Jamin, J. (sous la direction), *L'extrême droite en Europe*, Bruylant, 2016.

Canovan, Margaret, *Populisme*, Junction Books, 1981.

Cautres, Bruno et Muxe, Anne l(dir.), *Histoire d'une revolution electorale (2015-2018)* Classiques Garnier, 2019.

Cerny, Philip G. (ed.) *Social Movements and Protest in France*, Frances Pinter, 1982.

Chevarin, Alain, *Fascinant/Fascisant, une ésthétique d'extrême droite*, L'Harmattan, 2012.

Chabal, Emile (ed.), *France since the 1970s*, Bloomsbury, 2015.

Chebel, A., *L'extrême droite en France, De Maurras à Le Pen*, Complexe, -1996.

Collinot, Michel, « Dix ans en bleu, blonc, rouge » *National Hebdo*, 12 juillet 1990.

Corradi, Juan E., « La Pensée 68. Essai sur L'anti-humanisme contemporain » *Telos*, March 20, 1986 pp.-223-233.

Crépon, Sylvain et al., *Les faux-semblants du Front national* Presses de Sciences Po Académique 2015.

Dahani, S., Delaine, E., Faury, F., et Letourneur. G., *Sociologie politique du rassemblement national*, Septentrion, 2023.

Darmon, Michael et Rosso, Romain, *Front contre Front*, Seuil, 1999.

— *L'après Le Pen*, Seuil, 1998.

David, Mons, *La dynastie Le Pen*, City édition, 2018.

De Benoist, Alain, *Vu de droite*, Copernic, 1979.

— *Democratie : le problème*, Le Labyrinthe, 1985.

— *Europe, Tiers monde, même combat*, Robert Laffont, 1986.

— The Idea of Empire, *Telos* December 21, 1993.
— End of the Left-Right Dichotomy: The French Case. *Telos* December 21, 1995.
La Documentation française, no849, décembre 2000.
La Documentation française, *Questions internationales : Populismes et nationalismes dans le monde* - n°83, janvier 2017.
Destal, Mathias et Marine Turchi *Marine est au courant de tout… Argent secret, financements, hommes de l'ombre : une enquete sur Marine Le Pen*, Flammarion enquete, 2017.
Duhamel, Olivier et Lecerf, Edouard, *L'Etat de l'opinion 2012*, Seuil, 2012.
Eltchaninof, Michel, *Dans La Tête de Marine Le Pen*, Solin/Actes Sud, 2017.
FN/RN, *FN Programme La Defense des Français*, 1973.
FN/RN, *Programma FN* 1978.
FN/RN, *144 EngagementsPrésidentiels*, https://www.marine2017.fr/wp-content/uploads/2017/02/projet-presidentiel-marine-le-pen.pdf
FN/RN, *Livre Blanc sur la sécurité, la sécurité, partout et partous*, RN, fevrier 2020.
Fort, Pierre-Stéphane, *Le grand remplaçant: La face cachée de Jordan Bardella*, Studioact Editopns, 2024.
Fourest, Caroline et Venner, Fiammetta, *Marine Le Pen*, Bernard Grasset, 2011.
Gombin, Joel, *Le Front National — Va-t-elle diviser La France?* Eyrolles 2016, p.81.
Harris, Geoffrey, *The Dark Side of Europe, The Extreme Right Today*, Edinbugh University Press, 1990.
Husbands, Christopher T., *Reflections on the Extreme Right in Western Europe, 1990-2008*, Routledge, 2020.
Igounet, Valerie, *Le Front National de 1972 à nos jours*, Seuil 2014.
— *Les Français D'abord*, inculte/dernière marge, 2016.
Ivaldi, Gilles, « Le vote Le Pen », Perrineau, Pascal (dir.) *La vote clivé*, PUG, 2022.
— *Problèmes politiques et sociaux, L'extrême-droite en Europe occidentale*, La documentation Française 2000.
— « La droite radicale en Europe : acteurs, transformations et dynamiques électorales » *Matériaux pour l'histoire de notre temps* 2021/1 (N°139-142), pages 16 à 22 Éditions La contemporaine.
Jamin, Jerome (dir.), *L'extreme droite en Europe*, Bruylant, 2016.
Kessel, Stijn van, *Populist Parties in Europe: Agents of Discontent?*, Palgrave Macmillan, 2015.
Lebourg, Nicolas et Beauregard, Joseph, 1, *François Duprat, l'homme qui inventa le Front national*, Denoël, 2012.
— *Dans l'ombre des Le Pen, une Histoire des numéro 2 du FN*, Nouveau Monde édition, 2012.
Lejeune, Bernard-Henry, *Jacques Doriot et le PPF,* Les nouveaux cahiers du C.E.R.P.E.S. 1976.
Le Pen, Marine, *A conre Flots*, Grancher, 2011.
Le Pen, Jean-Marie, *Memoires fils de la nation* Muller, 2018.
— *Mémoires : Tribun du peuple*, Grand livre, 2019.
Loparo, Kenneth A., *Populist Parties in Europe: Agents of Discontent?* Palgrave Macmillan, 2015.
Melenchon, Jean-Luc, *Le programme du Front de Gauce*, Librio, 2011.
— *Qu'il s'en aillent tous !*, Flammarion, 2010.
Mauge, Roger, *La Verité sur Jean-Marie Le Pen*, France-Empire, 1988.
Mayer, Nonna, *Ces Français qui votent FN*, Flammarion, 1999.
Ministère interieure *Le Livre blanc de la sécurité intérieure prend en compte les enjeux de la sécurité intérieure du 21ième siècle*. Le 20 novembre 2020.

Monnot, Caroline et Mestre, Abel, *Le System Le Pen*, Denoël, 2011.
Montel, Sophie, *Bal tragique au Front national : Trente ans au coeur du système Le Pen*, Rocher, 2019.
Murray, Jean-Louis, *Marine Le-Pen: En politique, rien n'est jamais écrit noir sur blanc*. Independently published, 2023.
Nilsson, Per-Erik, Bloomsbury *French Populism and discourses on secularism* Academic, 2019.
Novak, Zvonimir, *Tricolores, Une histoire visuelle de la droite et de l'extrême droite*. L'Echappe, 2011.
Perrineau, Pascal (dir.) *La vote clivé*, PUG, 2022.
Perrineau, Pascal, *Le Choix de Marianne*, Fayard, 2012.
— « L'éclatement du paysage politique français Premier parti hors système, le Front national s'affirme dans la quasi-totalité des catégories socioprofessionnelles » *Le Figaro*, le 27Mai, 2014.
— *Cette France de gauche qui vote FN*, Seuil, 2017.
Piňa-Ruiz, Henri, "La conversion républicaine e Laïque du Front national n'est pas qu'un leurre" *Le Monde* 21 janvier 2011.
Raynaud, Philippe, « Le populime existe-t-il ? » dans *Questions internationales*
Rémond, Rene, *La Droite en France de 1815 à nos jours, Continuité et diversité d'une tradition politique*, Aubier, 1954.
Reynié, Dominique, *Les Nouveaux Populismes*, Pluriel, 2013.
RN, *Livre Blanc sur la sécurité, la sécurité, partout et partous*, , fevrier, 2020.
Rosanvalion, Pierre, *Le Siècle du Populisme*, Seuil, 2020.
Rosso, Romain, *La face cachée de Marine Le Pen*, Flammarion, 2011.
Simon, Jean-marc, *MARINE LE PEN, L'HERITIERE*, Jacob DuvernetBroché, 2011.
Stasi, Bernard, *Commission de refléxion sur l'application de laïcité dans la République, Rapport au Président de la République*, la Documentaion française, 2003.
Sumpf, Alexandre, « Les extrêmes droites européennes des années 1970 aux années 2000 : affiches de campagne », *Matériaux pour l'histoire de notre temps* 2021/1 (N°139-142), pages 58 à 72 Éditions La contemporaine.
Taguieff, Andre, "Origins and Metamorphoses of the New Right An Interview with Pierre-André Taguieff", *Telos* December 21, 1993.
Tarragoni, Federico, *L'esprit démocratique du populisme*, 2019, La Découvrte.
Tonini, Antonio, "The European New Right: From Nation to Empire and Federalism", *Telos*, Winter 2003 pp.101-112.
Uzzan, Gilles, *Nouveau regard sur le Rassemblement National*, Gilles Uzza, 2023.
Watanabe, H., "Laïcité au Japon" De la Séparation des Egloses et de l'Etat à l'Avenu de la laïcité , « Les entretiens d » Auxerre 2004, Le Cercle condorcet d'Auxerre » à Auxerre, le 13 novembre 2004.
— "Les relations entre la religion shinto et la modérnisation du Japon." (éds) Jean Baubérot et Michel Wieviorka, *De la séparation des Eglises et de l'Etat à l'avenir de la laïcité*, éditions de l'aube, 2005 pp.288-297.

メディア参照記事

拙稿の時事解説は時々の現地のメディアによる報道と個別のインタビューからの情報による

場合がほとんどである。ここでは示さないが、Le Monde, Le Figaro, L'express, Liberation, などの記事に負っている。本文中では適宜最低限、括弧で示しているが、とくに節目となる事象に関しては以下を参照されたい。

IFOP, *LES FRANÇAIS, LA MONTÉE DE L'INSÉCURITÉ ET « L'ENSAUVAGEMENT » DE LA SOCIÉTÉ, LE 7 SEPTEMBRE 2020.*

Le monde, le 27 avril 1988.
SOFRES L'ETAT DE L'OPINION, 1988 Seuil 1989.
Jaffre, Jerome, « 1995, année faste pour le Front national » *Le Monde*, le 17 juin 1995.
« Marine Le Pen compare les «prières de rue» des musulmans à une "occupation" », *Le Monde*, le 13 décembre 2010. https://www.lemonde.fr/politique/article/2010/12/11/marine-le-pen-compare-les-prieres-de-rue-des-musulmans-a-une-occupation_1452359_82344
Piňa-Ruiz, Henri, "La conversion républicaine e Laïque du Front national n'est pas qu'un leurre" *Le Monde* 21 janvier 2011.
Biffel, Adrian, «Marine Le Pen aux chevets des ouvriers d›un site PSA Peugeot Citroën pour défendre l'industrie » FranceTV Info, le 18 fevrier 2012.https://www.francetvinfo.fr/politique/marine-le-pen-aux-chevets-des-ouvriers-d-un-site-psa-peugeot-citroen-pour-defendre-l-industrie_262811.html
Le Monde, le 30 avril -1er mai, 2012.
Dézé, Alexandre, 'La banalisation médiatique du FN', *Liberation*, le 11 février 2013.
L'Express, le 17 février,2017.
« Marine Le Pen distribue ses tracts aux portes de l'usine à Sochaux » *L'Alsace* - 22 févr. 2013 à 18:49. https://www.lalsace.fr/actualite/2013/02/22/marine-le-pen-distribue-ses-tracts-aux-portes-de-l-usine-a-sochaux
« Le jour où… En 1988, le score de Jean-Marie Le Pen au premier tour déboussole la droite » *Le Monde* le 19 avril 2022.

邦語文献

入江崑『フランスの極左と極右』三一書房 1975 年
海原俊『フランスの新左翼』合同出版 1969 年
イングルハート，R『静かなる革命』東洋経済新報社 1978 年
ウェバー，ユージン『ファシズムの思想と行動』福村出版 1979 年
国末憲人『ポピュリズムに蝕まれるフランス』草思社 2005 年
——『自爆テロリストの正体』新潮選書 2005 年
——『ポピュリズムと欧州動乱』講談社 2017 年
工藤庸子『フランスの政教分離』左右社 2005 年
クリエジェル，アンリ『ユーロコミュニズム』岩波新書 1978 年
クラウディン，フェルナンド『ユーロコミュニズムの功罪』三一書房 1979 年
小泉洋一「フランスにおける宗教的標章法とライシテの原則」『甲南法学』第 45 巻 3-4, 2004 年
——『政教分離の法』法律文化社 2005 年
芝生瑞和『ユーロコミュニズムの実験』三一書房 1978 年
セルバン・シュレヴェール『アメリカの挑戦』タイムライフ 1968 年
『世界の挑戦』小学館 1980 年

園部裕子「「僕はハレド・ケルカル」―テロ容疑者になった移民の若者のライフストーリー―」Me, Khaled Kelkal : an alleged terrorist young immigrant's life story (Moi, Khaled Kelkal) 香川大学経済学会『香川大学経済論叢』82（1・2）, 169-191, 2009-09-01
高橋進・石田徹編『ポピュリズム時代のデモクラシー』法律文化社 2013 年
――『再国民化に揺らぐヨーロッパ』法律文化社 2016 年
谷川稔『十字架と三色旗』岩波書店 2015 年
伊達聖伸『ライシテ、道徳、宗教学』勁草書房 2010 年
――『ライシテから読む現代フランス』岩波新書 2018 年
――「2 つのライシテ――スタジ委員会報告書とブシャール＝テイラー委員会報告書を読む」宗教法学会 編『宗教法学会誌』(29) 2010, 117 − 141 頁
デュヴェルジェ，モーリス『ヤヌス』木鐸社 1975 年
畑山敏夫『フランス極右の新展開』国際書院 1997 年
――『現代フランスの新しい右翼』法律文化社 2007 年
――「マリーヌ・ルペンと新しい国民戦線」，高橋進・石田徹編，同上 2013 年
――「フランスの「欧州懐疑主義」と「再国民化」」，高橋進・石田徹編，同上 2016 年
ハドソン研究所スティルマン・グループ『フランスの脅威』サイマル出版会 1974 年
ビルンボーム，ピエール『現代フランスの権力エリート』日本経済評論社 1988 年
プティフィス，ジャン＝クリスチャン『フランスの右翼』白水社 1975 年
ベルリングェル，エンリコ『先進国革命と歴史的妥協』合同出版 1977 年
ボベロ，ジャン『フランスにおける脱宗教性（ライシテ）の歴史』白水社 2009 年
マレ，セルジュ『新しい労働者階級』1970 年
マンデル，エルネスト『ユーロコミュニズム批判』柘植書房新社 1978 年
ミュラー，ヤン＝ヴェルナー『ポピュリズムとは何か』岩波書店 2017 年
水島治郎『ポピュリズムとは何か』中公新書 2016 年
宮島喬『移民社会フランスの危機』岩波書店 2006 年
宮島喬，佐藤成基編『包摂・共生の政治か、排除の政治か』明石書房 2019 年
メイヤー，Ｊ・Ｐ『フランスの政治思想』岩波書店 1970 年
安原和雄『ユーロコミュニズム』入門新書 1978 年
山口定『ファシズム』有斐閣 1979 年
吉田徹『ポピュリズムを考える』日本放送出版協会 2011 年
ヨプケ，クリスチャン『ヴェール論争』法政大学出版局 2015 年
ロム『権力の座についた大ブルジョアジー』岩波書店 1971 年
渡辺博明編『ポピュリズム、ナショナリズム＆現代政治』ナカニシヤ出版 2023 年
和田萌「国民戦線によるライシテ言説の構築」『社会システム研究』第 21 号 2018 年 3 月